westermann

Michael Sieber

Prüfungstraining KOMPAKT

Industriekaufmann/-frau

1. Auflage

Bestellnummer 43629

westermann GRUPPE

Druck und Bindung: Westermann Druck GmbH,
Georg-Westermann-Allee 66, 38104 Braunschweig

ISBN 978-3-427-43629-4

Vorwort

Das vorliegende Buch bietet für den Ausbildungsberuf „Industriekaufmann/-frau" eine **zielgerichtete Vorbereitung auf die Prüfungsinhalte und die Fragetechniken der Abschlussprüfung**. Es entspricht der aktuellen Prüfungsordnung und basiert auf dem Prüfungskatalog für diesen Ausbildungsberuf. Im Vordergrund steht das systematische Üben von Prüfungsaufgaben. Dieses Buch kann daher Lehrbücher und die Unterlagen aus dem Berufsschulunterricht zwar sinnvoll ergänzen, aber nicht ersetzen.

Alle Prüfungsthemen der drei schriftlichen Prüfungsfächer ***Geschäftsprozesse, Kaufmännische Steuerung und Kontrolle*** sowie ***Wirtschafts- und Sozialkunde*** werden trainiert. Wie auch in den Kammerprüfungen liegt allen Aufgaben ein **Modellunternehmen** zugrunde, auf das sich die Mehrzahl der Aufgaben bezieht. Es handelt sich dabei um die BüKo GmbH, ein Unternehmen, das Büromöbel herstellt und Büroeinrichtungs- und Kommunikationssysteme vertreibt (detaillierte Unternehmensbeschreibung auf S.15).

Die Reihe „Prüfungstraining kompakt" stellt **die ideale Ergänzung der** seit vielen Jahren erfolgreichen Reihe „**Prüfungswissen kompakt**" dar. Während im Titel „Prüfungswissen kompakt" die Prüfungsinhalte in sehr kompakter Form dargestellt werden, finden Sie in diesem Buch die passenden Aufgaben zu den Inhalten. Dadurch wird Ihnen das parallele Arbeiten mit beiden Büchern erleichtert und eine **effiziente Prüfungsvorbereitung** ermöglicht. Die relevanten Kapitel zu den einzelnen Themenfeldern der drei Prüfungsfächer werden im Kapitel „Prüfungsmodalitäten" ausgewiesen. Natürlich kann Ihnen dieses Buch auch bei der **Vorbereitung auf die Leistungsnachweise in der Berufsschule** eine wertvolle Unterstützung sein. Ein **ausführliches Sachwortverzeichnis** hilft beim schnellen Auffinden von Aufgaben zu speziellen Einzelthemen.

Verfasser und Verlag wünschen Ihnen nicht nur viel Freude und Erfolg beim Arbeiten mit diesem Buch, sondern auch die gewünschten Prüfungsergebnisse!

Bayreuth, im Sommer 2022 — Michael Sieber

Inhaltsverzeichnis

Vorwort **3**

Prüfungsmodalitäten **7**

1. Gesamtüberblick 7
2. Prüfungsfach „Wirtschafts- und Sozialkunde" 10
3. Prüfungsfach „Geschäftsprozesse" 11
4. Prüfungsfach „Kaufmännische Steuerung und Kontrolle" ... 13
5. Unternehmensbeschreibung 15

A Wirtschafts- und Sozialkunde (LF 1, 9 und 12) **16**

1. Volkswirtschaftliche Grundlagen 16
2. Rechtliche Rahmenbedingungen des Wirtschaftens 30
3. Menschliche Arbeit im Betrieb 61
4. Arbeitssicherheit und Umweltschutz 88

B Geschäftsprozesse (LF 2, 5, 6, 7, 10 und 11) **98**

1. Organisation (Lernfeld 2) 98
2. Beschaffung (Lernfeld 6) 104
3. Leistungserstellung (Lernfeld 5) 113
4. Lager (Lernfeld 6) 119
5. Absatz (Lernfeld 10) 122
6. Personal (Lernfeld 7) 129
7. Investition und Finanzierung (Lernfeld 11) 148

C Kaufmännische Steuerung und Kontrolle (LF 3, 4 und 8) **151**

1. Aufgaben und Teilbereiche des Rechnungswesens 151
2. Kaufmännisches Rechnen 151
3. Buchführung 156
4. Kosten- und Leistungsrechnung 197
5. Statistik 216
6. Controlling 218

D Information, Kommunikation und Arbeitstechniken (alle LF) ... 222
1. Informationsverarbeitung ... 222
2. Kommunikation und Kooperation ... 223
3. Projektmanagement ... 226
4. Qualitätsmanagement ... 227

E LÖSUNGEN ... 229
Teil A Wirtschafts- und Sozialkunde – LÖSUNGEN ... 229
Teil B Geschäftsprozesse – LÖSUNGEN ... 239
Teil C Kaufmännische Steuerung und Kontrolle – LÖSUNGEN ... 289
Teil D Information, Kommunikation und Arbeitstechniken - LÖSUNGEN ... 307

INDUSTRIE-KONTENRAHMEN (IKR) ... 320

Bildquellenverzeichnis ... 324

Sachwortverzeichnis ... 325

PRÜFUNGSMODALITÄTEN

1. Gesamtüberblick

Die Prüfung im Ausbildungsberuf „Industriekaufmann/-frau" besteht aus zwei Teilen. Zunächst ist die schriftliche und anschließend die mündliche Abschlussprüfung („Einsatzgebiet") zu absolvieren.

Die **schriftliche Abschlussprüfung** besteht aus den drei Prüfungsfächern Geschäftsprozesse, Kaufmännische Steuerung und Kontrolle und Wirtschafts- und Sozialkunde.

Für das Prüfungsfach **Geschäftsprozesse** ist eine Arbeitszeit von **180 Minuten** vorgesehen. Es fließt mit **40 %** in das Gesamtergebnis ein. Die Prüfung setzt sich hier aus sechs ungebundenen, offenen Aufgaben zusammen. Die Prüfung im Fach **Kaufmännische Steuerung und Kontrolle** dauert **90 Minuten** und geht mit **20 %** in das Gesamtergebnis ein. Das Prüfungsfach **Wirtschafts- und Sozialkunde** wird in **60 Minuten** geprüft und mit **10 %** gewichtet. Sowohl die Prüfung im Fach KSK als auch in WISO bestehen ausschließlich aus gebundenen, maschinell auswertbaren Aufgaben. Das heißt, es sind entweder klassische Multiple-Choice-Aufgaben (MC-Aufgaben) oder es ist lediglich ein Rechenergebnis einzutragen. Die **mündliche Abschlussprüfung** umfasst **30 Minuten** und fließt mit **30 %** in das Gesamtergebnis ein. Sie besteht aus der Präsentation des Einsatzgebietes (ca. 10 Minuten) und dem anschließenden Prüfungsgespräch (ca. 20 Minuten).

Bewertung der Prüfungsleistung

In jedem der vier Prüfungsfächer sind höchstens 100 Punkte zu erzielen. Dabei gilt der folgende Notenschlüssel:

Punkte	Note
100 – 92 Punkte	Note 1 (sehr gut)
unter 92 bis 81 Punkte	Note 2 (gut)
unter 81 bis 67 Punkte	Note 3 (befriedigend)
unter 67 bis 50 Punkte	Note 4 (ausreichend)
unter 50 bis 30 Punkte	Note 5 (mangelhaft)
unter 30 bis 0 Punkte	Note 6 (ungenügend)

Gewichtung der Prüfungsfächer

Prüfungsfach	Dauer	Gewichtung
Geschäftsprozesse	180 Min.	40 %
Kaufmännische Steuerung und Kontrolle	90 Min.	20 %
Wirtschafts- und Sozialkunde	60 Min.	10 %
Mündliche Prüfung (Einsatzgebiet) ca. 10 Min. Präsentation, anschließend ca. 20 Min. Prüfungsgespräch	30 Min.	30 %

Quelle: *In Anlehnung an den Prüfungskatalog für die IHK-Abschlussprüfungen Industriekaufmann/-frau – Verordnung über die Berufsausbildung zum Industriekaufmann/zur Industriekauffrau vom 23. Juli 2002, AkA Aufgabenstelle für kaufmännische Abschluss- und Zwischenprüfungen Nürnberg, 3. Auflage 2009, unveränderter Nachdruck 2020.*

Gewichtung der einzelnen Prüfungsfächer

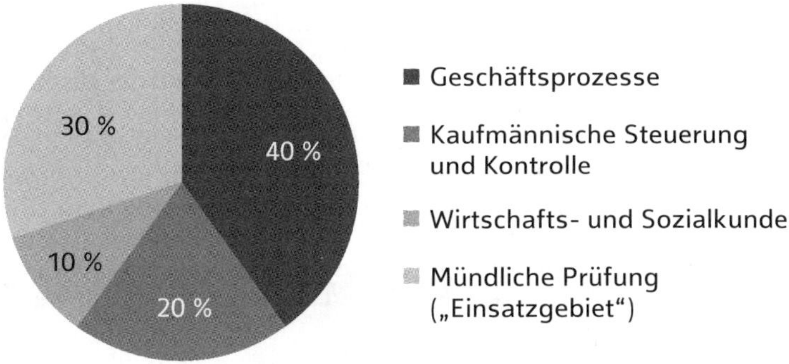

Bestehensregeln

In der Prüfungsordnung heißt es:

Die Abschlussprüfung ist bestanden, wenn

- *im Gesamtergebnis,*
- *im Prüfungsbereich Geschäftsprozesse,*
- *in mindestens einem der beiden schriftlichen Prüfungsbereiche Kaufmännische Steuerung und Kontrolle und Wirtschafts- und Sozialkunde sowie*
- *im Prüfungsbereich Einsatzgebiet*

jeweils mindestens ausreichende Leistungen erbracht wurden.

Werden die Prüfungsleistungen in einem Prüfungsbereich mit „ungenügend“ bewertet, so ist die Prüfung nicht bestanden.

Ergänzungsprüfung

Auf Antrag des Prüflings ist die Prüfung in einem der mit schlechter als „ausreichend“ bewerteten schriftlichen Prüfungsfächer durch eine mündliche Prüfung von etwa 15 Minuten zu ergänzen, wenn dies für das Bestehen der gesamten Prüfung den Ausschlag geben kann (Ergänzungsprüfung).

Bei der Ermittlung des Ergebnisses für dieses Prüfungsfach sind das bisherige Ergebnis und das Ergebnis der mündlichen Ergänzungsprüfung im Verhältnis 2:1 zu gewichten.

2. Prüfungsfach „Wirtschafts- und Sozialkunde“

Im Prüfungsfach Wirtschafts- und Sozialkunde (WISO) soll der Prüfling in einer 60-minütigen schriftlichen Prüfung nachweisen, dass er in der Lage ist, allgemeine wirtschaftliche und gesellschaftliche Zusammenhänge der Berufs- und Arbeitswelt darzustellen und zu bewerten. Die Prüfung besteht ausschließlich aus Multiple-Choice-Aufgaben und wird maschinell ausgewertet.

Der typische Prüfungsaufbau besteht aus den folgenden vier Themenbereichen, die in unterschiedlichem Umfang geprüft werden:

Inhalte/Themengebiete	Anteile in %
A Grundtatbestände industriellen Wirtschaftens	20
B Rechtliche Rahmenbedingungen des Wirtschaftens	35
C Gesamtwirtschaftliche Zusammenhänge (VWL)	25
D Staatliche Wirtschaftspolitik	20

Prüfungsinhalte im Fach „WISO“

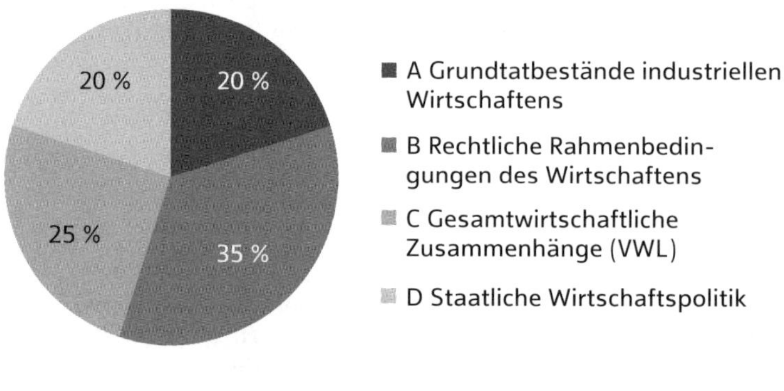

A. Grundtatbestände industriellen Handelns
   - Notwendigkeit und Realisierung wirtschaftlichen Handelns
   - Stellung des Ausbildungsbetriebes in der Gesamtwirtschaft
   - Grundlagen der dualen Berufsausbildung

B. Rechtliche Rahmenbedingungen des Wirtschaftens
   - Allgemeine rechtliche Grundlagen (z. B. Kaufvertragsrecht u. Ä.)
   - Handelsrechtliche Rahmenbedingungen (z. B. Kaufmannseigenschaft, Handlungsvollmacht und Prokura u. Ä.)
   - Arbeits- und sozialrechtliche Grundlagen (z. B. Arbeitsvertrag, Tarifvertrag, Betriebsrat, Sozialversicherungen u. Ä.)
   - Rechtsformen der Unternehmen

C. Gesamtwirtschaftliche Zusammenhänge (VWL)
   - Investitionen und Wirtschaftswachstum
   - Wirtschaftskreislauf und volkswirtschaftliche Gesamtrechnung
   - Soziale Marktwirtschaft und Wettbewerbspolitik

D. Staatliche Wirtschaftspolitik
   - Gründe staatlicher Wirtschaftspolitik
   - Ziele und Zielkonflikte staatlicher Konjunkturpolitik
   - Geld- und Fiskalpolitik als konjunkturpolitische Maßnahmen

3. Prüfungsfach „Geschäftsprozesse“

Im Prüfungsfach Geschäftsprozesse soll der Prüfling in einer 180-minütigen schriftlichen Prüfung nachweisen, dass er in der Lage ist, komplexe berufstypische Arbeitsaufträge handlungsorientiert zu bearbeiten. Die Prüfung besteht ausschließlich aus offenen Fragen und wird von den Mitgliedern des Prüfungsausschusses korrigiert.

Der typische Prüfungsaufbau besteht aus den folgenden vier Themenbereichen, die in unterschiedlichem Umfang geprüft werden:

Inhalte/Themengebiete	Anteile in %
A Marketing und Absatz	30
B Beschaffung und Bevorratung	25
C Personal	15
D Leistungserstellung	30

Prüfungsinhalte im Fach „Geschäftsprozesse“

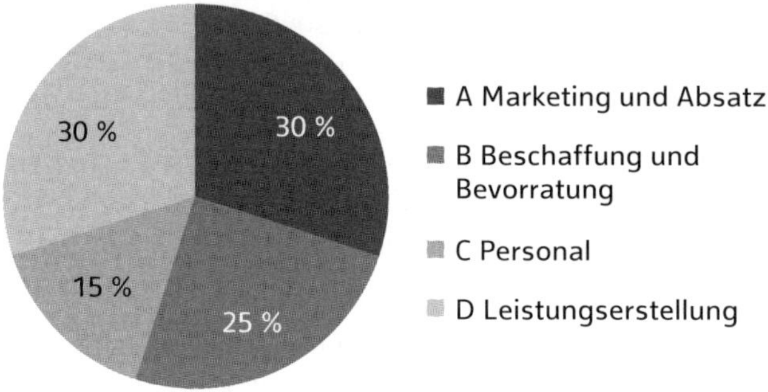

A. Marketing und Absatz
   - Auftragsanbahnung und -vorbereitung
   - Auftragsbearbeitung
   - Auftragsnachbereitung und Service

B. Beschaffung und Bevorratung
   - Bedarfsermittlung und Disposition
   - Bestelldurchführung
   - Vorratshaltung und Beständeverwaltung

C. Personal
   - Rahmenbedingungen, Personalplanung
   - Personaldienstleistungen
   - Personalentwicklung

D. Leistungserstellung
   - Produkte und Dienstleistungen
   - Prozessunterstützung

Weitere Inhalte, die im Zusammenhang mit den vier voranstehenden Gebieten geprüft werden können:

E. Der Ausbildungsbetrieb
   - Sicherheit und Gesundheitsschutz bei der Arbeit
   - Umweltschutz

F. Geschäftsprozesse und Märkte
  - Märkte, Kunden, Produkte und Dienstleistungen
  - Geschäftsprozesse und organisatorische Strukturen

G. Information, Kommunikation, Arbeitsorganisation
  - Informationsbeschaffung und -verarbeitung
  - Informations- und Kommunikationssysteme
  - Planung und Organisation
  - Teamarbeit, Kommunikation und Präsentation

H. Integrative Unternehmensprozesse
  - Logistik
  - Qualität und Innovation
  - Controlling

4. Prüfungsfach „Kaufmännische Steuerung und Kontrolle"

Im Prüfungsfach Kaufmännische Steuerung und Kontrolle (KSK) soll der Prüfling in einer 90-minütigen schriftlichen Prüfung seine Kenntnisse und Fertigkeiten im Bereich Rechnungswesen und Controlling nachweisen. Die Prüfung wird maschinell ausgewertet. Daher zählt nur das richtige Ergebnis und es gibt keine Punkte auf den Rechenweg.

Der typische Prüfungsaufbau besteht aus den folgenden drei Themenbereichen, die in unterschiedlichen Umfang geprüft werden:

Inhalte/Themengebiete	Anteile in %
A Buchhaltungsvorgänge	40
B Kosten- und Leistungsrechnung	40
C Erfolgsrechnung und Abschluss	20

Prüfungsinhalte im Fach „KSK“

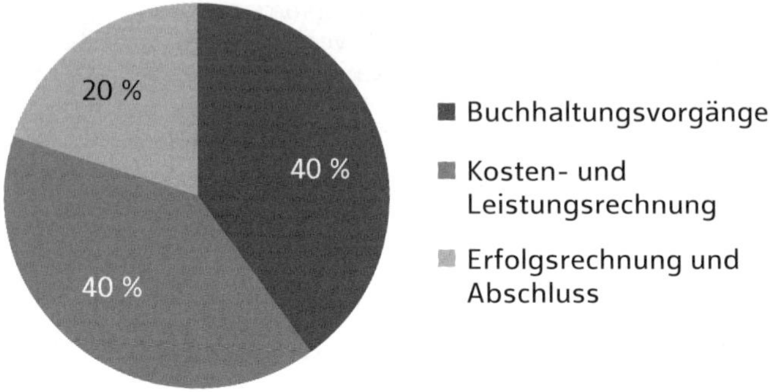

Weitere Inhalte, die im Zusammenhang mit den drei voranstehenden Gebieten geprüft werden können:

D. Information, Kommunikation, Arbeitsorganisation
   - Informationsbeschaffung und -verarbeitung
   - Informations- und Kommunikationssysteme
   - Planung und Organisation
   - Teamarbeit, Kommunikation und Präsentation

E. Integrative Unternehmensprozesse
   - Controlling
   - Finanzierung

5. Unternehmensbeschreibung

Sie sind Mitarbeiterin/Mitarbeiter der BüKo GmbH.

Name	BüKo GmbH Büroeinrichtungs- und Kommunikationssysteme
Geschäftszweck	Herstellung und Vertrieb von Büroeinrichtungs- und Kommunikationssystemen
Geschäftssitz	Ludwig-Thoma-Str. 47 95447 Bayreuth
Handelsregister	Bayreuth HR B 345-0815
Umsatzsteueridentnummer	DE 99666333
Mitarbeitende	148, davon 8 Auszubildende
Geschäftsjahr	1. Januar bis 31. Dezember
Bankverbindung	Sparkasse Bayreuth IBAN DE29 7735 0110 0001 5427 53 Postbank Nürnberg IBAN DE58 7601 0085 0013 4616 46
Produktprogramm (eigene Erzeugnisse)	Konferenztische und -stühle, Besucherstühle, Bürostühle, Regalsysteme
Handelswaren	Warengruppe 1: Bürotechnik Warengruppe 2: Büroeinrichtung Warengruppe 3: Verbrauch Warengruppe 4: Organisation
Dienstleistungen	Lieferung und Montage von Büromöbeln Entsorgung von Altmöbeln
Fertigungsverfahren	Einzel- und Serienfertigung
Stoffe/Vorprodukte	Rohstoffe: Holz, Furniere, Möbelbezugsstoffe, Scharniere Hilfsstoffe: Lacke, Klebstoffe, Schrauben, Nägel Betriebsstoffe: Strom, Gas, Wasser, Heizöl, Schmierstoffe Vorprodukte: Türschlösser, Türknöpfe

A

WIRTSCHAFTS- UND SOZIALKUNDE (LF 1, 9 UND 12)

1. Volkswirtschaftliche Grundlagen

Aufgabe 1

Welche Unternehmenszielsetzung entspricht dem erwerbswirtschaftlichen Prinzip?

(1) Der größtmögliche Umsatz soll angestrebt werden.
(2) Der größtmögliche Absatz soll angestrebt werden.
(3) Der größtmögliche Gewinn soll angestrebt werden.
(4) Das größtmögliche Marktvolumen soll angestrebt werden.
(5) Der größtmögliche Beschäftigungsstand soll angestrebt werden.

Aufgabe 2

In der Volkswirtschaftslehre wird zwischen Bedürfnissen und Bedarf unterschieden. Welche Aussage ist zutreffend?

(1) Jeder Bedarf löst ein Bedürfnis aus.
(2) Jedes Bedürfnis löst einen Bedarf aus.
(3) Bedürfnisse sind die Mangelempfindungen der Menschen, Bedarf die mit Kaufkraft versehenen Bedürfnisse.
(4) Ein Bedürfnis ist der Wunsch der Kundin/des Kunden, ein Konsumgut zu besitzen. Bei Investitionsgütern spricht man von einem Bedarf.
(5) Bedürfnisse erstrecken sich auf Kultur- und Luxusgüter, der Bedarf bezieht sich nur auf die lebensnotwendigen Güter.

Aufgabe 3

Was versteht man unter einem Konsumgut?

(1) alle Güter, die bei deren Nutzung verbraucht werden, z. B. Lebensmittel, Getränke

(2) alle Güter, die man dauerhaft nutzt, z. B. Küchenmaschinen, Möbel
(3) alle Güter, die von jedermann käuflich erworben werden können
(4) alle Güter, die von der Endkonsumentin/vom Endkonsumenten gebraucht oder verbraucht werden
(5) alle Güter, die der Kunde/die Kundin im Lebensmitteleinzelhandel kauft

Aufgabe 4

In welchem der folgenden Beispiele wird das angegebene Gut als Produktionsgut (Investitionsgut) verwendet?

(1) In den Büroräumen der BüKo GmbH wird aufgrund des runden Geburtstages eines Kollegen eine Flasche Sekt getrunken.
(2) Ein Maschinenbauunternehmen kauft eine neue Spezialmaschine für die Maschinenherstellung.
(3) Ein Mitarbeiter kauft sich einen Pkw, um in Zukunft damit zur Arbeit fahren zu können.
(4) In der Mittagspause bestellen sich einige Mitarbeiter eine Pizza.
(5) Ein Auszubildender kauft einen Schreibtisch für seine Wohnung.

Aufgabe 5

In welchem Fall handelt die BüKo GmbH nach dem Minimalprinzip?

(1) Herr Müller bestellt 50 Besprechungsstühle beim preisgünstigsten Lieferanten, den er durch einen Angebotsvergleich ermittelt hat.
(2) Herr Müller bestellt die qualitativ hochwertigsten Besprechungsstühle. Da sein Einkaufsbudget nicht für 50 Stühle ausreicht, bestellt er nur 30.
(3) Herr Müller mietet zusätzlichen Lagerraum an, um durch größere Abnahmemengen günstigere Konditionen erzielen zu können und unabhängiger von Lieferanten zu werden.
(4) Herr Müller stellt zwei neue Außendienstmitarbeiter für den Vertrieb ein, um den Absatz zu steigern.
(5) Herr Müller organisiert einen Betriebsausflug, um dadurch die Motivation der Mitarbeiter zu erhöhen.

Aufgabe 6

Im Wirtschaftskreislauf wird zwischen Geldströmen und Güterströmen unterschieden. Welches der folgenden Beispiele stellt einen Geldstrom dar?

(1) Die BüKo GmbH nimmt eine Warenlieferung von Schreibtischlampen nicht an, da es sich um eine Falschlieferung handelt.

(2) Die BüKo GmbH reklamiert Mängel an gelieferten Schreibtischlampen.

(3) Die BüKo GmbH nimmt eine Warenlieferung mit Schreibtischlampen an.

(4) Die BüKo GmbH überweist eine offene Rechnung für gelieferte Schreibtischlampen unter Abzug von Skonto.

(5) Ein Vertriebsmitarbeiter der BüKo GmbH rät einem Kunden zum Kauf einer bestimmten Schreibtischlampe.

Aufgabe 7

Welche der folgenden Aussagen zu den Geld- und Güterströmen im einfachen Wirtschaftskreislauf ist richtig?

(1) Staatliche Sozialleistungen fließen von den Banken zu den Haushalten.

(2) Güter fließen von den Haushalten zu den Unternehmen.

(3) Einkommen fließen von den Haushalten zu den Banken.

(4) Löhne und Gehälter fließen von den Unternehmen zu den Haushalten.

(5) Subventionen fließen von den Banken zum Staat.

Aufgabe 8

Ordnen Sie zu, indem Sie die Kennziffern von drei der insgesamt acht Tätigkeiten in die Kästchen neben die Wirtschaftssektoren eintragen.

(1) Die Rentenversicherung zahlt Rente.

(2) Eine Bank finanziert einen Hauskauf.

(3) Ein Arzt überweist seinen Patienten in ein Krankenhaus.

(4) Ein Hochseeschiff fängt Heringe.

(5) Ein Konditor backt eine Schwarzwälder Kirschtorte.

(6) Ein Kunde zahlt im Einzelhandelsgeschäft.

(7) Ein Supermarkt verkauft Obst vom Bio-Bauern.

(8) Die Krankenversicherung zahlt eine Arztrechnung.

Wirtschaftssektoren:

Urproduktion (Primärer Sektor)	☐
Verarbeitung (Sekundärer Sektor)	☐
Verteilung (Tertiärer Sektor)	☐

Aufgabe 9

Was lässt sich aus dem vorliegenden Angebot-Nachfrage-Diagramm im Punkt X ablesen?

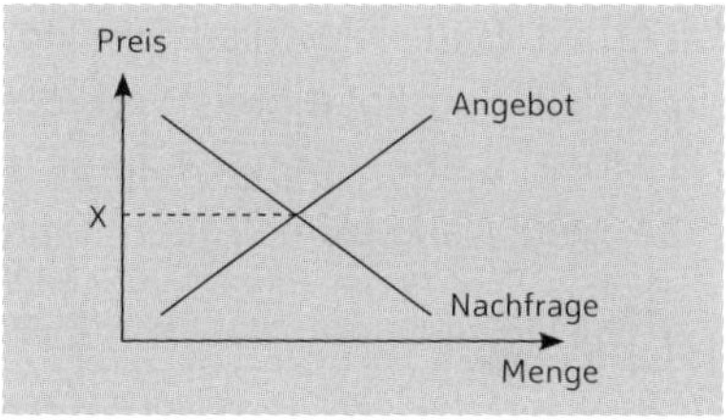

(1) die Gleichgewichtsmenge

(2) die angebotene Menge

(3) die nachgefragte Menge

(4) der Mindestpreis

(5) der Gleichgewichtspreis

Aufgabe 10

Was ist im vorliegenden Angebot-Nachfrage-Diagramm im Punkt X gegeben?

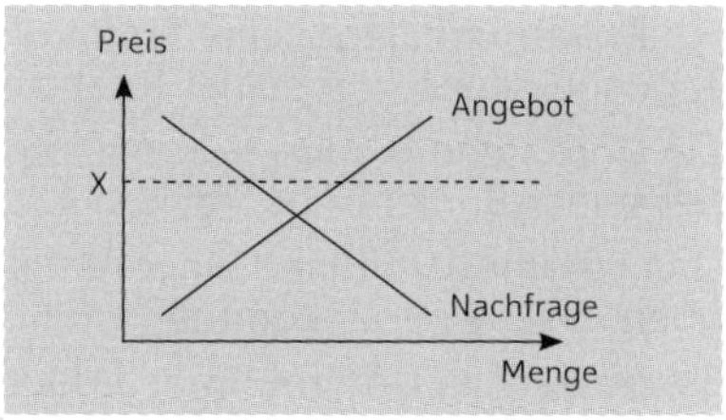

(1) ein Marktgleichgewicht

(2) ein Angebotsüberhang

(3) ein Nachfrageüberhang

(4) ein Höchstpreis

(5) eine vom Markt ausgelöste Preiserhöhung

Aufgabe 11

Welche der genannten Funktionen erfüllt der Preis X im dargestellten Diagramm?

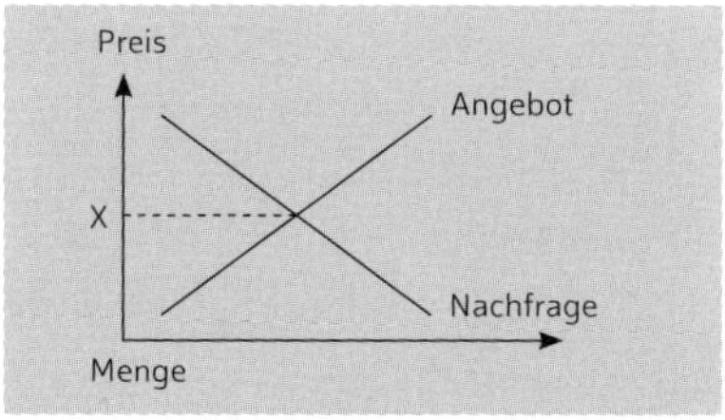

(1) Er gibt die Marktstellung des Anbieters an.

(2) Er gibt die Marktstellung des Nachfragers an.

(3) Er gibt den objektiven Wert des Gutes an.

(4) Er sorgt für den Ausgleich zwischen Angebot und Nachfrage.

(5) Er sorgt für die Deckung der Kosten.

Aufgabe 12

Man unterscheidet volkswirtschaftliche und betriebswirtschaftliche Produktionsfaktoren. In welcher Kombination sind die betriebswirtschaftlichen Produktionsfaktoren vollständig aufgeführt?

(1) Arbeit, Betriebsmittel, Kapital, Bildung

(2) Arbeit, Boden, Werkstoffe, Bildung

(3) Arbeit, Betriebsmittel, Werkstoffe, Planung

(4) Arbeit, Betriebsmittel, Kapital, Planung

(5) Arbeit, Werkstoffe, Boden, Planung

Aufgabe 13

Ordnen Sie den Zahlungsvorgängen die zugehörigen Ziffern aus der folgenden Skizze eines erweiterten Wirtschaftskreislaufes zu.

Ein Unternehmen überweist die fällige Körperschaftssteuer an das Finanzamt. ☐

Ein Privatmann legt seine Ersparnisse auf einem Tagesgeldkonto bei seiner Bank an. ☐

Ein Unternehmen nimmt seinen Kontokorrentkredit bei seiner Bank in Anspruch. ☐

Das Vorstandsmitglied einer Aktiengesellschaft überweist seine Einkommenssteuer. ☐

Ein deutsches Unternehmen erhält die zweite Ratenzahlung aus einem Geschäft mit einem chinesischen Importeur. ☐

Abbildung zu Aufgabe 13

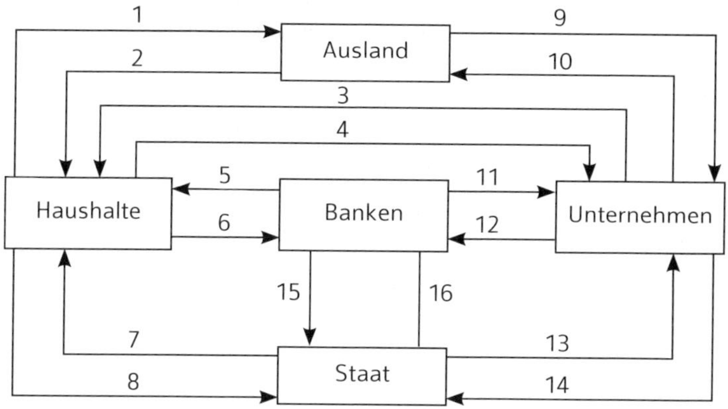

Aufgabe 14

Angenommen, die Bundesregierung plant, die Kosten der Unternehmen zu senken, um sie international wettbewerbsfähiger zu machen.

Für welche der folgenden Maßnahmen müsste sie sich entscheiden?

(1) Erhöhung der Werbungskostenpauschale

(2) Senkung der Abschreibungssätze

(3) Senkung der Einkommenssteuer

(4) Senkung des Beitragssatzes zur Arbeitslosenversicherung

(5) Erhöhung der Umsatzsteuer

Aufgabe 15

Konjunkturphasen kennzeichnen das Auf und Ab des Wirtschaftswachstums einer Volkswirtschaft.

Welche der folgenden Entwicklungen weist auf eine Rezession hin?

(1) steigende Staatseinnahmen

(2) Rückgang des privaten Konsums

(3) Rückgang der Lagerbestände der Unternehmen

(4) hohe Kapazitätsauslastung der Unternehmen

(5) steigender Import

Aufgabe 16

Welchen der nachfolgend stehenden Wirtschaftssektoren sind die daneben stehenden Geschäftspartner der BüKo GmbH zuzuordnen? Ordnen Sie die Ziffern richtig zu.

Sektoren	*Geschäftspartner*	
(1) primärer Sektor	a) Möbelhaus XYL GmbH	☐
(2) sekundärer Sektor	b) Spedition Redlich GmbH	☐
(3) tertiärer Sektor	c) Maschinenbau Meier KG	☐

Aufgabe 17

Auch in der BüKo GmbH wird dem wirtschaftlichen Handeln das ökonomische Prinzip zugrunde gelegt. In welchen zwei der folgenden Fälle wird nach dem Maximalprinzip gehandelt?

(1) Für das kommende Geschäftsjahr wird für Konferenzstühle der gleiche Umsatz wie im Vorjahr geplant, die Herstellkosten sollen allerdings um 15 % gesenkt werden.

(2) Für den Einkauf von Büromaterialien steht der BüKo GmbH ein bestimmtes Budget zur Verfügung. Sie versucht, dafür möglichst viel Büromaterial in bestmöglicher Qualität einzukaufen.

(3) Um den Marktanteil bei Konferenztischen im kommenden Geschäftsjahr zu vergrößern, werden zusätzliche Mitarbeitende eingestellt.

(4) Mit einem festgelegten Werbebudget soll der Umsatz für Konferenztische maximal gesteigert werden.

(5) Jede/r Außendienstmitarbeiter/-in der BüKo GmbH soll mit einem Notebook ausgestattet werden. Durch geschickte Verhandlungen können die Notebooks zu einem Stückpreis beschafft werden, der 20 % niedriger ist, als ursprünglich eingeplant.

Aufgabe 18

Welches Merkmal ist typisch für die Aufschwungphase im Konjunkturzyklus?

(1) Abnahme der Kapazitätsauslastung der Betriebe

(2) Senkung der durchschnittlichen Löhne

(3) Zunahme der Arbeitslosigkeit

(4) Zunahme der Investitionen

(5) Rückgang der Investitionen

Aufgabe 19

In einer politischen Talkshow empfiehlt ein Politiker, die Nachfrage im Inland anzuregen, indem die Einkommensteuer gesenkt und dadurch die verfügbaren Einkommen erhöht werden. Für welches der folgenden volkswirtschaftlichen Ziele sind dadurch negative Auswirkungen zu erwarten?

(1) angemessenes, stetiges Wirtschaftswachstum

(2) Vollbeschäftigung

(3) Preisniveaustabilität

(4) außenwirtschaftliches Gleichgewicht

(5) gerechte Einkommensverteilung

Aufgabe 20

Die BüKo GmbH möchte für die mittelfristige Unternehmensplanung auch die allgemeine volkswirtschaftliche Entwicklung berücksichtigen.

Welche der folgenden Größen beschreibt am genauesten die Entwicklung der Wirtschaftsleistung einer Volkswirtschaft?

(1) Entwicklung der Inflationsrate

(2) Entwicklung der Steuereinnahmen

(3) Entwicklung der Importe

(4) Entwicklung des nominalen Wirtschaftswachstums

(5) Entwicklung des realen Wirtschaftswachstums

Aufgabe 21

Welche der folgenden Maßnahmen ist geeignet, die Konjunktur zu beleben?

(1) Kürzung der Sonderabschreibungen

(2) Ausweitung der Abschreibungsmöglichkeiten

(3) Erhöhung des Leitzinses durch die EZB

(4) Konsolidierung der Staatshaushalte

(5) Erhöhung der Umsatzsteuer

Aufgabe 22

In einer Wirtschaftszeitschrift lesen Sie die Schlagzeile: „Preise wieder stärker als Nettolöhne gestiegen!“ Welche der folgenden Aussagen zu dieser Situation ist zutreffend?

(1) Der Nominallohn ist stärker gestiegen als der Reallohn.

(2) Die Preise sind nicht so stark gestiegen wie der Nominallohn.

(3) Der Nominallohn ist gesunken.

(4) Der Reallohn ist gesunken.

(5) Der Reallohn ist gestiegen.

Aufgabe 23

Ein wichtiges wirtschaftspolitisches Ziel ist die Bekämpfung der Arbeitslosigkeit. Welche der folgenden Aussagen ist zutreffend?

(1) Eine steigende Arbeitslosigkeit führt zu einer Erhöhung der Steuereinnahmen des Staates.

(2) Eine sinkende Arbeitslosigkeit führt zu niedrigeren Konsumausgaben und dämpft damit das Wirtschaftswachstum.

(3) Eine steigende Arbeitslosigkeit führt zu sinkenden Einnahmen bei den Sozialversicherungsträgern.

(4) Eine steigende Arbeitslosigkeit entlastet den Arbeitsmarkt.

(5) Eine sinkende Arbeitslosigkeit belastet den Staatshaushalt.

Aufgabe 24

Im „magischen Viereck“ werden die konjunkturpolitischen Zielsetzungen einer Volkswirtschaft beschrieben. Welche der folgenden Zielsetzungen ist noch nicht enthalten?

(1) angemessenes, stetiges Wirtschaftswachstum

(2) Vollbeschäftigung

(3) lebenswerte Umwelt

(4) außenwirtschaftliches Gleichgewicht

(5) Preisniveaustabilität

Aufgabe 25

Welches der folgenden Güter auf dem Betriebsgelände der BüKo GmbH ist sowohl ein Produktionsgut als auch ein Gebrauchsgut?

(1) Kopierpapier
(2) Firmen-Pkw
(3) Privat-Pkw eines Mitarbeiters
(4) Reinigungsmittel für das Büro
(5) Büroklammern

Aufgabe 26

Welcher der folgenden Begriffe beschreibt den Austausch des Produktionsfaktors „Arbeit" durch den Produktionsfaktor „Kapital"?

(1) Kostenminimierung
(2) Gewinnmaximierung
(3) optimale Kapazitätsauslastung
(4) Faktorsubstitution
(5) Faktorkombination

Aufgabe 27

Welche Auswirkungen kann eine Aufwertung des Euro haben?

(1) Die Arbeitsplätze in Deutschland werden sicherer.
(2) Deutsche Waren werden im außereuropäischen Ausland teurer.
(3) Deutsche Waren werden im außereuropäischen Ausland billiger.
(4) Ausländische Waren werden im Inland teurer.
(5) Die internationale Wettbewerbsfähigkeit der deutschen Wirtschaft wird gestärkt.

Aufgabe 28

Wodurch kann eine Rezession ausgelöst werden?

(1) Durch eine kurzfristige Nachfrageerhöhung kommt es zu Lieferschwierigkeiten, die Preise steigen.
(2) Die Nachfrage nach Krediten für Investitionen ist gering, die Investitionen gehen zurück.
(3) Die Produktionskapazitäten sind voll ausgelastet. Die Produzenten investieren bei niedrigen Zinsen.

(4) Neue Technologien führen zu niedrigeren Preisen. Die Güternachfrage nimmt dadurch zu.

(5) Ein zu großer Teil des verfügbaren Einkommens wird für Konsumausgaben gebraucht.

Aufgabe 29

Die Bundesregierung will eine langsam beginnende Aufschwungphase durch Steuervergünstigungen verstärken. Welcher Sachverhalt wirkt dieser Maßnahme entgegen?

(1) Die Haushalte sparen das zusätzliche Einkommen.

(2) Die Zinsen für Kredite sinken.

(3) Der Staat erhöht seine Investitionen.

(4) Die Unternehmen erhöhen ihre Investitionen.

(5) Die Haushalte konsumieren mehr Güter.

Aufgabe 30

Die BüKo GmbH stellt Güter her, die der Bedürfnisbefriedigung dienen. Welche der folgenden Aussagen zu Gütern ist zutreffend?

(1) Ein Gut, das mit Gewinn verkauft wird, ist immer auch ein Investitionsgut.

(2) Konsumgüter sind immer auch Verbrauchsgüter.

(3) Produktionsgüter sind immer auch Gebrauchsgüter.

(4) Jedes Gut ist entweder ein Produktionsgut oder Konsumgut.

(5) Sowohl Produktions- als auch Konsumgüter können Gebrauchs- und Verbrauchsgüter sein.

Aufgabe 31

Prüfen Sie, in welchem Fall bei der BüKo GmbH die Substitution eines Produktionsfaktors stattfindet.

(1) Um Absatzschwankungen zu vermeiden, wird das Produktionsprogramm um spezielle Designer-Büromöbel erweitert.

(2) Durch den Einsatz einer vollautomatischen Maschine wird die Stelle eines aus Altersgründen ausscheidenden Facharbeiters nicht mehr besetzt.

(3) Durch eine Optimierung des Arbeitsablaufs und eine sinnvollere Anordnung der Maschinen wird die Durchlaufzeit erheblich verkürzt.

(4) Eine durch Verschleiß störungsanfällige Verpackungsmaschine wird durch eine neue Verpackungsmaschine ersetzt.

(5) Zum nächsten Einstellungstermin wird die Zahl der Ausbildungsplätze verdoppelt.

Aufgabe 32

Welche Auswirkung hat eine konsequent betriebene Arbeitsteilung für die BüKo GmbH?

(1) Durch die Arbeitsteilung wird das Aufgabengebiet der einzelnen Mitarbeitenden abwechslungsreicher.

(2) Bei Arbeitsteilung entfällt die gegenseitige Abhängigkeit der einzelnen Mitarbeitenden.

(3) Durch Arbeitsteilung wird bei gleicher Beschäftigungsdauer der einzelnen Mitarbeitenden eine höhere Produktivität erreicht.

(4) Durch die Arbeitsteilung sinkt die Produktivität der einzelnen Mitarbeitenden.

(5) Durch die Arbeitsteilung wird die Mobilität von einzelnen Mitarbeitenden erhöht.

Aufgabe 33

Angenommen, die Bundesregierung plant durch eine gezielte Steuerpolitik die Nachfrage der privaten Haushalte unmittelbar zu steigern. Für welche der folgenden Maßnahmen müsste sie sich entscheiden?

(1) Senkung der Körperschaftssteuer

(2) Einführung einer Finanztransaktionssteuer

(3) Senkung der Abschreibungssätze

(4) Senkung der Umsatzsteuer

(5) Senkung der Werbungskostenpauschale

Abbildung zu Aufgabe 34–36

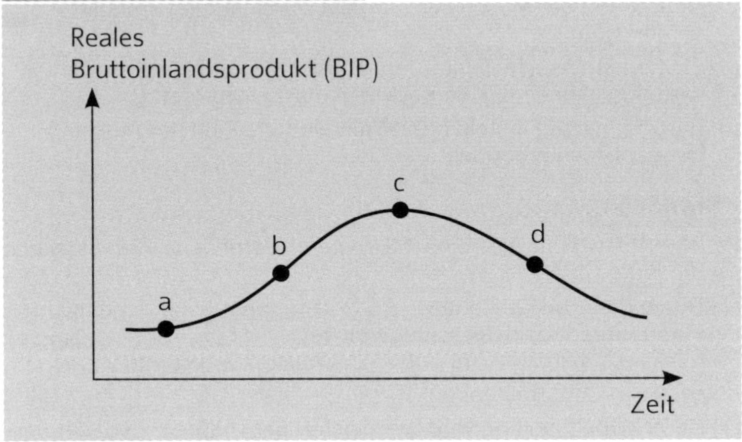

Aufgabe 34

Welche Konjunkturphase ist richtig beschrieben?

(1) Im Punkt a ist die Zahl offener Stellen am Arbeitsmarkt sehr hoch.

(2) Im Punkt b sinken die Preise bei fallender Nachfrage.

(3) Im Punkt b ist bei steigender Nachfrage mit ansteigenden Preisen zu rechnen.

(4) Im Punkt c sind bei niedrigem Preisniveau und großer Nachfrage alle freien Arbeitsplätze besetzt.

(5) Im Punkt d fallen bei steigender Nachfrage und hohem Beschäftigungsniveau die Preise.

Aufgabe 35

Prüfen Sie, welche Feststellung auf die Konjunkturphase im Bereich des Punktes d zutrifft.

(1) Die Aktienkurse steigen stark an.

(2) Die Nachfrage der inländischen Verbrauchenden nimmt zu.

(3) Die Gewinnerwartungen der Unternehmen steigen.

(4) Die Auftragseingänge im verarbeitenden Gewerbe sind rückläufig.

(5) Es werden mehr Baugenehmigungen erteilt.

Aufgabe 36

Konjunkturelle Schwankungen werden anhand von Konjunkturindikatoren gemessen. Welcher der nachfolgend stehenden Indikatoren eignet sich nicht als Konjunkturindikator?

(1) Zinsniveau

(2) Preisentwicklung

(3) Bevölkerungsentwicklung

(4) Investitionsneigung

(5) Sparneigung

Aufgabe 37

Ordnen Sie zu, indem Sie die Ziffern von drei der insgesamt sieben Beispiele in die Kästchen bei den Marktformen eintragen.

Beispiele:

[1] ein Anbieter, ein Nachfrager

[2] ein Anbieter, viele Nachfrager

[3] wenige Anbieter, ein Nachfrager

[4] wenige Anbieter, wenige Nachfrager

[5] wenige Anbieter, viele Nachfrager

[6] viele Anbieter, ein Nachfrager

[7] viele Anbieter, viele Nachfrager

Marktformen:

zweiseitiges Monopol ☐

Nachfragepolypol bei Angebotsmonopol ☐

zweiseitiges Oligopol ☐

Aufgabe 38

Wodurch erhöht sich die Nachfrage der privaten Haushalte nach Konsumgütern, wenn alle anderen Einflussfaktoren gleich bleiben?

(1) Senkung der Sozialleistungen

(2) Erhöhung der Kreditkosten

(3) Senkung der Einkommensteuer

(4) Erhöhung des Zinses

(5) Erhöhung der Preise

2. Rechtliche Rahmenbedingungen des Wirtschaftens

Aufgabe 39

Bei welcher der folgenden Personen handelt es sich um eine juristische Person?

(1) Staatsanwältin/Staatsanwalt

(2) Richterin/Richter

(3) Gerichtsvollzieherin/Gerichtsvollzieher

(4) Sportverein „TSV Frickenhausen e. V."

(5) Polizeibeamtin/Polizeibeamter

Aufgabe 40

Sie arbeiten als Mitarbeiter/-in in der Abteilung Büroeinrichtung und verkaufen unter anderem den Schreibtischstuhl „Elegance". Wie werden Besitz und Eigentum an diesem Schreibtischstuhl richtig beschrieben?

(1) Besitz und Eigentum an diesem Schreibtischstuhl sind synonyme Beschreibungen für denselben Sachverhalt.

(2) Besitz ist die tatsächliche Herrschaft über den Schreibtischstuhl, Eigentum beschreibt die rechtliche Herrschaft darüber.

(3) Besitz ist die rechtliche Herrschaft über den Schreibtischstuhl, Eigentum beschreibt die tatsächliche Herrschaft darüber.

(4) Besitz ist die rechtliche Herrschaft über den Schreibtischstuhl, Eigentum beschreibt die rechtliche und tatsächliche Herrschaft darüber.

(5) Durch die Übergabe des Schreibtischstuhls wird der Kunde/die Kundin Eigentümer/-in, bei Bezahlung wird er/sie zusätzlich Besitzer/-in.

Aufgabe 41

Entscheiden Sie, in welchem der folgenden Fälle ein zweiseitiger Handelskauf vorliegt.

(1) Eine Mitarbeiterin der BüKo GmbH kauft im eigenen Unternehmen unter Ausnutzung des Personalrabattes.

(2) Ein Außendienstmitarbeiter der BüKo GmbH kauft nach Feierabend einen Blumenstrauß für seine Ehefrau.
(3) Eine Buchhandlung verkauft ein Buch zur Prüfungsvorbereitung an einen Auszubildenden der BüKo GmbH.
(4) Die BüKo GmbH kauft Waren bei einem Großhändler.
(5) Die Ehefrau eines selbstständigen Einzelhändlers verkauft eine Kette an eine Bekannte.

Aufgabe 42

Was versteht man unter dem Begriff „Geschäftsfähigkeit“?

(1) die Fähigkeit, ein Gewerbe anmelden zu dürfen
(2) die Fähigkeit, Träger von Rechten und Pflichten zu sein
(3) die Fähigkeit, im Auftrag anderer Rechtsgeschäfte abzuschließen
(4) die Fähigkeit, rechtswirksame Willenserklärungen abzugeben
(5) die Fähigkeit, Gesellschafter/-in einer Kapitalgesellschaft zu werden

Aufgabe 43

In welchem der folgenden Fälle kann die 17-jährige Auszubildende Lena Richter nur mit Zustimmung des gesetzlichen Vertreters eine rechtsgültige Willenserklärung abgeben?

(1) Lena Richter bekommt von ihrem Patenonkel 10 000,00 € geschenkt.
(2) Lena Richter kauft sich von ihrer Ausbildungsvergütung ein neues Smartphone.
(3) Lena Richter verkauft in der Abteilung Bürotechnik der BüKo GmbH, in der sie gerade ausgebildet wird, verschiedene Artikel im Wert von 2 000,00 € an einen Kunden.
(4) Lena Richter bestellt sich im Internet ein Buch und zahlt per Einzugsermächtigung von ihrem Konto.
(5) Lena Richter kauft sich ein neues Motorrad zum Preis von 4 800,00 €. Sie vereinbart die Zahlung per Ratenkauf mit 24 Monatsraten zu je 200,00 €.

Aufgabe 44

Der 17-jährige Schüler Benjamin Meyer möchte ein Notebook auf Raten kaufen. Wie verhält sich der Verkäufer richtig?

(1) Der Verkäufer verkauft Benjamin das Notebook, weil er seine Ziele erreichen will.

(2) Der Verkäufer verkauft Benjamin das Notebook, weil sein 21-jähriger Freund mitgekommen ist.

(3) Der Verkäufer verkauft Benjamin das Notebook, weil er bereits in vier Wochen 18 wird.

(4) Der Verkäufer verkauft Benjamin das Notebook nicht, weil Benjamin nicht voll geschäftsfähig ist.

(5) Der Verkäufer verkauft Benjamin das Notebook nicht, weil Benjamin geschäftsunfähig ist.

Aufgabe 45

Mit welchem Alter erlangt eine natürliche Person die beschränkte Geschäftsfähigkeit?

(1) mit Vollendung der Geburt

(2) mit Vollendung des 7. Lebensjahres

(3) mit Vollendung des 12. Lebensjahres

(4) mit Vollendung des 14. Lebensjahres

(5) mit Vollendung des 18. Lebensjahres

Aufgabe 46

Welche der folgenden Feststellungen zur Rechtsfähigkeit trifft nicht zu?

(1) Wer rechtsfähig ist, kann Verträge abschließen.

(2) Wer rechtsfähig ist, kann Schuldner/-in sein.

(3) Wer rechtsfähig ist, kann Gläubiger/-in sein.

(4) Wer rechtsfähig ist, kann Vermögen besitzen.

(5) Wer rechtsfähig ist, kann Träger/-in von Rechten und Pflichten sein.

Aufgabe 47

Welche der folgenden Aussagen zur Rechts- und Geschäftsfähigkeit sind falsch (zwei Lösungen)?

(1) Rechtsfähigkeit ist die Fähigkeit, Träger von Rechten und Pflichten zu sein.

(2) Geschäftsfähigkeit ist die Fähigkeit, Rechtsgeschäfte wirksam abschließen zu können.

(3) Geschäftsfähigkeit ist die Fähigkeit, Willenserklärungen rechtswirksam abschließen zu können.

(4) Ein dauerhaft psychisch erkrankter 22-Jähriger, der entmündigt wurde, ist geschäftsunfähig.

(5) Ein acht Tage altes Kind kann nicht steuerpflichtig sein.

(6) Ein 12-jähriges Kind kann Eigentümer einer Unternehmung sein.

(7) Juristische Personen sind nicht rechtsfähig, sie sind nur voll geschäftsfähig.

Aufgabe 48

Entscheiden Sie, bei welchem der folgenden Sachverhalte ein einseitiges Rechtsgeschäft vorliegt.

(1) Die BüKo GmbH stellt eine neue Mitarbeiterin ein.

(2) Ihr Nachbar schenkt Ihnen Kirschen aus seinem Garten.

(3) Eine Mitarbeiterin leiht sich aus dem Fuhrpark ihres Arbeitgebers einen Lkw für einen privaten Umzug.

(4) Die BüKo GmbH erhält die Kündigung für einen ihrer zusätzlich gemieteten Lagerräume.

(5) Die BüKo GmbH schenkt einem Mitarbeiter zum 25-jährigen Betriebsjubiläum einen neuen Schreibtischstuhl.

Aufgabe 49

Die Einkaufsleitung der BüKo GmbH erwägt, in der Abteilung Büroeinrichtung zukünftig auch Ware in Kommission zu übernehmen. Was verspricht sich die Einkaufsleitung davon?

(1) Die Lagerkosten werden dann vom Lieferanten getragen.

(2) Die Personalkosten können dadurch gesenkt werden.

(3) Die Transportkosten können deutlich gesenkt werden.

(4) Nicht verkaufte Ware kann ohne Kosten an den Verkäufer bzw. die Verkäuferin zurückgegeben werden.

(5) Durch zusätzliches, vom Lieferanten zur Verfügung gestelltes Verkaufspersonal kann die Beratungsqualität verbessert werden.

Aufgabe 50

Welches der folgenden Rechtsgeschäfte zählt zu den einseitigen Rechtsgeschäften?

(1) der Werkvertrag

(2) der Werklieferungsvertrag

(3) die Schenkung

(4) die Kündigung

(5) der Pachtvertrag

Aufgabe 51

Welches der folgenden Rechtsgeschäfte ist ein Handelskauf im Sinne des HGB („zweiseitiger Handelskauf“)?

(1) Eine Verkäuferin eines Kaufhauses kauft in der Abteilung, in der sie arbeitet, einen neuen Hosenanzug.

(2) Eine Abteilungsleiterin der BüKo GmbH verkauft einem Freund einen gebrauchten Golfschläger.

(3) Eine Kundin kauft in einem Kaufhaus ein Kleid.

(4) Eine Mitarbeiterin der BüKo GmbH kauft im Auftrag ihres Unternehmens bei einer Einkaufsorganisation Büroartikel.

(5) Eine Mitarbeiterin der BüKo GmbH verkauft Kopierpapier an den örtlichen Verein „Kaninchenzüchter aus Leidenschaft e. V.“

Aufgabe 52

In welchem der folgenden Fälle handelt es sich um einen Kauf unter Privatleuten im Sinne des BGB („bürgerlicher Kauf“)?

(1) Ein Schulleiter kauft für seine Schule Notebooks.

(2) Ein Auszubildender kauft einen Anzug, den er auch im Rahmen seiner beruflichen Tätigkeit trägt.

(3) Ein EDV-Fachgeschäft verkauft gebrauchte Notebooks an seine Kunden.

(4) Ein Lebensmittelhändler kauft für seinen privaten Gebrauch Wein bei seinem Lieferanten.

(5) Der Geschäftsführer der BüKo GmbH verkauft seinen gebrauchten Pkw an einen seiner Mitarbeiter.

Aufgabe 53

Welcher Sachverhalt wird in einem Werkvertrag geregelt?

(1) die Übereignung einer Sache gegen Geld
(2) die Arbeitsaufteilung zwischen den Gesellschaftern einer GmbH
(3) die Herstellung oder Veränderung eines individuellen Werkes
(4) die Leistung von Diensten gegen Geld
(5) die Eckpunkte der Zusammenarbeit von zwei Unternehmen

Aufgabe 54

Welches der folgenden Rechtsgeschäfte ist nichtig?

(1) Der elfjährige Marcus kauft von seinem sechsjährigen Freund Thomas ein ferngesteuertes Auto. Den Kaufpreis von 20,00 € entrichtet er von seinem Taschengeld.
(2) Die 8-jährige Nele bekommt von ihrer Oma 300,00 € geschenkt.
(3) Die 12-jährige Schülerin Melanie kauft eine CD für 10,00 €.
(4) Der 18-jährige Torsten kauft gegen den Willen seiner Eltern ein Motorrad im Wert von 5 000,00 €.
(5) Die 18-jährige Sabine kündigt ihren Berufsausbildungsvertrag schriftlich.

Aufgabe 55

Auf eine Anfrage der BüKo GmbH vom 17. März sendet Ihnen die PGM GmbH am 20. März ein unverbindliches Angebot zu. In welchem Fall ist ein gültiger Kaufvertrag zustande gekommen?

(1) Die PGM GmbH widerruft noch am 17. März per Fax ihr Angebot.
(2) Die BüKo GmbH bestellt am 22. März bei der PGM GmbH entsprechend dem Angebot, ändert allerdings den Rabatt von 10 % auf 15 % ab.
(3) Die BüKo GmbH bestellt noch am 20. März per Fax entsprechend dem Angebot.
(4) Die BüKo GmbH bestellt am 24. März entsprechend dem Angebot bei der PGM GmbH.
(5) Die BüKo GmbH bestellt am 30. März entsprechend dem Angebot bei der PGM GmbH. Diese sendet der BüKo GmbH am 3. April eine Auftragsbestätigung zu.

Beleg zu den Aufgaben 56–59

Office Highlights GmbH
Nürnberg

Office Highlights GmbH, Lange Gasse 68, 90402 Nürnberg

BÜKO GmbH
Ludwig-Thoma-Str. 47
95447 Bayreuth

Eingegangen am

29. April 20..

Ihre Zeichen, Ihre Nachricht vom	Unser Zeichen	Telefon	Datum
	me/Sc		27.04.20..

Angebot

Sehr geehrter Herr Müller,

wir danken Ihnen für Ihre Anfrage und machen Ihnen folgendes Angebot:

Den angefragten Rollcontainer „Smart Box“ bieten wir Ihnen zum Preis von 90,00 € netto je Stück an. Bei der Abnahme von mindestens 20 Stück räumen wir zusätzlich einen Mengenrabatt von 15 % ein.

Bei Vertragsabschluss ist 10 % des Kaufpreises anzuzahlen, der Rest ist zahlbar binnen 8 Tage nach Lieferung mit 2 % Skonto, sonst 30 Tage netto.

Die Lieferung erfolgt auf Kosten des Käufers. Die Lieferzeit beträgt 2 Wochen ab Bestellung.

Die Ware bleibt bis zur vollständigen Bezahlung Eigentum der Office Highlight GmbH. Der Gerichtsstand ist für beide Vertragspartner Nürnberg. Der Erfüllungsort ist ebenfalls Nürnberg.

Wir hoffen, dass unser Angebot Ihren Vorstellungen entspricht und freuen uns auf Ihren Auftrag.

Mit freundlichen Grüßen

S. Schneider

Susanne Schneider

Aufgabe 56

Wie lange ist die Office Highlights GmbH an dieses Angebot gebunden?

(1) Das Angebot ist zeitlich unbegrenzt gültig, es sei denn, das Unternehmen Office Highlights GmbH geht in die Insolvenz.

(2) Die Office Highlights GmbH ist überhaupt nicht an das Angebot gebunden, da es sich um ein unverbindliches Angebot handelt.

(3) Das Angebot ist so lange bindend, wie der Eingang der Antwort unter regelmäßigen Umständen erwarten werden kann (ca. eine Woche).

(4) Das Angebot ist sechs Wochen bindend.

(5) Das Angebot ist drei Monate bindend.

Aufgabe 57

Bei welcher Formulierung des vorstehenden Schreibens handelt es sich um die Zahlungsbedingungen?

(1) „Den angefragten Rollcontainer ‚Smart Box' bieten wir Ihnen zum Preis von 90,00 € netto je Stück an."

(2) „Bei Vertragsabschluss ist 10 % des Kaufpreises anzuzahlen, der Rest ist zahlbar binnen 8 Tagen nach Lieferung mit 2 % Skonto, sonst 30 Tage netto."

(3) „Die Lieferung erfolgt auf Kosten des Käufers. Die Lieferzeit beträgt 2 Wochen ab Bestellung."

(4) „Die Ware bleibt bis zur vollständigen Bezahlung Eigentum der Office Highlights GmbH."

(5) „Der Gerichtsstand ist für beide Vertragspartner Nürnberg. Der Erfüllungsort ist ebenfalls Nürnberg."

Aufgabe 58

Auf der Grundlage des vorliegenden Angebots bestellen Sie 20 Rollcontainer. In welchem Fall ist eine Bestellannahme (Auftragsbestätigung) erforderlich, damit ein Kaufvertrag zustande kommt?

(1) Wenn Sie am 27.04. per Mail bestellen.

(2) Wenn Sie die Bestellung am 28.04. per Brief aufgeben.

(3) Wenn Sie die Bestellung am 29.04. per Fax aufgeben.

(4) Wenn Sie im Rahmen Ihrer Bestellung die Lieferfrist auf eine Woche verkürzen.

(5) Wenn Sie den Kaufvertrag nur mündlich abschließen.

Aufgabe 59

Was bedeutet die Formulierung „Die Ware bleibt bis zur vollständigen Bezahlung Eigentum der Office Highlights GmbH"?

(1) Es handelt sich um einen Eigentumsvorbehalt, d. h., die Lieferung erfolgt erst nach Bezahlung der Lieferung.

(2) Es handelt sich um einen Eigentumsvorbehalt, d. h., die BüKo GmbH wird nach der Bezahlung der Ware nur Besitzerin, aber nicht Eigentümerin.

(3) Es handelt sich um einen Eigentumsvorbehalt, d. h., die BüKo GmbH wird nach der Bezahlung der Ware nur Eigentümerin, aber nicht Besitzerin.

(4) Es handelt sich um einen Eigentumsvorbehalt, d. h., die BüKo GmbH wird zunächst nur Besitzerin und erst bei vollständiger Bezahlung Eigentümerin der Ware.

(5) Es handelt sich nicht um einen Eigentumsvorbehalt, da der Begriff „Eigentumsvorbehalt" nicht im Angebotstext auftaucht.

Aufgabe 60

Entscheiden Sie, in welchem Fall ein rechtsgültiger Kaufvertrag vorliegt.

(1) Ein Lieferant sendet der BüKo GmbH ein Angebot über ein Sortiment von Schreibtischlampen.

(2) Herr Müller schließt einen Mietvertrag für einen zusätzlichen Lagerraum ab.

(3) Ein Kunde erwirbt mit dem Kauf einer Softwarelizenz das Recht, die Software auf seinem Notebook zu nutzen.

(4) Herr Müller will einen Pkw für die BüKo GmbH anschaffen und versendet deshalb Anfragen an verschiedene Autohändler.

(5) Ein neuer Mitarbeiter unterzeichnet einen Arbeitsvertrag bei der BüKo GmbH.

Aufgabe 61

Ein Kunde leistet bei Ihnen eine Anzahlung für einen Aktenschrank und vereinbart mit Ihnen, den Schrank am nächsten Tag abzuholen und den Restbetrag zu bezahlen. Am nächsten Tag will der Kunde den Aktenschrank jedoch nicht mehr haben und verlangt seine Anzahlung zurück. Es habe sich die Möglichkeit der Digitalisierung der Unterlagen ergeben, sodass der Aktenschrank nicht mehr benötigt wird. Wie ist die Rechtslage?

(1) Durch den nicht mehr vorhandenen Bedarf ist die Rechtsgrundlage für den Kauf des Aktenschranks weggefallen. Der Kunde hat folglich das Recht, seine Anzahlung zurückzuverlangen.
(2) Der Kunde muss zumindest ein anderes Produkt im Wert der Anzahlung kaufen.
(3) Es liegt ein rechtsgültiger Kaufvertrag vor. Sie können auf der Erfüllung des Kaufvertrages, also auf Abnahme der Ware und Restzahlung, bestehen.
(4) Der Kaufvertrag wurde durch den Widerruf des Kunden am nächsten Tag nichtig.
(5) Der Kaufvertrag wurde durch den Widerruf des Kunden zwar am nächsten Tag anfechtbar. Wenn der Kunde den Vertrag anficht, kann er vom Kaufvertrag zurücktreten.

Aufgabe 62

Die BüKo GmbH bietet ihren Kunden eine Reihe von Serviceleistungen. Entscheiden Sie, in welchem der folgenden Fälle es sich nicht um eine freiwillige, sondern um eine gesetzlich vorgeschriebene Leistung handelt.

(1) Die BüKo GmbH bietet ihren Kunden beim Kauf von Elektrogeräten einen kostenlosen Funktions-Check nach zwei Jahren an.
(2) Die BüKo GmbH stellt ihren Kunden die kopierten Ergebnisse der Stiftung Warentest zur Verfügung.
(3) Alle Waren der BüKo GmbH werden grundsätzlich transportsicher verpackt.
(4) Alle Waren der BüKo GmbH im Verkaufsraum sind mit dem Bruttoverkaufspreis versehen.
(5) Verkaufende der BüKo GmbH weisen ihre Kunden auf mögliche Gefahren hin, die mit der Nutzung von Elektrogeräten verbunden sein können.

Aufgabe 63

Für das Zustandekommen eines rechtsgültigen Kaufvertrages ist nicht grundsätzlich eine Auftragsbestätigung notwendig. In welchem der folgenden Fälle ist dies aber zwingend erforderlich?

(1) Wenn die Ware nur telefonisch angeboten wird.

(2) Wenn es sich um ein freibleibendes Angebot handelt.

(3) Wenn es sich um ein zeitlich befristetes Angebot handelt.

(4) Wenn vor Erhalt des Angebots keine Anfrage versandt wurde.

(5) Wenn mit diesem Lieferanten vorher noch keine Geschäftsbeziehung gepflegt wurde.

Aufgabe 64

Ein Lieferant liefert der BüKo GmbH Ware unter Eigentumsvorbehalt. In welchem Fall ist der Eigentumsvorbehalt rechtsgültig?

(1) Wenn bereits ein Insolvenzverfahren gegen die BüKo GmbH eingeleitet worden ist.

(2) Wenn der Eigentumsvorbehalt auf der Rechnung vermerkt worden ist.

(3) Wenn der Eigentumsvorbehalt im Kaufvertrag vermerkt worden ist.

(4) Wenn die BüKo GmbH den vereinbarten Kaufpreis nicht fristgerecht bezahlt hat.

(5) Wenn die BüKo GmbH einen Mahnbescheid erhalten hat.

Aufgabe 65

Der Abschluss von Kaufverträgen ist grundsätzlich an keine bestimmte Form gebunden. Es gibt jedoch auch einige gesetzlich geregelte Ausnahmen. In welchem der folgenden Fälle ist aufgrund von Formmängeln kein Vertrag zustande gekommen?

(1) In einem verbindlichen Angebot vom 10. März steht u. a.: „Das Angebot ist bis zum 30. März gültig. Die Lieferzeit beträgt 8 Tage." Der Kunde bestellt aufgrund dieses Angebots am 29. März und bittet um Lieferung bis zum 9. April.

(2) Ein Mitarbeiter der BüKo GmbH bestellt telefonisch beim Lieferanten Meyer 30 Kartons mit jeweils 5 Packungen Kopierpapier mit der Artikel-Nr. 2319. Die Auftragsbestätigung erfolgt umgehend per Fax.

(3) Ein Mitarbeiter der BüKo GmbH möchte für sich und seine Familie ein Haus bauen. Dazu erwirbt er ein Baugrundstück von seiner Gemeinde. Es wird ein schriftlicher Kaufvertrag abgeschlossen, den Käufer und Verkäufer des Grundstücks unterschreiben.

(4) Die BüKo GmbH nimmt bei ihrer Hausbank einen Kredit auf. Ein Schriftstück, in dem der Betrag, der Zinssatz und der Rückzahlungstermin festgehalten werden, wird vom Geschäftsführer der BüKo GmbH und einem Bankmitarbeiter unterschrieben.

(5) Ein Mitarbeiter der BüKo GmbH bestellt telefonisch beim Lieferanten Meyer 30 Kartons mit jeweils 5 Packungen Kopierpapier mit der Artikel-Nr. 2319. Meyer liefert das Kopierpapier, ohne vorher eine Auftragsbestätigung zu schicken.

Aufgabe 66

In einem Angebot finden Sie u. a. die Formulierung „brutto für netto“. Was bedeutet das?

(1) Die Verpackung muss frachtfrei zurückgeschickt werden.

(2) Der Preis der Ware bemisst sich nach seinem Gewicht einschließlich dem Gewicht seiner Verpackung (Bruttogewicht).

(3) Die Verpackung wird zum Selbstkostenpreis berechnet.

(4) Die Verpackungskosten gehen zu Lasten des Lieferers.

(5) Die Verpackungskosten gehen zu Lasten der Kunden.

Aufgabe 67

In einem Kaufvertrag ist keine Vereinbarung über die Verpackungs- und Transportkosten enthalten. Welche Kosten muss die/der Verkaufende tragen?

(1) weder die Verpackungs- noch die Transportkosten

(2) nur die Frachtkosten

(3) nur die Verpackungskosten (Versandverpackung)

(4) die vollständigen Transportkosten

(5) nur die Abfuhrkosten (von der Empfangsstation)

Aufgabe 68

Welchen Zweck erfüllen die Allgemeinen Geschäftsbedingungen (AGB) beim Abschluss von Kaufverträgen?

(1) Die AGB erleichtern die Vertragsgestaltung, weil sie für viele Verträge standardmäßig genutzt werden können.
(2) Die AGB schützen Kaufende davor, von Verkaufenden übervorteilt zu werden.
(3) Die AGB werden bei jedem Kaufvertrag individuell ausgehandelt und tragen somit sowohl den Interessen der Verkaufenden als auch denen der Kaufenden Rechnung.
(4) Die AGB können Kaufentscheidungen beschleunigen.
(5) Die AGB gelten nur bei einseitigen Handelskäufen.

Aufgabe 69

Welche gesetzlichen Vorschriften müssen Sie als Mitarbeiter/-in der BüKo GmbH beim Abschluss von Teilzahlungsverträgen mit Privatpersonen beachten?

(1) Teilzahlungsverträge dürfen grundsätzlich nicht mehr als 24 monatliche Ratenzahlungen aufweisen.
(2) Voraussetzung von Teilzahlungsverträgen ist immer eine mindestens 20-prozentige Anzahlung.
(3) Teilzahlungsverträge müssen immer eine der kaufenden Person unterschriebene Belehrung über das Rücktrittsrecht enthalten.
(4) Teilzahlungsverträge können grundsätzlich auch mit beschränkt Geschäftsfähigen abgeschlossen werden.
(5) Teilzahlungsverträge sind rechtlich nur beim zweiseitigen Handelskauf erlaubt.

Situation zu den Aufgaben 70 – 72

Die Meyer GmbH ist ein Lieferant für Büromaterial, bei dem die BüKo GmbH des Öfteren Waren bezieht.

Aufgabe 70

Alle mit der Meyer GmbH abgeschlossenen Kaufverträge beinhalten eine Klausel, die als sog. Eigentumsvorbehalt bezeichnet wird. Welchen Zweck verfolgt die Meyer GmbH mit dieser Klausel?

(1) Die BüKo GmbH wird erst nach Leistung einer Anzahlung Eigentümerin der gelieferten Ware.

(2) Die Meyer GmbH erwirbt dadurch das Recht, jederzeit vom Kaufvertrag zurückzutreten und sich die Ware zurückzuholen.

(3) Die Meyer GmbH verfolgt damit das Ziel, die Zahlung des Kaufpreises abzusichern.

(4) Die BüKo GmbH erwirbt dadurch das Recht, jederzeit vom Kaufvertrag zurückzutreten und die Ware an die Meyer GmbH zurückzugeben.

(5) Die Meyer GmbH bleibt dadurch bis zur vollständigen Zahlung des Kaufpreises Besitzerin der Ware.

Aufgabe 71

Die BüKo GmbH hat am 15. Juli d. J. Ware bei der Meyer GmbH bestellt, ohne einen genauen Liefertermin festzulegen. Unter welcher Voraussetzung gerät die Meyer GmbH in Verzug?

(1) Sie gerät in Verzug, wenn die Ware nicht mindestens acht Wochen nach der Bestellung bei der BüKo GmbH eintrifft.

(2) Sie gerät in Verzug, wenn die Ware nicht mindestens bis zum 15. August bei der BüKo GmbH eintrifft.

(3) Sie gerät in Verzug, wenn die Ware nicht mindestens bis zum 15. September bei der BüKo GmbH eintrifft.

(4) Sie gerät in Verzug, wenn die Ware nach Verstreichen der in einer Mahnung gesetzten Nachfrist nicht bei der BüKo GmbH eintrifft.

(5) Sie gerät in Verzug, wenn aufgrund eines Streiks in der Meyer GmbH die Ware nicht geliefert werden kann.

Aufgabe 72

Angenommen, die Meyer GmbH befindet sich im Verzug. Ist die BüKo GmbH berechtigt, Schadenersatz zu verlangen?

(1) Sie hat keinen Anspruch auf Schadenersatz, wenn sie die verspätete Lieferung angenommen hat.

(2) Sie hat keinen Anspruch auf Schadenersatz, wenn sie nicht nach Eintritt des Lieferungsverzugs vom Vertrag zurückgetreten ist.

(3) Sie hat keinen Anspruch auf Schadenersatz, wenn sie trotz der Verzögerung auf der Lieferung der Ware bestanden hat.

(4) Sie hat Anspruch auf Schadenersatz, wenn ihr ein nachweisbarer Schaden entstanden ist.

(5) Sie hat Anspruch auf Schadenersatz, wenn sie keinen Kauf vorgenommen hat.

Aufgabe 73

Bei Vorliegen welcher beiden Merkmale erscheint ein Markenschutz (eingetragenes Markenzeichen) sinnvoll?

(1) gehobenes Preisniveau

(2) technische Innovation

(3) gezielte Rabattaktion

(4) hoher Wiedererkennungswert

(5) gleichbleibende, hohe Qualität

Aufgabe 74

Welche beiden Aussagen über das kaufmännische Mahnverfahren sind zutreffend?

(1) Spätestens in der zweiten Mahnung sollte dem Schuldner eine Frist gesetzt werden.

(2) Sobald ein Kunde im Zahlungsverzug ist, ist ein Inkassoinstitut zu beauftragen.

(3) Nach Ablauf des Mahnverfahrens darf der Gläubiger Pfändungen vornehmen.

(4) Für eine schriftliche Mahnung gibt es keine verbindlichen Formvorschriften.

(5) Verzugszinsen sind immer und vom Betrag unabhängig in Rechnung zu stellen.

Aufgabe 75

Wie beginnt ein gerichtliches Mahnverfahren?

(1) mit dem Verfassen der ersten Mahnung

(2) mit dem Verfassen der dritten Mahnung

(3) mit dem erfolglosen Ablauf der Nachfrist

(4) mit dem Antrag auf Erlass eines Mahnbescheids beim Amtsgericht

(5) mit dem Antrag auf Erlass eines Vollstreckungsbescheids beim Amtsgericht

Aufgabe 76

Welchen Einfluss hat das außergerichtliche Mahnverfahren auf die Verjährung?

(1) Die Forderung verjährt erst nach 30 Jahren.

(2) Es hat keinen Einfluss.

(3) Die Verjährung wird unterbrochen.

(4) Die Verjährung wird gehemmt.

(5) Die Verjährungsfrist wird von drei Jahren auf fünf Jahre verlängert.

Aufgabe 77

Die BüKo GmbH erhält von einem Lieferanten aus Nürnberg einen gerichtlichen Mahnbescheid über 5 200,00 €. Dieser bezieht sich auf eine Lieferung, die die BüKo GmbH allerdings nie erhalten hat.

Was muss die BüKo GmbH unternehmen, wenn sie nicht zahlen will?

(1) Innerhalb von 14 Tagen Widerspruch beim Amtsgericht in Nürnberg einlegen.

(2) Innerhalb von 14 Tagen Widerspruch beim Landgericht in Nürnberg einlegen.

(3) Innerhalb von 14 Tagen Widerspruch bei dem für das gerichtliche Mahnverfahren zuständige Amtsgericht in Coburg einlegen.

(4) Nichts, da die Forderung verjährt ist.

(5) Innerhalb von 14 Tagen Widerspruch beim Verwaltungsgericht in Bayreuth einlegen.

Aufgabe 78

Wer kann in das Handelsregister Einsicht nehmen?

(1) nur Kreditinstitute, um die Kreditwürdigkeit der Kunden zu überprüfen

(2) nur Personen, die ein berechtigtes Interesse nachweisen können

(3) jedermann, der sich informieren möchte

(4) nur Auskunfteien, um in Prozessen richtige Entscheidungen zu treffen

(5) nur Gläubigerinnen/Gläubiger die einen Vergleich oder Insolvenz beantragt haben

Aufgabe 79

Welche Aussage über das Handelsregister ist richtig?

(1) Es ist ein amtliches Verzeichnis von Kaufleuten eines Amtsgerichtsbezirks.

(2) Alle Eintragungen im Handelsregister werden von der Industrie- und Handelskammer im Auftrag des Amtsgerichts öffentlich bekannt gemacht.

(3) Es ist das amtliche Verzeichnis aller Formkaufleute eines Amtsgerichtsbezirks.

(4) Es erfasst den Umsatz der Handelsbetriebe in einem Amtsgerichtsbezirk.

(5) Es unterrichtet die Öffentlichkeit über die Kapitalanteile der eingetragenen Aktionäre.

Aufgabe 80

Wer ist Kaufmann im Sinne des HGB?

(1) der Angestellte eines Großhändlers

(2) jede Person mit abgeschlossener kaufmännischer Berufsausbildung

(3) der Großaktionär eines Nürnberger Süßwarenherstellers

(4) ein Handwerker als Gesellschafter der Schreinerei Meyer GmbH

(5) ein Handelsbetrieb, der nach Art und Umfang einen in kaufmännischer Weise eingerichteten Geschäftsbetrieb (kaufmännische Organisation) erfordert

Aufgabe 81

Welche Kaufmannseigenschaft hat eine GmbH?

(1) Sie ist kein Kaufmann im Sinne des HGB.

(2) Sie ist Ist-Kaufmann.

(3) Sie ist Form-Kaufmann.

(4) Sie ist Kann-Kaufmann.

(5) Sie betreibt ein Kleingewerbe.

Aufgabe 82

Herr Schneider betreibt rechtlich selbstständig ein Einzelhandelsgeschäft, das nach Art und Umfang einen in kaufmännischer Weise eingerichteten Geschäftsbetrieb (kaufmännische Organisation) erfordert. Welche Aussage ist zutreffend?

(1) Er ist kein Kaufmann im Sinne des HGB.

(2) Er ist Ist-Kaufmann.

(3) Er ist Form-Kaufmann.

(4) Er ist Kann-Kaufmann.

(5) Er betreibt ein Kleingewerbe.

Aufgabe 83

Was versteht das HGB unter einer „Firma"?

(1) den Namen, unter dem ein Kaufmann im Sinne des HGB seine Geschäfte betreibt („Handelsname")

(2) einen kaufmännischen Betrieb

(3) den bürgerlichen Namen eines Kleingewerbetreibenden, unter dem er sein Handelsgewerbe betreibt

(4) ein Unternehmen, das nach Art und Umfang keinen in kaufmännischer Weise eingerichteten Geschäftsbetrieb erfordert

(5) die Gebäude eines im Handelsregister eingetragenen Unternehmens

Aufgabe 84

Welche der folgenden Aussagen zur Einzelunternehmung sind falsch?

(1) Einzelunternehmende haften voll, d. h. mit dem Geschäfts- und dem Privatvermögen.

(2) Einzelunternehmen sind nur als Personengesellschaften möglich.

(3) Einzelunternehmen werden von einer einzelnen Person gegründet.

(4) Die Firma bei Einzelkaufleuten muss die Bezeichnung „eingetragener Kaufmann", „eingetragene Kauffrau" oder die allgemein verständliche Abkürzung dieser Begriffe enthalten.

(5) Einschränkungen der Haftung sind bei Einzelunternehmen grundsätzlich nicht möglich.

Aufgabe 85

Die Meyer OHG geht in ein Insolvenzverfahren. Wie haften die drei Gesellschafter?

(1) Jeder für sich mit seinem gesamten Vermögen.

(2) Sie haften jeweils nur mit ihrem Privatvermögen.

(3) Jeder haftet jeweils nur mit seiner Einlage in das Unternehmen.

(4) Jeder haftet für $\frac{1}{3}$ der Gesamtschulden.

(5) Alle gemeinsam haften solidarisch, unmittelbar und mit ihrem gesamten Vermögen.

Aufgabe 86

Bei welcher Rechtsform wird zwischen Voll- und Teilhaftern unterschieden?

(1) Offene Handelsgesellschaft

(2) Genossenschaft

(3) Kommanditgesellschaft

(4) Aktiengesellschaft

(5) Gesellschaft mit beschränkter Haftung

Aufgabe 87

Bei welcher Steuer liegt eine indirekte Steuer vor?

(1) Einkommensteuer

(2) Körperschaftssteuer

(3) Kirchensteuer

(4) Umsatzsteuer

(5) Gewerbesteuer

Aufgabe 88

Bei welcher der folgenden Versicherungen handelt es sich um eine Individualversicherung?

(1) Rentenversicherung

(2) Krankenversicherung

(3) Pflegeversicherung

(4) Haftpflichtversicherung
(5) Arbeitslosenversicherung

Aufgabe 89

Welche der folgenden Aussagen zur Rechtsform der BüKo GmbH ist zutreffend?

(1) Die Gesellschafter der BüKo GmbH haften unmittelbar und solidarisch.
(2) Die Gesellschafter der BüKo GmbH haften unbeschränkt und unmittelbar.
(3) Nicht die Gesellschafter, sondern nur die Geschäftsführung haftet unmittelbar.
(4) Die BüKo GmbH haftet nur mit dem Gesellschaftsvermögen.
(5) Die Gesellschafter der BüKo GmbH haften mit ihrer Geschäftseinlage und ihrem Privatvermögen.

Aufgabe 90

Die BüKo GmbH will sich über einen potenziellen Lieferanten informieren, indem sie das Handelsregister einsieht. Welcher der folgenden Lieferanten ist in der Abteilung B des Handelsregisters eingetragen?

(1) Max Abraham e. K.
(2) Bertram Bürotechnik KG
(3) Delius & Partner OHG
(4) Ehlers Möbelunion GmbH
(5) Rechtsanwälte Dr. Erk & Partner

Aufgabe 91

Bei der Firmierung gibt es eine Reihe von Grundsätzen zu beachten. Welche Aussage über den Grundsatz der Firmenausschließlichkeit ist richtig?

(1) Die Firma darf ausschließlich nur an einem Ort tätig werden.
(2) Die Firma darf nicht veräußert werden.
(3) Die Firma muss sich eindeutig von anderen am gleichen Ort unterscheiden.
(4) Die Firma muss wahr und klar sein.
(5) Die Firma darf nicht geändert werden.

Aufgabe 92

Die BüKo GmbH erwägt die Aufnahme einer Geschäftsbeziehung mit der Sterntal GmbH & Co. KG. Welche Aussage über die rechtliche Konstruktion der GmbH & Co. KG ist richtig?

(1) Einziger Kommanditist der GmbH & Co. KG ist eine GmbH.

(2) Einer der Kommanditisten der GmbH & Co. KG ist eine GmbH.

(3) Einer der Komplementäre der GmbH & Co. KG ist eine GmbH.

(4) Einziger Komplementär der GmbH & Co. KG ist eine GmbH.

(5) Die GmbH & Co. KG besitzt keine eigene Rechtspersönlichkeit.

Aufgabe 93

Die BüKo GmbH schließt im Rahmen ihrer Geschäftsbeziehungen vielfältige Arten von Verträgen ab. Welche der folgenden Verträge wurden in den nachfolgend stehenden Fällen abgeschlossen? Ordnen Sie jeweils die korrekte Ziffer zu.

Fälle:

(1) Arbeitsvertrag

(2) Dienstvertrag

(3) Werkvertrag

(4) Leasingvertrag

(5) Pachtvertrag

(6) Mietvertrag

(7) Leihvertrag

Die BüKo GmbH hat das Autohaus Körber GmbH mit der Reparatur der defekten Lichtmaschine eines Firmen-Pkw beauftragt. ☐

Die BüKo GmbH nutzt gegen Entgelt ein benachbartes Grundstück als gebührenpflichtigen Parkplatz. ☐

Die BüKo GmbH nutzt für eine Geschäftsreise einen Pkw des Autohauses Körper GmbH gegen Entgelt. ☐

Situation zu den Aufgaben 94 – 96

Als Mitarbeiter/-in der BüKo GmbH haben Sie Kontakt zu einem potenziellen neuen Lieferanten von Bürostühlen aufgenommen, der

Comfort KG in Dresden. Ein Produktverzeichnis sowie die AGB des Unternehmens liegen Ihnen bereits vor. Zu Vertragsverhandlungen und für einen eventuellen Vertragsabschluss haben Sie einen Termin mit dem zuständigen Außendienstmitarbeiter der Comfort KG, Herrn Winfried Hübner.

§ **Auszug aus den AGB der Comfort KG:**

1. Allgemeines: Für Lieferungen und Leistungen gegenüber Unternehmen gelten ausschließlich die nachfolgenden Bedingungen.

...

2. Vertragsabschluss: Unsere Angebote sind grundsätzlich freibleibend. Abweichungen, Nebenabreden und mündliche Vereinbarungen sowie Vereinbarungen mit unseren Handlungsreisenden, Handelsvertretern oder sonstigen Beauftragten bedürfen zu ihrer Wirksamkeit der schriftlichen Bestätigung durch uns.

...

8. Erfüllungsort und Gerichtsstand für beide Teile ist Dresden.

Aufgabe 94

Was versteht man unter den Allgemeinen Geschäftsbedingungen (AGB)?

(1) Es handelt sich um Vertragsbedingungen, die für viele Verträge bereits vorformuliert sind.

(2) Es handelt sich um Vertragsbedingungen, die der Käufer/die Käuferin dem Verkäufer/der Verkäuferin auferlegt.

(3) Mithilfe der allgemeinen Geschäftsbedingungen kann aufgrund der bestehenden Vertragsfreiheit alles vereinbart werden. Sie werden jedoch erst gültig, wenn die/der Kaufende das Vorgedruckte unterschreibt.

(4) Die allgemeinen Geschäftsbedingungen dienen der Risikoabwälzung auf Verkaufende.

(5) Durch die allgemeinen Geschäftsbedingungen ist der Käufer/die Käuferin dem Verkäufer/der Verkäuferin letztlich schutzlos ausgeliefert.

Aufgabe 95

Um sich über die Eigentums- und Haftungsverhältnisse des vielleicht zukünftigen Lieferers Comfort KG zu informieren, haben Sie sich einen Handelsregisterauszug besorgt. Geben Sie an, wo das Handelsregister offiziell geführt wird.

(1) beim Amtsgericht Dresden

(2) beim Landgericht Dresden

(3) bei der zuständigen Gewerbeaufsichtsbehörde

(4) bei der Industrie- und Handelskammer Dresden

(5) beim Arbeitgeberverband

Aufgabe 96

Sie möchten weitere Einzelheiten über die rechtlichen und wirtschaftlichen Verhältnisse des potenziellen neuen Lieferanten in Erfahrung bringen. Welche Information können Sie dem Handelsregisterauszug über die Comfort KG entnehmen?

(1) die Anzahl der Beschäftigten der Comfort KG

(2) den Umsatz der Comfort KG im letzten oder vorletzten Geschäftsjahr

(3) die Art der Handlungsvollmacht des Außendienstmitarbeiters Herrn Hübner

(4) die Bilanz und die GuV-Rechnung des letzten oder vorletzten Geschäftsjahres

(5) die Vertretung der Gesellschaft nach außen, also gegenüber Dritten

---

Situation zu den Aufgaben 97 – 99

Die zwei ehemaligen Auszubildenden der BüKo GmbH Alexander Herd und Tobias Rodler planen, sich selbstständig zu machen. Sie wollen ein Unternehmen gründen, das andere Unternehmen im Hinblick auf ihre EDV-Organisation berät und deren Netzwerke betreut. Alexander Herd will als Gesellschafter eine Bareinlage von 35000,00 € leisten und ist bereit, mit seinem Privatvermögen für Verbindlichkeiten des Unternehmens unbeschränkt zu haften. Tobias Rodler will als Gesellschafter 25 000,00 € in das Unternehmen einbringen, er will allerdings über diese Einlage hinaus nicht mit seinem Privatvermögen haften.

Aufgabe 97

Welche der folgenden Rechtsformen müssen Alexander Herd und Tobias Rodler in diesem Fall wählen?

(1) Genossenschaft

(2) GbR

(3) OHG

(4) KG

(5) GmbH

Aufgabe 98

Alexander Herd und Tobias Rodler wollen als zusätzliches Entscheidungskriterium für die Wahl der Rechtsform ihres Unternehmens auch noch die Regelungen zur Gewinnverteilung heranziehen.

Ordnen Sie zu, welche der folgenden Formeln der Gewinnverteilung für die nachstehenden Rechtsformen gelten.

(1) Verteilung des Gewinns im Verhältnis der Stammeinlagen

(2) 4 % Verzinsung des Kapitalanteils, Verteilung des Restbetrages nach Köpfen

(3) 4 % Verzinsung des Kapitalanteils, Verteilung des Restbetrages im angemessenen Verhältnis

(4) keine der aufgeführten Regelungen

GbR	☐
AG	☐
OHG	☐
KG	☐
GmbH	☐

Aufgabe 99

Angenommen, Alexander Herd und Tobias Rodler entscheiden sich, eine OHG zu gründen. Diese OHG ist nach einigen Jahren zahlungsunfähig und ein Insolvenzverfahren muss eingeleitet werden. Wie haften die beiden?

(1) Jeder haftet für sich mit seinem gesamten Vermögen.
(2) Sie haften jeweils nur mit ihrem Privatvermögen.
(3) Sie haften gemeinsam und solidarisch, unmittelbar und mit ihrem gesamten Vermögen.
(4) Jeder haftet für die von ihm abgeschlossenen Geschäfte.
(5) Jeder haftet mit seiner Einlage.

Aufgabe 100

Wie ist die gesetzliche Regelung zur Gewinnverteilung bei der GmbH?

(1) 5 % auf die Kapitaleinlage, der Rest in angemessenem Verhältnis
(2) 4 % auf die Kapitaleinlage, der Rest nach Köpfen
(3) 4 % auf die Kapitaleinlage, der Rest in angemessenem Verhältnis
(4) gleichmäßige Gewinnverteilung nach Köpfen
(5) Verteilung im Verhältnis der Geschäftsanteile

Aufgabe 101

Bei welchen der folgenden Kunden der BüKo GmbH handelt es sich um Kapitalgesellschaften (zwei Lösungen)?

(1) Sommer OHG
(2) Heinz Müller e. K.
(3) Lorenz Maschinenbau AG
(4) Holzhandel Kiefer KG
(5) Möbelhandel Murrmann GmbH

Aufgabe 102

Sie sind im Verkauf der BüKo GmbH tätig und erhalten die folgende E-Mail zur Bearbeitung:

Von: **tobias.hausmann@skg.de**
An: **info@bueko.de**
Datum: **02.06.20..**
Betreff: **Lieferungsverzug Schreibtischstühle**

Sehr geehrte Damen und Herren,

wir hatten bei Ihnen am 13. Mai dieses Jahres fünf Schreibtischstühle mit der Artikel-Nr. 3562967 bestellt. Als gewünschten Liefertermin hatten wir Ende Mai angegeben. In Ihrer Auftragsbestätigung vom 18. Mai haben Sie uns den Liefertermin Ende Mai bestätigt. Leider ist die Lieferung bei uns bis heute noch nicht eingetroffen.

Da wir die Schreibtischstühle dringend benötigen, haben wir heute einen Deckungskauf bei einem anderen Anbieter vorgenommen. Wir haben daher kein Interesse mehr an der Abwicklung des Kaufvertrags und treten hiermit vom Kaufvertrag zurück. Da wir die Ware bei dem Deckungskauf zu einem günstigeren Preis erhalten haben als in Ihrem ursprünglichen Angebot, verzichten wir darauf, Schadenersatzansprüche geltend zu machen.

Mit freundlichen Grüßen
Tobias Hausmann
SKG GmbH & Co. KG

a) Erläutern Sie zwei Aspekte, die Sie klären müssen, bevor Sie die E-Mail kompetent beantworten können.

b) Im vorliegenden Fall hat die BüKo GmbH die Bestellung mit einer Auftragsbestätigung beantwortet. Dadurch ist ein Kaufvertrag zustande gekommen. Nennen Sie zwei weitere Möglichkeiten, wie ein Kaufvertrag zustande kommen könnte.

c) Erläutern Sie, ob im vorliegenden Fall ein Lieferungsverzug vorliegt.

d) Legen Sie dar, ob die in der E-Mail aufgeführte Reaktion der SKG GmbH & Co. KG den gesetzlichen Vorschriften entspricht.

e) Die Bürostühle konnten aufgrund eines Unfalls eines Fahrers der BüKo GmbH nicht rechtzeitig ausgeliefert werden. Sie stehen im Lager und könnten schon morgen an die SKG GmbH & Co. KG ausgeliefert werden.
Wie verhalten Sie sich dem Kunden gegenüber? Begründen Sie Ihre Entscheidung.

f) Erläutern Sie die Rechte, die der SKG GmbH & Co. KG aus einem Lieferungsverzug grundsätzlich zustehen.

Aufgabe 103

Die BüKo GmbH erhält von einem langjährigen Lieferanten Ware geliefert, die in ihrer Qualität mangelhaft ist.

Welche der folgenden Aussagen zur mangelhaften Lieferung ist richtig?

(1) Festgestellte Mängel müssen unverzüglich nach Entdeckung in schriftlicher Form gerügt werden.

(2) Wenn der Lieferer mengenmäßig mehr liefert als bestellt wurde und der Käufer dies zwar feststellte, aber nicht rügte, kann der Lieferer nur den Kaufpreis für die bestellte Menge berechnen.

(3) Festgestellte Mängel müssen unverzüglich nach Entdeckung gerügt werden.

(4) Vom Lieferer arglistig verschwiegene Mängel müssen innerhalb der Gewährleistungspflicht gerügt werden.

(5) Eingegangene Waren müssen innerhalb der Gewährleistungspflicht auf offene Mängel überprüft werden.

Aufgabe 104

Sie sind als Mitarbeiter/-in der BüKo GmbH derzeit mit der Warenannahme beauftragt. Am 12.06. d. J. übergibt Ihnen ein Kollege den nachfolgend abgebildeten Lieferschein mit der Bitte, sich darum zu kümmern.

Lieferschein

Lieferscheinnummer	Kundennummer	Datum
48260471	134 834	11.06.20..

Artikelbezeichnung	Artikelnummer	Menge
Schreibtischlampe „Luxor"	723491	10

Eine Lampe mit verkratztem Gehäuse!

Geprüft am 11.06.20..
Schmidt

a) Um welche Mangelart handelt es sich im vorliegenden Fall? Nennen Sie drei weitere Mangelarten.

b) Welche Maßnahme müssen Sie zuerst ergreifen, um Ihre Rechte gegenüber dem Lieferanten zu sichern? Gehen Sie dabei auch auf die Besonderheiten des zweiseitigen Handelskaufs ein.

c) Welche Rechte kann die BüKo GmbH vorrangig geltend machen?

d) Erläutern Sie, welche Rechte die BüKo GmbH nachrangig geltend machen kann. Gehen Sie dabei auch darauf ein, unter welchen Voraussetzungen die Rechte geltend gemacht werden können.

Aufgabe 105

Die BüKo GmbH erhält eine Anfrage von dem Büromöbelgroßhändler Schneider Möbelhandel OHG über die Lieferung von 150 Stück ihres selbst produzierten Regalsystems „Perfect Order". In der Datei „Debitoren" können Sie das Unternehmen Schneider Möbelhandel OHG nicht finden (siehe Auszug).

Kd.-Nr.	Kunde	Straße	PLZ	Ort
2401	Hans Hase OHG	Fürther Str. 176	22307	Hamburg
2402	Leuchter GmbH	Leyher Str. 274	90431	Nürnberg
2403	Küchenland GmbH	Industriestr. 211	90431	Nürnberg
2404	Lux KG	Augsburger Str. 154	80337	München
2405	Meier & Partner KG	Offenbacher Landstr.	60599	Frankfurt
2406	Lumen GmbH	Veitshöchheimer Str. 7	97808	Würzburg
2407	Elektrogroßhandel Sommer	Siechenmarschstr. 23	33615	Bielefeld
2408	Küchenmeister GmbH	Hansestr. 174	51149	Köln
...				

a) Erklären Sie die Begriffe „Debitoren" und „Kreditoren".

b) Geben Sie vier erforderliche Tätigkeiten an, die vor der Erstellung eines Angebots an die Schneider Möbelhandel OHG erledigt werden sollten.

c) Nennen Sie sechs Inhalte, die im Angebot an die Schneider Möbelhandel enthalten sein müssen.

d) Da die BüKo GmbH derzeit noch nicht sicher ist, ob sie die Bedingungen ihres Angebots einhalten kann, soll das Angebot auch eine „Freizeichnungsklausel" enthalten. Erklären Sie, welche Funktion eine solche Freizeichnungsklausel hat, und nennen Sie drei konkrete Beispiele.

e) Die Angebote der BüKo GmbH enthalten grundsätzlich die Standardformulierung: „Es gelten unsere beigefügten AGB." Erklären Sie die Bedeutung der Abkürzung AGB.

f) Im Angebot an die Schneider Möbelhandel OHG ist für beide Vertragsparteien der Gerichtsstand Bayreuth festgelegt. Erläutern Sie die Bedeutung dieser Regelung für die BüKo GmbH.

g) Hinsichtlich des Angebots an die Schneider Möbelhandel OHG entscheidet sich die BüKo GmbH für die Lieferbedingung „frei Haus". Als Zahlungsziel wird festgehalten: „30 Tage ab Rechnungsdatum". Erklären Sie die Bedeutung der Formulierung „frei Haus".

h) Angenommen, die BüKo GmbH hätte keinerlei Regelungen bezüglich der Liefer- und Zahlungsbedingungen getroffen und es gälten daher die gesetzlichen Regelungen. Wie ist die gesetzliche Regelung bezüglich Leistungsort, Zahlungsort und Leistungszeit?

Aufgabe 106

Die BüKo GmbH hat sieben Schreibtische „Smart Solution" an den Kunden Hausmann OHG verkauft. Den genauen Auftragsvorgang können Sie der folgenden Übersicht entnehmen.

Datum	Vorgang
09.03.20..	Anfrage der Hausmann OHG an die BüKo GmbH über die Lieferung von sieben Schreibtischen „Smart Solution".
13.03.20..	Schriftliches, „freibleibendes" Angebot der BüKo GmbH mit Liefertermin 31.03.20..
15.03.20..	Bestellung per Fax an die BüKo GmbH gemäß Angebot
17.03.20..	Auftragsbestätigung der BüKo GmbH mit Liefertermin 31.03.20..
03.04.20..	Mahnung der Hausmann OHG mit Nachfristsetzung bis zum 11.04.20..
10.04.20..	Auslieferung der Schreibtische an die Hausmann OHG
11.04.20..	Rechnungsausgang an die Hausmann OHG
13.04.20..	Rechnungsausgleich durch die Hausmann OHG und Zahlungseingang bei der BüKo GmbH

a) Stellen Sie fest, an welchem Tag der Kaufvertrag zwischen der BüKo GmbH und der Hausmann OHG zustande gekommen ist.

b) Ab welchem Tag befindet sich die BüKo GmbH in Lieferungsverzug?

c) Welche Rechte hätte die Hausmann OHG, wenn die BüKo GmbH die Nachfrist nicht einhalten würde? Geben Sie zwei Rechte an.

d) Welche Rechte könnte die Hausmann OHG auch ohne das Setzen einer Nachfrist geltend machen? Geben Sie zwei Rechte an.

e) In ihren AGB hat die BüKo GmbH einen einfachen Eigentumsvorbehalt festgelegt. Erläutern Sie, welche Bedeutung diese Regelung hat.

f) An welchem Tag wird die Hausmann OHG aufgrund dieses Eigentumsvorbehalts Eigentümer der sieben Schreibtische?

Aufgabe 107

Eine langjährige Geschäftspartnerin der BüKo GmbH, die Großhändlerin für Bürobedarf Meier & Co. KG, sendet Ihnen 200 Aktenordner als Sonderangebot zu. Sie haben diese Ware weder bestellt noch benötigen Sie diese.

Wie verhalten Sie sich entsprechend der gesetzlichen Vorschriften korrekt?

(1) Sie drohen der Meier & Co. KG eine Konventionalstrafe an, wenn die Aktenordner nicht unverzüglich abgeholt werden.

(2) Sie teilen der Meier & Co. KG mit, dass Sie die Aktenordner nicht benötigen, und stellen die gelieferte Ware zur Abholung bereit.

(3) Sie behalten die Aktenordner, bezahlen diese aber nicht, da keine Bestellung vorausging.

(4) Sie verlangen vom Spediteur eine Bestätigung, dass Sie die Aktenordner nicht bestellt haben.

(5) Sie nehmen die Aktenordner an, da mit der Meier & Co. KG langjährige Geschäftsbeziehungen bestehen und Sie deshalb zur Abnahme verpflichtet sind.

Aufgabe 108

Über einen Gesamtverkaufspreis in Höhe von 4 680,00 € wird ein Ratenvertrag abgeschlossen, wobei der Kunde 1 080,00 € anzahlt; der Rest soll in zwölf gleichen Monatsraten von 300,00 € beglichen werden. Die BüKo GmbH hat sich das Eigentum an der Ware bis zur endgültigen Bezahlung des Kaufpreises vorbehalten. Bei Rückstand einer Rate wird der gesamte Restbetrag fällig. Nach fünf Raten kommt der Kunde in Zahlungsverzug und erklärt per E-Mail, dass derzeit noch nicht absehbar sei, wann er wieder Zahlungen leisten werde. Welche Ansprüche hat der Lieferer?

(1) Er kann nach Abholung der Ware einen Teil des bereits gezahlten Kaufpreises für Wertminderung der Ware und andere Kosten einbehalten.

(2) Er kann den Käufer nur auf Zahlung der Restsumme verklagen, weil die Ware bereits überwiegend bezahlt wurde.

(3) Er kann erst gegen den Zahlungsschuldner gerichtlich vorgehen, wenn die letzte Rate fällig ist und bis dahin nicht gezahlt wurde.

(4) Er muss in jedem Fall eine Klage auf Herausgabe der Ware anstrengen.

(5) Er kann nur die Zahlung der fälligen Rate verlangen, weil die restlichen Raten ja noch nicht fällig sind.

Aufgabe 109

Welche Aussage zur Verjährung ist richtig?

(1) Der Antrag auf Erlass eines Mahnbescheids unterbricht die Verjährung.

(2) Die Verjährungsfrist wird durch die Bitte des Schuldners um Stundung unterbrochen.

(3) Die Verjährung wird durch das HGB geregelt.

(4) Hat der Schuldner eine an ihn gerichtete Forderung beglichen, ohne zu bemerken, dass sie bereits verjährt war, so kann er den Betrag durch das gerichtliche Klageverfahren zurückverlangen.

(5) Bei Verjährung von Forderungen ist zwischen Privatkauf und Handelskauf zu unterscheiden.

(6) Die Verjährungsfristen betragen je nach Rechtsgrundlage zwei, vier oder zwölf Jahre.

Aufgabe 110

Nach Androhung eines gerichtlichen Mahnbescheids hat ein Schuldner einen Teil seiner Schuld beglichen. Wie wirkt sich diese Teilzahlung auf die Verjährung der Forderung des Gläubigers aus?

(1) Die Verjährung wird unterbrochen.

(2) Die Verjährung wird gehemmt.

(3) Die Forderung verjährt nun erst nach 30 Jahren.
(4) Die Forderung verjährt nun erst nach sechs Jahren.
(5) Sie hat dieselbe Wirkung wie eine Mahnung des Gläubigers durch „Einschreiben".

3. Menschliche Arbeit im Betrieb

Situation zu den Aufgaben 111 – 113

Lena Richter hat am 1. August dieses Jahres eine dreijährige Ausbildung zur Industriekauffrau bei der BüKo GmbH begonnen.

Aufgabe 111

Wann endet ihre im Ausbildungsvertrag vereinbarte Probezeit spätestens?

(1) am 30. September
(2) am 31. Oktober
(3) am 30. November
(4) am 31. Dezember
(5) am 31. Januar des Folgejahres

Aufgabe 112

Lena Richter wird nicht nur in der BüKo GmbH ausgebildet, sondern auch in der Berufsschule. Wie ist die korrekte Bezeichnung dieser Form der Ausbildung?

(1) berufliche Grundbildung
(2) berufliche Fortbildung
(3) Rahmenausbildung
(4) duales System
(5) überbetriebliche Ausbildung

Aufgabe 113

Im Sommer dieses Jahres nimmt die Auszubildende Lena Richter an der Abschlussprüfung für Industriekaufleute teil. Am 15. Juli besteht sie den letzten Teil der Abschlussprüfung und erhält hierüber eine Bescheinigung. Sie möchte daraufhin sofort bei der BüKo GmbH eine

Stelle antreten. Wann kann sie frühestens vom neuen Arbeitgeber eingestellt werden?

(1) nach Einhaltung einer Kündigungsfrist von vier Wochen

(2) zum 1. Juli

(3) zum 15. Juli

(4) zum 16. Juli

(5) zum 1. August

Aufgabe 114

Jana Krug absolviert derzeit eine Ausbildung zur Industriekauffrau bei der BüKo GmbH. Sie muss Tätigkeiten verrichten, die ihrer Meinung nach mit ihrer Ausbildung nichts zu tun haben und möchte sich informieren, ob dies zulässig ist. Welche Stelle ist zuständig für diese Frage?

(1) die zuständige Gewerkschaft

(2) die Industrie- und Handelskammer

(3) die Bundesagentur für Arbeit

(4) die Berufsgenossenschaft

(5) der Einzelhandelsverband

Situation zu den Aufgaben 115 – 118

Die 17-jährige Anne Neumann absolviert in der BüKo GmbH eine Ausbildung zur Industriekauffrau und steht unmittelbar vor der Abschlussprüfung.

Aufgabe 115

Am Tag vor der schriftlichen Prüfung möchte Anne Neumann unbedingt von der Arbeit freigestellt werden, um sich noch einmal intensiv auf die Abschlussprüfung vorzubereiten. Wie muss die BüKo GmbH verfahren? Lesen Sie dazu auch den nachstehenden Gesetzestext.

§ Auszug aus dem JArbSchG

§ 10 Prüfungen und außerbetriebliche Ausbildungsmaßnahmen

(1) Der Arbeitgeber hat den Jugendlichen

1. für die Teilnahme an Prüfungen und Ausbildungsmaßnahmen, die aufgrund öffentlich-rechtlicher oder vertraglicher Bestimmungen außerhalb der Ausbildungsstätte durchzuführen sind,

2. an dem Arbeitstag, der der schriftlichen Abschlussprüfung unmittelbar vorangeht, freizustellen.

(1) Die BüKo GmbH muss Anne Neumann freistellen, es würde allerdings dafür ein Urlaubstag angerechnet.

(2) Die BüKo GmbH kann Anne Neumann freistellen, wenn diese ein entsprechendes Polster an Überstunden hat, das sie „abfeiern" kann.

(3) Die BüKo GmbH muss Anne Neumann nur dann freistellen, wenn der Prüfungstag ein Berufsschultag ist.

(4) Die BüKo GmbH muss Anne Neumann freistellen, weil sie noch minderjährig ist.

(5) Die BüKo GmbH ist nicht verpflichtet, Anne Neumann freizustellen.

Aufgabe 116

Anne Neumann interessiert sich für die Arbeitsschutzbestimmungen, die für sie gelten. Von welcher Institution kann sie entsprechende Informationen erhalten?

(1) vom staatlichen Gesundheitsamt

(2) von der zuständigen Gewerkschaft

(3) vom Einzelhandelsverband

(4) von der Berufsgenossenschaft

(5) von der Bundesagentur für Arbeit

Aufgabe 117

Arbeitnehmern werden eine Reihe von Sozialversicherungsbeiträgen von ihrem Einkommen abgezogen.

Wonach richtet sich die Beitragshöhe der gesetzlichen Rentenversicherung?

(1) nach der Höhe des Nettoeinkommens
(2) nach der Höhe des Bruttoeinkommens
(3) nach dem Familienstand
(4) nach der Höhe der Lohnsteuer
(5) nach der Lohnsteuerklasse

Aufgabe 118

Angenommen, Frau Neumann erhält einen Arbeitsvertrag von der BüKo GmbH. Aufgrund eines attraktiven Angebots eines anderen Unternehmens kündigt sie am 2. Oktober noch während der Probezeit. Wann ist ihr letzter Arbeitstag?

(1) am 16. Oktober
(2) am 30. Oktober
(3) am 31. Oktober
(4) Eine Kündigung ist erst nach Ablauf der Probezeit möglich.
(5) Ein Wechsel zu einem Konkurrenzunternehmen ist erst nach ausdrücklicher Genehmigung der BüKo GmbH möglich.

Aufgabe 119

Ein Auszubildender der BüKo GmbH beabsichtigt, nach Beendigung seiner vertraglichen Ausbildungszeit in einem anderen Betrieb zu arbeiten. Was muss er im Hinblick auf das Kündigungsrecht beachten?

(1) Eine Kündigung ist nicht notwendig, da der Ausbildungsvertrag abgelaufen ist.
(2) Die Kündigung muss unverzüglich nach erfolgreichem Bestehen des mündlichen Teils der Abschlussprüfung und in schriftlicher Form erfolgen.
(3) Die Kündigung muss spätestens drei Monate vor Ablauf des Berufsausbildungsvertrages in schriftlicher Form erfolgen.
(4) Die Kündigung muss spätestens drei Monate vor Ablauf des Berufsausbildungsvertrages in mündlicher Form erfolgen.
(5) Die Kündigung muss vier Wochen vor Monatsmitte oder -ende erfolgen.

Aufgabe 120

Wer schließt einen Tarifvertrag ab?

(1) die Industrie- und Handelskammer mit den Gewerkschaften
(2) das Wirtschaftsministerium mit den Unternehmen
(3) die Arbeitgeberverbände mit den Arbeitnehmerverbänden
(4) die Geschäftsleitung mit dem Betriebsrat
(5) Arbeitgeber mit den Arbeitnehmenden

Aufgabe 121

Welche der folgenden Handlungen rechtfertigt eine fristlose Kündigung?

(1) Eine schwer erkrankte Mitarbeiterin befindet sich seit acht Wochen im Krankenstand.
(2) Eine Mitarbeiterin hat sich bei einem Konkurrenzunternehmen beworben, ohne den eigenen Arbeitgeber zu informieren.
(3) Eine Mitarbeiterin hat aufgrund einer alkoholisierten Autofahrt seinen Führerschein verloren.
(4) Eine Mitarbeiterin hat in der Kantine eine Kollegin tätlich angegriffen.
(5) Eine Mitarbeiterin versucht, gegen den Willen der Geschäftsleitung einen Betriebsrat zu gründen.

Situation zu den Aufgaben 122 – 124

In der BüKo GmbH sind u. a. folgende Personen beschäftigt:

Frau Beetz, 16 Jahre, Auszubildende in der Probezeit

Herr Echtler, 19 Jahre, Auszubildender im 3. Ausbildungsjahr

Frau Mahnke, 26 Jahre, seit vier Monaten beschäftigt, befristeter Arbeitsvertrag

Frau Pittner, 36 Jahre, Assistentin des Geschäftsführers, alleinerziehende Mutter von drei Kindern

Frau Wolfschmidt, 41 Jahre, Prokuristin

Aufgabe 122

Für welchen der Mitarbeiter gilt ein besonderer gesetzlicher Kündigungsschutz?

(1) Frau Beetz

(2) Herr Echtler

(3) Frau Mahnke

(4) Frau Pittner

(5) Frau Wolfschmidt

Aufgabe 123

Welche Aussage entspricht den gesetzlichen Bestimmungen zum Arbeitsvertrag von Frau Mahnke?

(1) Der befristete Arbeitsvertrag mit Frau Mahnke ist unzulässig, weil er nicht im Einklang mit den gesetzlichen Kündigungsschutzbestimmungen steht.

(2) Im befristeten Arbeitsvertrag mit Frau Mahnke wurde bereits beim Abschluss festgehalten, wann das Arbeitsverhältnis endet.

(3) Die maximale Anzahl der befristeten Arbeitsverträge je Unternehmen wird von der Bundesagentur für Arbeit festgelegt.

(4) Der befristete Arbeitsvertrag verlängert sich automatisch, wenn keine ausdrückliche Kündigung erfolgt.

(5) Aufgrund der Befristung des Arbeitsverhältnisses kann Frau Mahnke nicht fristlos gekündigt werden.

Aufgabe 124

Wer finanziert eine Umschulungsmaßnahme, wenn die/der Mitarbeitende aufgrund der Insolvenz des Betriebes arbeitslos geworden ist?

(1) die Industrie- und Handelskammer

(2) der Betrieb, der die Umschulungsmaßnahme durchführt

(3) der Betrieb, der die Umschulungsmaßnahme durchführt und die Bundesagentur für Arbeit je zur Hälfte

(4) die Bundesagentur für Arbeit

(5) die Berufsgenossenschaft

Aufgabe 125

Die Auszubildende Nicole Schneider ist 17 Jahre alt und seit sechs Monaten bei der BüKo GmbH beschäftigt. Am Montag beginnt ihre Arbeitszeit um 08:00 Uhr und endet um 17:00 Uhr. Prüfen Sie anhand des nachfolgenden Auszugs aus dem Jugendarbeitsschutzgesetz, wann sie spätestens eine Pause machen muss.

§ **Auszug aus dem JArbSchG**

§ 11 Ruhepausen, Aufenthaltsräume

(1) Jugendlichen müssen im Voraus feststehende Ruhepausen von angemessener Dauer gewährt werden. Die Ruhepausen müssen mindestens betragen

1. 30 Minuten bei einer Arbeitszeit von mehr als viereinhalb bis zu sechs Stunden,
2. 60 Minuten bei einer Arbeitszeit von mehr als sechs Stunden.

Als Ruhepause gilt nur eine Arbeitsunterbrechung von mindestens 15 Minuten.

(2) Die Ruhepausen müssen in angemessener zeitlicher Lage gewährt werden, frühestens eine Stunde nach Beginn und spätestens eine Stunde vor Ende der Arbeitszeit. Länger als viereinhalb Stunden hintereinander dürfen Jugendliche nicht ohne Ruhepause beschäftigt werden.

(1) um 09:00 Uhr
(2) um 12:00 Uhr
(3) um 12:30 Uhr
(4) um 13:00 Uhr
(5) um 13:30 Uhr

Aufgabe 126

In welchem der folgenden Fälle liegt ein Verstoß gegen das Berufsbildungsgesetz vor?

(1) Eine Auszubildende erhält vom Ausbildungsbetrieb keine Kostenerstattung für die Reinigung ihrer Berufskleidung.
(2) Der Ausbildungsbetrieb verweigert einer Auszubildenden einen zusammenhängenden Jahresurlaub von vier Wochen.

(3) Der Ausbildungsbetrieb beschäftigt eine Auszubildende von Montag bis Freitag jeweils acht Stunden täglich.

(4) Der Ausbildungsbetrieb verweigert einer Auszubildenden die Teilnahme am Berufsschulunterricht.

(5) Der Ausbildungsbetrieb verweigert einer Auszubildenden den Ersatz des Materialgeldes, der für den Berufsschulunterricht angefallen ist.

Aufgabe 127

In welchem der folgenden Fälle kann die BüKo GmbH den unbefristeten Arbeitsvertrag eines Verkäufers ohne Einhaltung einer Kündigungsfrist rechtswirksam lösen?

(1) bei fortwährender, grundloser Arbeitsverweigerung

(2) bei dauerhaft schlechten Verkaufsergebnissen

(3) bei einer mindestens sechswöchigen Abwesenheit wegen Krankheit

(4) auf Antrag des zuständigen Abteilungsleiters

(5) aufgrund einer Rationalisierungsmaßnahme, die mit einem allgemeinen Personalabbau verbunden ist

Aufgabe 128

Die BüKo GmbH sucht einen Mitarbeiter für den Verkauf. Einstellungsdatum: 1. August. Anna-Lena Schmidt, die in einem ungekündigten Angestelltenverhältnis bei einer anderen Firma tätig ist, hatte sich beworben. Die Einstellungszusage erhielt sie am 18. Juni. Kann sie – unter Wahrung der gesetzlichen Kündigungsfrist – die neue Stelle am 1. August antreten?

(1) Nein, weil die Kündigungsfrist von vier Wochen zum 15. Juli einzuhalten ist.

(2) Nein, weil spätestens sechs Wochen vorher gekündigt werden muss.

(3) Nein, weil die Kündigungsfrist von sechs Wochen zum 15. Juli einzuhalten ist.

(4) Ja, weil die Kündigungsfrist von vier Wochen zum 15. Juli eingehalten wurde.

(5) Ja, weil eine Kündigung vier Wochen vorher zum Monatsende der gesetzlichen Kündigungsfrist entspricht.

Aufgabe 129

Eine Mitarbeiterin der BüKo GmbH wird ab sofort bis auf Weiteres krankgeschrieben. Wie lange muss die BüKo GmbH das Gehalt dieser Mitarbeiterin weiterzahlen?

(1) ohne zeitliche Begrenzung

(2) einen Monat

(3) sechs Wochen

(4) drei Monate

(5) sechs Monate

Situation zu den Aufgaben 130 – 132

Frau Anna Schneider ist 41 Jahre alt und seit dem 1. Januar dieses Jahres bei der BüKo GmbH als Sachbearbeiterin beschäftigt. Am 1. März, also zwei Monate nach ihrem Eintritt in das Unternehmen, wird in der BüKo GmbH ein neuer Betriebsrat gewählt. Frau Schneider hat sich den nachstehenden Gesetzesauszug beschafft, um sich über die anstehende Betriebsratswahl zu informieren.

Aufgabe 130

Aus welchem Gesetz stammt dieser Auszug?

§ **Erster Abschnitt. Zusammensetzung und Wahl des Betriebsrats**

§ 7 Wahlberechtigung

Wahlberechtigt sind alle Arbeitnehmer des Betriebs, die das 18. Lebensjahr vollendet haben. ...

§ 8 Wählbarkeit

(1) Wählbar sind alle Wahlberechtigten, die sechs Monate dem Betrieb angehören oder als in Heimarbeit Beschäftigte in der Hauptsache für den Betrieb gearbeitet haben. ...

(1) HGB (Handelsgesetzbuch)

(2) BGB (Bürgerliches Gesetzbuch)

(3) BetrVG (Betriebsverfassungsgesetz)

(4) BBiG (Berufsbildungsgesetz)

(5) TVG (Tarifvertragsgesetz)

Aufgabe 131

Ist Frau Schneider bei der Betriebsratswahl wahlberechtigt?

(1) Ja, aber nur unter der Voraussetzung, dass sie auch Mitglied der Gewerkschaft ist.

(2) Ja, aber nur unter der Voraussetzung, dass die Geschäftsleitung zustimmt.

(3) Ja, da sie volljährig ist.

(4) Nein, weil sie die Altershöchstgrenze bereits überschritten hat.

(5) Nein, weil sie noch nicht lange genug bei der BüKo GmbH beschäftigt ist.

Aufgabe 132

Ist Frau Schneider bei der Betriebsratswahl wählbar?

(1) Ja, aber nur unter der Voraussetzung, dass sie auch Mitglied der Gewerkschaft ist.

(2) Ja, aber nur unter der Voraussetzung, dass die Geschäftsleitung zustimmt.

(3) Ja, da sie volljährig ist.

(4) Nein, weil sie die Altershöchstgrenze bereits überschritten hat.

(5) Nein, weil sie noch nicht lange genug bei der BüKo GmbH beschäftigt ist.

Aufgabe 133

Welche der folgenden fünf Regelungen ist dem Betriebsverfassungsgesetz entnommen?

(1) Rechtsgeschäfte, die von beschränkt Geschäftsfähigen abgeschlossen wurden, sind grundsätzlich schwebend unwirksam.

(2) Arbeitnehmende haben das Recht, die über sie geführte Personalakte einzusehen.

(3) Das Arbeitsverhältnis von Arbeitnehmenden kann mit einer Frist von vier Wochen zum 15. oder zum Ende eines Kalendermonats gekündigt werden.

(4) Die Kündigung eines Mitglieds eines Betriebsrats oder einer Jugend- und Auszubildendenvertretung ist grundsätzlich unzulässig.

(5) Jugendliche dürfen nicht mehr als acht Stunden täglich und nicht mehr als 40 Stunden wöchentlich beschäftigt werden.

Aufgabe 134

Der 16-jährige Leon Müller, Auszubildender der BüKo GmbH, möchte bei der Geschäftsleitung einen eigenen Pausenraum für Auszubildende beantragen. In der BüKo GmbH gibt es sowohl einen Betriebsrat als auch eine Jugend- und Auszubildendenvertretung. Wer ist der richtige Ansprechpartner für den Auszubildenden?

(1) die zuständige Gewerkschaft, die dann mit diesem Anliegen an die Geschäftsleitung herantritt

(2) die Jugend- und Auszubildendenvertretung, die dann das Anliegen gemeinsam mit der zuständigen Gewerkschaft durchzusetzen versucht

(3) die Jugend- und Auszubildendenvertretung, die dann das Anliegen gemeinsam mit dem örtlichen Betriebsrat durchzusetzen versucht

(4) der Betriebsrat, der das Anliegen dann über die Jugend- und Auszubildendenvertretung durchzusetzen versucht

(5) die Geschäftsleitung, die das Anliegen dann dem örtlichen Betriebsrat vorträgt

Aufgabe 135

In der BüKo GmbH gibt es auch eine Jugend- und Auszubildendenvertretung. Welche Vorteile dürfen sich die Jugendlichen und Auszubildenden, die in der BüKo GmbH beschäftigt sind, davon erwarten?

(1) Die Jugend- und Auszubildendenvertretung vertritt die Interessen der Jugendlichen und Auszubildenden bei den Verhandlungen über die Ausbildungsvergütung, die sie mit der Geschäftsleitung führt.

(2) Die Auszubildenden können über die Jugend- und Auszubildendenvertretung bezüglich der Inhalte ihrer Ausbildung mitbestimmen.

(3) Die in der BüKo GmbH beschäftigten jugendlichen Arbeitnehmenden und Auszubildenden unter 25 Jahren haben dadurch Ansprechpersonen in ihrem Alter, der ihre Anliegen an den Betriebsrat weiterleitet.

(4) Die Mitglieder der Jugend- und Auszubildendenvertretung können an den Sitzungen des Betriebsrates teilnehmen und in allen Angelegenheiten mitbestimmen.

(5) Mitglieder der Jugend- und Auszubildendenvertretung können sich auch in den Betriebsrat wählen lassen, um dort bei allen Angelegenheiten des Betriebes mitzubestimmen.

Aufgabe 136

Welche Maßnahmen können eingeleitet werden, wenn die Tarifparteien bei den Tarifverhandlungen keine Einigkeit erzielen?

(1) Streik und Aussperrung

(2) Streik und Kündigung

(3) Entlassungen und Neueinstellungen

(4) Warnstreik und Schlichtung

(5) Kündigung und Aussperrung

Aufgabe 137

Ein Vertreter der Gewerbeaufsichtsbehörde überprüft die BüKo GmbH. Welcher Sachverhalt wird kontrolliert?

(1) die Einhaltung des Tarifvertrags

(2) die korrekte Abführung der Sozialversicherungsbeiträge

(3) die Einhaltung der Bestimmungen des Jugendarbeitsschutzgesetzes

(4) die Einhaltung des Ausbildungsplanes bei den Auszubildenden

(5) die Einhaltung der unverbindlichen Preisempfehlungen der Hersteller

Aufgabe 138

In welchem der folgenden Fälle hat der Betriebsrat der BüKo GmbH ein Mitbestimmungsrecht nach dem Betriebsverfassungsgesetz?

(1) Eine Mitarbeiterin soll wegen eines Diebstahls entlassen werden.

(2) Der Geschäftsführer erstellt einen neuen Personaleinsatzplan für die nächsten sechs Monate.

(3) Die Geschäftsleitung führt eine neue Pausenregelung für die Mitarbeiter ein.

(4) Die Geschäftsleitung der BüKo GmbH gibt den Mitarbeitern ein neues Umsatzziel vor.

(5) Die BüKo GmbH besetzt die Stelle der Geschäftsführerin neu.

§ **Auszug aus dem Betriebsverfassungsgesetz (BetrVG)**

§ 42 Zusammensetzung, Teilversammlung, Abteilungsversammlung

(1) Die Betriebsversammlung besteht aus den Arbeitnehmern des Betriebs. Sie wird von dem Vorsitzenden des Betriebsrates geleitet. Sie ist nicht öffentlich. Kann wegen der Eigenart des Betriebs eine Versammlung aller Arbeitnehmer zum gleichen Zeitpunkt nicht stattfinden, so sind Teilversammlungen durchzuführen.

(2) Arbeitnehmer organisatorisch und räumlich abgegrenzter Betriebsteile sind vom Betriebsrat zu Abteilungsversammlungen zusammenzufassen, wenn dies für die Erörterung der besonderen Belange der Arbeitnehmer erforderlich ist. Die Abteilungsversammlung wird von einem Mitglied des Betriebsrats geleitet, das möglichst einem beteiligten Betriebsteil als Arbeitnehmer angehört. Absatz 1 Satz 2 und 3 gilt entsprechend.

§ 43 Regelmäßige Betriebs und Abteilungsversammlung

(1) Der Betriebsrat hat einmal in jedem Kalendervierteljahr eine Betriebsversammlung einzuberufen und in ihr einen Tätigkeitsbericht zu erstatten. Liegen die Voraussetzungen des § 42 Abs. 2 Satz 1 vor, so hat der Betriebsrat in jedem Kalenderjahr zwei der in Satz 1 genannten Betriebsversammlungen als Abteilungsversammlungen durchzuführen.

Aufgabe 139

Die Belegschaft der BüKo GmbH möchte eine Betriebsversammlung durchführen. Entscheiden Sie anhand des nachfolgend abgebildeten Gesetzesauszugs, welche Voraussetzung dafür gegeben sein muss.

(1) Es muss ein gewählter Betriebsrat vorhanden sein, dem dann auch die Durchführung der Betriebsversammlung obliegt.

(2) Es müssen mindestens fünf volljährige Mitarbeitende eine Betriebsversammlung beantragen.

(3) Eine Betriebsversammlung kann erst nach der Genehmigung durch die Geschäftsführung durchgeführt werden.

(4) Eine Betriebsversammlung kann erst ab einer Beschäftigtenzahl von 200 Mitarbeitern durchgeführt werden.

(5) Die Mitarbeitenden, die die Betriebsversammlung organisieren, müssen gewerkschaftlich organisiert sein.

Aufgabe 140

Angenommen, die BüKo GmbH beruft eine Betriebsversammlung ein. Welcher Personenkreis ist berechtigt, an der Betriebsversammlung teilzunehmen?

(1) alle Vollzeitmitarbeiter und die Geschäftsführung

(2) alle in der Gewerkschaft organisierten Mitarbeitenden

(3) alle Vollzeitmitarbeitenden, alle Auszubildenden und die Geschäftsführung

(4) alle Arbeitnehmer des Unternehmens und die Geschäftsführung

(5) alle Betriebsratsmitglieder und die Geschäftsführung

Aufgabe 141

Welches Recht steht der Prokuristin/dem Prokuristen zu?

(1) Inventar und Bilanz unterschreiben

(2) Gesellschafter/-innen aufnehmen

(3) Handlungsvollmacht erteilen

(4) Prokura erteilen

(5) Verkauf der Unternehmung

Aufgabe 142

Wozu berechtigt eine Artvollmacht?

(1) zur Durchführung aller Arten gewöhnlicher Rechtshandlungen der Branche

(2) zur Durchführung aller Arten gewöhnlicher und außergewöhnlicher Rechtshandlungen der Branche

(3) zur Durchführung bestimmter Arten wiederkehrender, gewöhnlicher Rechtsgeschäfte

(4) zur Durchführung einzelner Rechtsgeschäfte

(5) zur gerichtlichen Vertretung

Aufgabe 143

Welches Recht erwirbt ein Kaufmann mit der Eintragung in das Handelsregister?

(1) das Recht auf Einstellen von Mitarbeitenden

(2) das Recht auf Abschließen von Kaufverträgen

(3) das Recht auf das Eingehen von Verbindlichkeiten

(4) das Recht auf Erteilen einer Prokura

(5) das Recht auf Erteilen einer Handlungsvollmacht

Aufgabe 144

Welche der folgenden Leistungen fällt in den Zuständigkeitsbereich der gesetzlichen Krankenversicherung?

(1) Zahlung von Schlechtwettergeld

(2) Zahlung von Übergangsgeld im Rahmen einer Umschulungsmaßnahme

(3) Zahlung einer Unfallrente bei einem Unfall auf dem Arbeitsweg

(4) Zahlung von Elterngeld

(5) Zahlung von Krankengeld

Aufgabe 145

Von welcher Stelle erhält man erstmals einen Versicherungsausweis der gesetzlichen Rentenversicherung?

(1) vom Einwohnermeldeamt

(2) von der Bundesagentur für Arbeit

(3) von der Deutschen Rentenversicherung

(4) von der/dem Arbeitgebenden

(5) von der Industrie- und Handelskammer

Aufgabe 146

Welche Beiträge werden der/dem sozialversicherungspflichtigen Arbeitnehmenden nicht vom Gehalt abgezogen?

(1) Beiträge zur gesetzlichen Rentenversicherung

(2) Beiträge zur gesetzlichen Arbeitslosenversicherung

(3) Beiträge zur gesetzlichen Unfallversicherung

(4) Beiträge zur gesetzlichen Pflegeversicherung
(5) Beiträge zur gesetzlichen Krankenversicherung

Aufgabe 147

Stefan Friedmann ist steuerpflichtiger Arbeitnehmer. Im Februar des Jahres liegt seine Steueridentifikationsnummer immer noch nicht vor. Wie ist bei der Gehaltsabrechnung zu verfahren?

(1) Es muss unabhängig von der Höhe des Monatsgehaltes der höchste Prozentsatz entsprechend der Einkommenssteuertabelle einbehalten werden.
(2) Die Lohnsteuerberechnung erfolgt auch weiterhin in der Höhe des abgelaufenen Beschäftigungsjahres.
(3) Die Lohnsteuer wird – ohne Berücksichtigung des Familienstandes und ggf. vorhandener Kinder – nach der Lohnsteuerklasse II berechnet.
(4) Das Gehalt kann erst ausgezahlt werden, wenn die Steueridentifikationsnummer vorliegt.
(5) Die Lohnsteuer muss nach der Lohnsteuerklasse VI berechnet werden.

Aufgabe 148

Welche der folgenden Ausgaben können Sie bei Ihrer Steuererklärung als Werbungskosten berücksichtigen?

(1) Beiträge für eine Lebensversicherung
(2) Beiträge für eine private Pflegezusatzversicherung
(3) Beiträge für die gesetzliche Krankenversicherung
(4) Kosten für Fachliteratur
(5) Kosten für die Unterstützung eines bedürftigen Verwandten

Aufgabe 149

Wohin muss die BüKo GmbH die Beiträge für die Arbeitslosenversicherung abführen?

(1) an die Deutsche Rentenversicherung Bund
(2) an die Berufsgenossenschaft
(3) an die jeweilige gesetzliche Krankenkasse

(4) an die Bundesagentur für Arbeit

(5) an die Industrie- und Handelskammer

Aufgabe 150

Die BüKo GmbH sucht eine neue Mitarbeiterin/einen neuen Mitarbeiter. Dazu schaltet sie eine entsprechende Anzeige in einer Fachzeitschrift. Welche der folgenden Feststellungen trifft für die neue Einstellung zu?

(1) Es können grundsätzlich nur Bewerbungen mit Originalzeugnissen berücksichtigt werden.

(2) Der Lebenslauf der Bewerbung muss grundsätzlich handschriftlich vorliegen.

(3) Stellenanzeigen dürfen nur nach vorheriger Zustimmung des Betriebsrates geschaltet werden.

(4) Die Bedingungen eines Einzelarbeitsvertrages dürfen für Arbeitnehmende nicht ungünstiger sein als die des allgemeinverbindlichen Tarifvertrages.

(5) Die Einstellung von neuen Mitarbeitenden muss vorher grundsätzlich vom zuständigen Arbeitsamt genehmigt werden.

Aufgabe 151

Das BüKo GmbH entwickelt einen Personalfragebogen, den Bewerber im Rahmen des Einstellungsverfahrens beantworten sollen. Welche der folgenden Aussagen trifft zu?

(1) Ein Personalfragebogen darf grundsätzlich keine Frage nach einer eventuellen Gewerkschaftszugehörigkeit enthalten.

(2) Eine Beteiligung des Betriebsrates ist für die Erstellung eines Personalfragebogens nicht erforderlich.

(3) Ein Personalfragebogen darf grundsätzlich keine Fragen zur Person beinhalten.

(4) Ein Personalfragebogen darf grundsätzlich keine Fragen zu besuchten Fortbildungsveranstaltungen enthalten.

(5) Ein Personalfragebogen darf grundsätzlich keine Frage zum aktuellen Familienstand der Person beinhalten.

Aufgabe 152

Im Januar kommenden Jahres wird der derzeitige Jugend- und Auszubildendenvertreter seine Ausbildung beenden. Aufgrund der Geschäftslage kann er danach nur für sechs Monate übernommen werden. Entscheiden Sie, ob eine schriftliche Benachrichtigung des Auszubildenden erfolgen muss.

(1) Eine schriftliche Benachrichtigung ist nicht erforderlich, da das Ende der Berufsausbildung durch das Berufsbildungsgesetz eindeutig geklärt ist. Für die Folgezeit wird ein befristetes Arbeitsverhältnis vertraglich neu geregelt.

(2) Eine schriftliche Benachrichtigung muss auf jeden Fall erfolgen, da sonst nach der Berufsausbildung ein unkündbares Arbeitsverhältnis zwischen dem Ausgebildeten und der BüKo GmbH entstehen würde.

(3) Eine schriftliche Benachrichtigung kann unterbleiben, wenn der Auszubildende rechtzeitig vor Beendigung des Ausbildungsverhältnisses einen schriftlichen Antrag auf Weiterbeschäftigung stellt.

(4) Eine schriftliche Benachrichtigung ist überflüssig, wenn die befristete Übernahme aller Auszubildenden der BüKo GmbH durch eine Betriebsvereinbarung eindeutig geregelt ist.

(5) Eine schriftliche Benachrichtigung muss auf jeden Fall erfolgen, da sonst ein unbefristetes Arbeitsverhältnis zwischen dem Ausgebildeten und der BüKo GmbH entstehen würde.

Aufgabe 153

Eine Mitarbeiterin legt Ihnen als Sachbearbeiter/-in der Personalabteilung eine ärztliche Bescheinigung vor, die ihre Schwangerschaft bestätigt. Sie möchte Aufklärung über Bestimmungen aus dem Mutterschutzgesetz.

Welche Auskunft entspricht nicht den Regelungen des Mutterschutzgesetzes?

(1) Werdende Mütter dürfen in den letzten sechs Wochen vor der Entbindung nicht beschäftigt werden, es sei denn, sie erklären sich zur Arbeitsleistung ausdrücklich bereit.

(2) Werdende Mütter müssen bis spätestens zu Beginn des dritten Schwangerschaftsmonats dem Arbeitgeber ihre Schwangerschaft und den voraussichtlichen Tag der Entbindung mitteilen.

(3) Wöchnerinnen dürfen bis zum Ablauf von acht Wochen nach der Entbindung nicht beschäftigt werden.

(4) Stillenden Müttern ist auf ihr Verlangen die zum Stillen erforderliche Zeit, mindestens aber zweimal täglich 0,5 Stunden oder einmal täglich 1 Stunde, freizugeben.

(5) Die Kündigung einer Frau während der Schwangerschaft bis zum Ablauf von sechs Monaten nach der Entbindung ist unzulässig, wenn dem Arbeitgeber zum Zeitpunkt der Kündigung die Schwangerschaft bzw. die Entbindung bekannt ist.

Aufgabe 154

Bei Beendigung der Ausbildungszeit hat die/der Auszubildende Anspruch auf ein Ausbildungszeugnis. Welches Kriterium dürfen Sie bei der Erstellung eines solchen Zeugnisses nicht aufnehmen?

(1) besondere geistige Fähigkeiten

(2) außergewöhnliche Fachkenntnisse im EDV-Bereich

(3) Grad der Behinderung

(4) allgemeines Arbeitsverhalten

(5) Sozialverhalten gegenüber Vorgesetzten

Aufgabe 155

Eine Auszubildende bekommt im zweiten Ausbildungsjahr ein Kind. Sie teilt der Personalabteilung mit, dass sie zwei Jahre Erziehungsurlaub in Anspruch nehmen will. Welche Auswirkungen hat diese Entscheidung auf das Ausbildungsverhältnis?

(1) Das Ausbildungsverhältnis endet nach Ablauf der Mutterschutzfristen.

(2) Das Ausbildungsverhältnis endet zum Ablauf der vereinbarten Vertragsdauer.

(3) Das Ausbildungsverhältnis endet mit einer Frist von vier Wochen nach Antrag auf den Erziehungsurlaub.

(4) Das Ausbildungsverhältnis ruht bis zum Ablauf des beantragten Erziehungsurlaubs.

(5) Das Ausbildungsverhältnis läuft vertragsgemäß weiter. Die Auszubildende muss sich die für die Prüfung erforderlichen Kenntnisse in einer überbetrieblichen Einrichtung aneignen.

Aufgabe 156

Anlässlich einer Betriebsversammlung wird über Neuregelungen für die Belegschaft informiert. Bei welchem Punkt wird über eine Betriebsvereinbarung berichtet?

(1) Die BüKo GmbH stellt einem Zulieferungsbetrieb die eigene Lehrwerkstatt für den Werkunterricht unentgeltlich zur Verfügung.

(2) Die Mitarbeitenden der BüKo GmbH erhalten die Gehaltserhöhungen rückwirkend für den Werkunterricht unentgeltlich zur Verfügung.

(3) Ein neu gewähltes Betriebsratsmitglied wird zu einem Betriebsverfassungsseminar freigestellt.

(4) Die BüKo GmbH und die zuständige Gewerkschaft vereinbaren die Herabsetzung der Wochenarbeitszeit.

(5) Die BüKo GmbH und der Betriebsrat einigen sich über die Einführung der Gleitzeit und legen das Ergebnis schriftlich nieder.

Situation zu den Aufgaben 157 – 158

Die Lagermitarbeiterin Marion Müller hat Ihnen heute mitgeteilt, dass sie im dritten Monat schwanger ist. Sie hat Ihnen eine entsprechende ärztliche Bescheinigung vorgelegt. Daraus geht hervor, dass der errechnete Geburtstermin der 27.11. d. J. sein wird.

§ **Auszug aus dem MuSchG (Mutterschutzgesetz)**

§ 3

(1) Der Arbeitgeber darf eine schwangere Frau in den letzten sechs Wochen vor der Entbindung nicht beschäftigen (Schutzfrist vor der Entbindung), soweit sie sich nicht zur Arbeitsleistung ausdrücklich bereit erklärt. (...) Für die Berechnung der Schutzfrist vor der Entbindung ist der voraussichtliche Tag der Entbindung maßgeblich, wie er sich aus dem ärztlichen Zeugnis oder dem Zeugnis einer Hebamme oder eines Entbindungspflegers ergibt. Entbindet eine Frau nicht am voraussichtlichen Tag, verkürzt oder verlängert sich die Schutzfrist vor der Entbindung entsprechend.

(2) Der Arbeitgeber darf eine Frau bis zum Ablauf von acht Wochen nach der Entbindung nicht beschäftigen (Schutzfrist nach der Entbindung). Die Schutzfrist nach der Entbindung verlängert sich auf zwölf Wochen

1. bei Frühgeburten,
2. bei Mehrlingsgeburten und,
3. wenn vor Ablauf von acht Wochen nach der Entbindung bei dem Kind eine Behinderung im Sinne von § 2 Absatz 1 Satz 1 des Neunten Buches Sozialgesetzbuch ärztlich festgestellt wird. (...)

§ 20

(1) Eine Frau erhält während ihres bestehenden Beschäftigungsverhältnisses für die Zeit der Schutzfristen vor und nach der Entbindung sowie für den Entbindungstag von ihrem Arbeitgeber einen Zuschuss zum Mutterschaftsgeld. Als Zuschuss zum Mutterschaftsgeld wird der Unterschiedsbetrag zwischen 13 Euro und dem um die gesetzlichen Abzüge verminderten durchschnittlichen kalendertäglichen Arbeitsentgelt der letzten drei abgerechneten Kalendermonate vor Beginn der Schutzfrist vor der Entbindung gezahlt. Einer Frau, deren Beschäftigungsverhältnis während der Schutzfristen vor oder nach der Entbindung beginnt, wird der Zuschuss zum Mutterschaftsgeld von Beginn des Beschäftigungsverhältnisses an gezahlt.

Aufgabe 157

Welche zwei der folgenden Aussagen zur arbeitsrechtlichen Situation von Frau Müller sind zutreffend?

(1) Frau Müller darf erst vier Wochen nach der Geburt wieder im Lager eingesetzt werden.

(2) Weder die BüKo GmbH noch Frau Müller können das Arbeitsverhältnis während der Schwangerschaft kündigen.

(3) Die BüKo GmbH muss Frau Müllers Schwangerschaft der zuständigen Aufsichtsbehörde melden.

(4) Frau Müllers jährlicher Urlaubsanspruch erhöht sich aufgrund der Schwangerschaft um zehn Tage.

(5) Bis zu Beginn der Mutterschutzfrist darf Frau Müller mit leichteren Aufgaben (keine schwere körperliche Arbeit) beschäftigt werden.

(6) Frau Müller ist während der Arbeitszeit für Arztbesuche freizustellen.

Aufgabe 158

Frau Müller möchte von Ihnen wissen, wie ihre Entlohnung während der Mutterschutzfristen geregelt ist.

(1) Sie erhält von der Krankenkasse ein Krankengeld in Höhe von 70 % ihres letzten Monatsnettoeinkommens.

(2) Die Differenz aus Nettoeinkommen und Mutterschaftsgeld wird von der Berufsgenossenschaft aufgestockt.

(3) Die BüKo GmbH zahlt zum Mutterschaftsgeld einen gesetzlich geregelten Differenzbetrag zwischen ihrem durchschnittlichem Nettoentgelt und dem Mutterschaftsgeld.

(4) Die BüKo GmbH zahlt in dieser Zeit das monatliche Bruttogehalt wie bisher.

(5) Die Bundesagentur für Arbeit zahlt eine Lohnersatzleistung in Höhe von 13,50 € je Kalendertag.

Aufgabe 159

Frau Schmidt wird von Montag bis Donnerstag jeweils von 7:00 Uhr bis 16:00 Uhr beschäftigt. Wann muss sie an diesen Tagen spätestens eine Pause bekommen? Prüfen Sie dazu auch den nachstehenden Gesetzesauszug.

(1) um 11:00 Uhr
(2) um 11:30 Uhr
(3) um 12:00 Uhr
(4) um 12:30 Uhr
(5) um 13:00 Uhr

§ **Auszug aus dem ArbZG**

§ 4 Ruhepausen

Die Arbeit ist durch im voraus feststehende Ruhepausen von mindestens 30 Minuten bei einer Arbeitszeit von mehr als sechs bis zu neun Stunden und 45 Minuten bei einer Arbeitszeit von mehr als neun Stunden insgesamt zu unterbrechen. Die Ruhepausen nach Satz 1 können in Zeitabschnitte von jeweils mindestens 15 Minuten aufgeteilt werden. Länger als sechs Stunden hintereinander dürfen Arbeitnehmer nicht ohne Ruhepause beschäftigt werden.

Aufgabe 160

Welche der nachfolgend stehenden Regelungen ist ebenfalls im Jugendarbeitsschutzgesetz enthalten?

(1) Kündigung des Ausbildungsverhältnisses
(2) Regelung der Ausbildungsdauer und Inhalte der Ausbildung
(3) passives Wahlrecht bei der Betriebsratswahl
(4) Durchführung einer ärztlichen Nachuntersuchung
(5) reguläres Ausbildungsende und Möglichkeit der Wiederholungsprüfung

Aufgabe 161

Der/die Arbeitgeber/-in muss die Jugendlichen über die Unfall- und Gesundheitsgefahren, denen sie bei der Beschäftigung ausgesetzt sind, sowie über Einrichtungen und Maßnahmen zur Abwendung dieser Gefahren unterweisen.

Welche Stellungnahme zu dieser Aussage ist zutreffend?

(1) Dies gilt grundsätzlich nur dann, wenn sie ihn danach fragen.
(2) Dies gilt nur vor Beginn der Beschäftigung und bei wesentlichen Änderungen der Arbeitsbedingungen.

(3) Dies gilt nur dann, wenn er von den Eltern der Jugendlichen darum gebeten wird.

(4) Dies gilt nur dann, wenn es der Unfallversicherungsträger ausdrücklich verlangt.

(5) Dies gilt nur zu Beginn des Ausbildungsverhältnisses.

Aufgabe 162

Laut Jugendarbeitsschutzgesetz dürfen Jugendliche nicht beschäftigt werden mit Arbeiten,

(1) ... die ihnen keinen Spaß machen.

(2) ... deren Sinn sie nicht erkennen können.

(3) ... die ihre physische und psychische Leistungskraft übersteigen.

(4) ... die besser vom Computer erledigt werden können.

(5) ... die nicht in der Ausbildungsordnung aufgelistet sind.

Aufgabe 163

Einem Abteilungsleiter der BüKo GmbH wurde Prokura erteilt. Für welchen Vorgang muss er dennoch eine zusätzliche Genehmigung einholen?

(1) Abschluss eines Kaufvertrages

(2) Erteilung einer Handlungsvollmacht

(3) Verkauf eines Grundstückes

(4) Übernahme einer Wechselverbindlichkeit

(5) Vertretung in einem gerichtlichen Rechtsstreit

Aufgabe 164

In welchem Gesetz gibt es Bestimmungen über die Höhe der Ausbildungsvergütung?

(1) Jugendarbeitsschutzgesetz

(2) Bürgerliches Gesetzbuch

(3) Berufsbildungsgesetz

(4) Betriebsverfassungsgesetz

(5) Tarifvertragsgesetz

Aufgabe 165

Welche Aussage zur Probezeit bei Ausbildungsverträgen ist zutreffend?

(1) Die Probezeit muss mindestens zwei Monate und darf maximal sechs Monate dauern. Eine Verlängerung der Probezeit ist laut Arbeitsrecht nur dann möglich, wenn die Ausbildung länger als zwei Drittel der Probezeit ausfällt, z. B., weil die/der Auszubildende krank ist. Dies muss aber vorher vereinbart werden.

(2) Die Probezeit muss mindestens zwei Monate und darf maximal vier Monate dauern. Eine Verlängerung der Probezeit ist laut Arbeitsrecht nur dann möglich, wenn die Ausbildung länger als ein Drittel der Probezeit ausfällt, z. B., weil die/der Auszubildende krank ist. Dies muss aber vorher vereinbart werden.

(3) Die Probezeit muss mindestens einen Monat und darf maximal vier Monate dauern. Eine Verlängerung der Probezeit ist laut Arbeitsrecht nur dann möglich, wenn die Ausbildung länger als zwei Drittel der Probezeit ausfällt, z. B., weil die/der Auszubildende krank ist. Dies muss aber vorher vereinbart werden.

(4) Die Probezeit muss mindestens einen Monat und darf maximal sechs Monate dauern. Eine Verlängerung der Probezeit ist laut Arbeitsrecht nur dann möglich, wenn die Ausbildung länger als ein Drittel der Probezeit ausfällt, z. B., weil die/der Auszubildende krank ist. Dies muss aber vorher vereinbart werden.

(5) Die Probezeit muss mindestens einen Monat und darf maximal vier Monate dauern. Eine Verlängerung der Probezeit ist laut Arbeitsrecht nur dann möglich, wenn die Ausbildung länger als ein Drittel der Probezeit ausfällt, z. B., weil die/der Auszubildende krank ist. Dies muss aber vorher vereinbart werden.

Aufgabe 166

Ihr Vorgesetzter beauftragt Sie, den Ausbildungsvertrag der Auszubildenden Janine Müller zu überprüfen. Frau Müller hat zum 1. September ihre Ausbildung zur Industriekauffrau begonnen. Sie ist 17 Jahre alt. Eine Verkürzung der Ausbildungsdauer ist nicht vorgesehen. Wo müssen Sie korrigierend eingreifen?

(1) Es fehlt der Hinweis, dass das Jugendarbeitsschutzgesetz gilt.

(2) Die Ausbildungsvergütung ist bereits für alle drei Ausbildungsjahre eingetragen.

(3) Die Unterschrift der Erziehungsberechtigten fehlt.
(4) Als Ausbildungsdauer sind 36 Monate angegeben.
(5) Die Voraussetzungen für eine Kündigung sind nicht aufgeführt.

Aufgabe 167

Ihr Vorgesetzter bittet Sie, sich mit den rechtlichen Bestimmungen des Berufsbildungsgesetzes, die für das Ausbildungsverhältnis maßgeblich sind, vertraut zu machen. Was ist gemäß den Vorschriften des Berufsbildungsgesetzes Teil des Berufsausbildungsvertrags von Frau Müller?

(1) die Dauer der täglichen Ruhepausen
(2) die didaktische Jahresplanung der Berufsschule
(3) der Lehrplan der Berufsschule
(4) der gemeinsame Ausbildungsplan der Berufsschule und des Ausbildungsbetriebes
(5) der Ausbildungsplan des Ausbildungsbetriebes

Aufgabe 168

Welche der folgenden Bestimmungen ist eine gültige Bestimmung des Berufsbildungsgesetzes?

(1) Die BüKo GmbH muss Frau Müller nach Bestehen ihrer Abschlussprüfung einen Tag Sonderurlaub gewähren.
(2) Vereinbarungen über die Tätigkeit nach Abschluss der Ausbildung können bereits im Berufsausbildungsvertrag festgelegt werden.
(3) Eine Kündigung durch Frau Müller nach der Probezeit ist möglich, wenn sie eine Ausbildung in einem anderen Ausbildungsberuf beginnen will.
(4) Die Kündigungsfrist bei Kündigungen während der Probezeit beträgt vier Wochen.
(5) Das Ausbildungsverhältnis endet erst mit Ablauf der Ausbildungszeit – unabhängig davon, ob die IHK-Abschlussprüfung bereits bestanden wurde.

Aufgabe 169

Womit dürfen Jugendliche gemäß Jugendarbeitsschutzgesetz grundsätzlich nicht beschäftigt werden?

(1) Sortierarbeiten
(2) Reinigungsarbeiten
(3) Aufräumarbeiten
(4) Lagerarbeiten
(5) Akkordarbeiten

Situation zu den Aufgaben 170 – 174

Sie sind in der Personalabteilung der BüKo GmbH eingesetzt und werden von Ihrer Vorgesetzten damit beauftragt, die neuen Auszubildenden in die grundsätzlichen Regelungen des Jugendarbeitsschutzgesetzes einzuführen.

Aufgabe 170

Das Jugendarbeitsschutzgesetz gilt

(1) ... generell für alle Jugendlichen, die sich in Gebäuden von Unternehmen aufhalten.
(2) ... nur für die Beschäftigung von Auszubildenden, die noch keine 18 Jahre alt sind.
(3) ... grundsätzlich für die Beschäftigung von Auszubildenden, unabhängig vom Alter.
(4) ... nur für die Beschäftigung von Auszubildenden, die noch keine 21 Jahre alt sind.
(5) ... für die Beschäftigung aller Personen, die noch keine 18 Jahre alt sind.

Aufgabe 171

Als Jugendliche/-r im Sinne des Jugendarbeitsschutzgesetzes gilt,

(1) ... wer zwölf, aber noch nicht 18 Jahre alt ist.
(2) ... wer 13, aber noch nicht 18 Jahre alt ist.
(3) ... wer 15, aber noch nicht 18 Jahre alt ist.
(4) ... wer 16, aber noch nicht 18 Jahre alt ist.
(5) ... wer 15, aber noch nicht 21 Jahre alt ist.

Aufgabe 172

Nach Beendigung der täglichen Arbeitszeit dürfen Jugendliche nicht vor Ablauf einer ununterbrochenen Freizeit beschäftigt werden. Wie viele Stunden umfasst diese ununterbrochene Freizeit laut Gesetz?

(1) mindestens 8 Stunden

(2) mindestens 10 Stunden

(3) mindestens 12 Stunden

(4) mindestens 14 Stunden

(5) mindestens 15 Stunden

Aufgabe 173

Wie lange müssen die im Voraus festgelegten Ruhepausen für Jugendliche laut Jugendarbeitsschutzgesetz mindestens sein?

(1) 45 Minuten bei einer Arbeitszeit von mehr als sechs Stunden

(2) 60 Minuten bei einer Arbeitszeit von mehr als sechs Stunden

(3) 90 Minuten bei einer Arbeitszeit von mehr als sieben Stunden

(4) 120 Minuten bei einer Arbeitszeit von mehr als acht Stunden

(5) 180 Minuten bei einer Arbeitszeit von mehr als acht Stunden

4. Arbeitssicherheit und Umweltschutz

Aufgabe 174

Sie bemerken im Ausbildungsbetrieb den Ausbruch eines Brandes (Feuer und Rauch). Wie gehen Sie sinnvollerweise vor? Bringen Sie die folgenden Schritte in die richtige Reihenfolge, indem Sie die Ziffern 1 bis 5 in die Kästchen neben den Vorgehensweisen eintragen.

Sie betätigen schnellstmöglich den Feuermelder.	☐
Sie schließen Fenster und Türen und setzen, soweit möglich, vorhandene Feuerlöschgeräte ein.	☐
Sie bewahren zunächst Ruhe und verschaffen sich einen Überblick über die Situation.	☐
Sie setzen einen Notruf mit entsprechenden Informationen an die Zentrale ab.	☐
Sie weisen die Feuerwehr ein, sobald diese eintrifft.	☐

Aufgabe 175

In einer betriebsinternen Unterweisung der BüKo GmbH werden die neuen Mitarbeitenden über die betrieblichen Unfallverhütungsvorschriften informiert. Durch welche der nachfolgend stehenden Hinweise für Mitarbeitende sollen Unfälle durch bzw. mit Kunden vermieden werden?

(1) „Nutzen Sie die Personaltoilette und nicht die Kundentoilette!"

(2) „Sorgen Sie für die Beseitigung verschütteter Flüssigkeiten oder heruntergefallener Lebensmittelreste!"

(3) „Füllen Sie leicht entzündliche Flüssigkeiten niemals in Trinkgefäße!"

(4) „Entleeren Sie Aschenbecher nicht in Papierkörbe!"

(5) „Essen und trinken Sie nur in den dafür vorgesehenen Personalräumen!"

Aufgabe 176

In den verschiedenen Gebäuden der BüKo GmbH befinden sich auch Notausgänge. Welche der nachfolgend stehenden Aussagen über Notausgänge ist nach den Unfallverhütungsvorschriften zutreffend?

(1) In die Rettungswege zu den Notausgängen dürfen nur rollbare Container außerhalb der Ladenöffnungszeiten gestellt werden.

(2) Notausgänge dürfen von innen abgeschlossen werden, wenn die Türschlüssel griffbereit aufbewahrt werden.

(3) Eine Kennzeichnung der Ausgänge als „Notausgänge" ist nicht nötig, wenn alle Mitarbeitenden sachgemäß unterrichtet worden sind.

(4) Notausgänge müssen nur in Räumen vorhanden sein, in denen leicht brennbare Gegenstände gelagert werden.

(5) Notausgänge müssen – auch wenn sie von außen abgeschlossen wurden – von innen grundsätzlich mit einer speziellen Klinke leicht zu öffnen sein.

Aufgabe 177

Piktogramme auf den Verpackungen der Produkte geben Verbrauchenden wertvolle Hinweise. Welches der abgebildeten Piktogramme bedeutet, dass das Produkt recycelt werden kann?

1	2	3	4	5

Aufgabe 178

Welche der folgenden Betriebsanweisungen zur Unfallverhütung bezieht sich speziell auf den Brandschutz?

(1) „Füllen Sie giftige Flüssigkeiten niemals in Trinkgefäße!"

(2) „Sorgen Sie für die zügige Beseitigung verschütteter Flüssigkeiten oder heruntergefallener Lebensmittelreste!"

(3) „Bewahren Sie in Räumen, in denen Gefahrstoffe gelagert werden, niemals Nahrungsmittel auf!"

(4) „Entleeren Sie Aschenbecher nicht in Papierkörbe!"

(5) „Fluchtwege freihalten!"

Aufgabe 179

Ein von der BüKo GmbH verwendetes Kopierpapier trägt auf der Verpackung den sogenannten „Blauen Engel", da es zu 100 % aus Altpapier hergestellt wurde. Welches umweltpolitische Ziel wird über den Einsatz dieses Papiers unterstützt?

(1) Reduzierung des Energieverbrauchs der BüKo GmbH

(2) Reduzierung des Papierverbrauchs der BüKo GmbH

(3) Reduzierung des Tonerverbrauchs der Kopierer der BüKo GmbH

(4) Reduzierung des Rohstoffverbrauchs bei der Papierherstellung

(5) Reduzierung der Entsorgungskosten der BüKo GmbH

Aufgabe 180

Welche Regelung entspricht den Unfallverhütungsvorschriften eines Unternehmens wie der BüKo GmbH?

(1) Jede/r Mitarbeitende ist verpflichtet, während der Arbeitszeit Sicherheitskleidung zu tragen.

(2) Jede/r Mitarbeitende ist verpflichtet, eine Ausbildung in Erster Hilfe zu durchlaufen.

(3) Jede/r Mitarbeitende ist verpflichtet, Sicherheitsmängel an Arbeitsgeräten schnellstmöglich und selbstständig zu beseitigen.
(4) Jede/r Mitarbeitende ist verpflichtet, auch Arbeitsunfälle mit kleineren Verletzungen unverzüglich zu melden.
(5) Jede/r Mitarbeitende ist verpflichtet, während der Arbeitszeit Sicherheitsschuhe zu tragen.

Aufgabe 181

Wer ist für den Erlass der Unfallverhütungsvorschriften in der BüKo GmbH zuständig?

(1) die Industrie- und Handelskammer
(2) die Bundesagentur für Arbeit
(3) der Einzelhandelsverband
(4) die Berufsgenossenschaft
(5) das Gesundheitsamt

Aufgabe 182

Die BüKo GmbH betreibt auch einen Verkaufsraum, wo Kunden diverse Büroartikel kaufen können. Welche der folgenden Aussagen ist zutreffend?

(1) Die BüKo GmbH ist verpflichtet, Tragetaschen mit dem „Grünen Punkt" zurückzunehmen.
(2) Die BüKo GmbH ist nicht verpflichtet, Tragetaschen mit dem „Grünen Punkt" zurückzunehmen.
(3) Die BüKo GmbH ist verpflichtet, jede Verkaufsverpackung zurückzunehmen.
(4) Die BüKo GmbH ist verpflichtet, Informationsschilder über die Rücknahme von Verpackungsmaterial mit dem „Grünen Punkt" in den Geschäftsräumen aufzustellen.
(5) Die BüKo GmbH ist nicht verpflichtet, sogenannte Serviceverpackungen zurückzunehmen, wenn der „Grüne Punkt" fehlt.

Aufgabe 183

Sie entdecken im Nebenraum einen Kabelbrand. Was dürfen Sie auf keinen Fall tun?

(1) Sie holen einen Eimer Wasser und löschen das Feuer.

(2) Sie nehmen einen Feuerlöscher und löschen das Feuer.
(3) Sie betätigen einen Feuermelder und lösen somit Feueralarm aus.
(4) Sie melden das Feuer an die Telefonzentrale.
(5) Sie alarmieren über ihr Handy die Feuerwehr.

Aufgabe 184

Welche der folgenden Maßnahmen ist geeignet, die Verpackungsmengen der BüKo GmbH umweltbewusst zu vermindern?

(1) Die BüKo GmbH verzichtet soweit irgend möglich auf Umverpackungen.
(2) Es werden Sammelcontainer zur getrennten Verpackungsmaterialsammlung aufgestellt.
(3) Das Verpackungsmaterial wird im Inland statt im Ausland recycelt.
(4) Das Verpackungsmaterial wird in Hochtemperaturöfen umweltgerecht verbrannt.
(5) Mehrwegflaschen werden durch die billigeren Einwegflaschen ersetzt.

Aufgabe 185

Nach Auskunft der Berufsgenossenschaft ist die Anzahl der Bandscheibenvorfälle in den letzten Jahren stetig angestiegen. Bei welchen der folgenden Tätigkeiten hat die BüKo GmbH ihre Mitarbeitenden auf die besonderen Gesundheitsgefahren für die Wirbelsäule hinzuweisen?

(1) Beratung von Kunden
(2) Umgang mit Gefahrstoffen
(3) Manuelles Anheben von Lasten
(4) Benutzung von Leitern
(5) Kassieren

Aufgabe 186

Aus welchem Gesetzestext ist der nachstehend abgebildete Gesetzesauszug entnommen?

(1) Umweltschutzgesetz

(2) Produkthaftungsgesetz
(3) Gesetz gegen den unlauteren Wettbewerb
(4) Handelsgesetzbuch
(5) Bürgerliches Gesetzbuch

§ ...
(1) „Wird durch den Fehler eines Produkts jemand getötet, sein Körper oder seine Gesundheit verletzt oder eine Sache beschädigt, so ist der Hersteller des Produkts verpflichtet, dem Geschädigten den daraus entstehenden Schaden zu ersetzen. Im Falle der Sachbeschädigung gilt dies nur, wenn eine andere Sache als das fehlerhafte Produkt beschädigt wird und diese andere Sache ihrer Art nach gewöhnlich für den privaten Ge- oder Verbrauch bestimmt und hierzu von dem Geschädigten hauptsächlich verwendet worden ist."

Aufgabe 187

Sie werden beauftragt, eine Unterweisung zum Thema „Unfallverhütung beim Dekorieren" durchzuführen. In welcher Abbildung ist die Leiter gemäß den Unfallverhütungsvorschriften richtig aufgestellt?

① ② ③ ④ ⑤

Aufgabe 188

Im Kreislaufwirtschaftsgesetz werden unterschiedliche Möglichkeiten der Müllreduzierung unterschieden (Müllstrategien). Welche der folgenden Handlungsmöglichkeiten ist der Müllstrategie „Recycling" zuzuordnen?

(1) Wir liefern die Ware in Plastikverpackungen aus.
(2) Wir liefern die Ware in Papier- und Kartonverpackungen aus.

(3) Anfallende Verpackungen werden nach Material getrennt und dem dualen System zugeführt.

(4) Die BüKo GmbH stellt einen Ingenieur ein, der sich speziell mit der Entwicklung von ressourcenschonenden Produktionsverfahren beschäftigt.

(5) Durch den Einbau spezieller Spülungen im Verwaltungsgebäude wird Trinkwasser gespart.

Aufgabe 189

Die BüKo GmbH hat Sie beauftragt, Vorschläge zu unterbreiten, wie Umweltbelastungen zukünftig reduziert werden können. Sie schlagen u. a. vor, bei einigen Produkten zukünftig auf die Umverpackung zu verzichten.

Wie lautet die korrekte Bezeichnung für diese Maßnahme?

(1) Recycling

(2) Abfallvermeidung

(3) Abfalltrennung

(4) Abfallbeseitigung

(5) Energieeinsparung

Aufgabe 190

Ein Lagermitarbeiter der BüKo GmbH verletzt sich aufgrund eines Arbeitsunfalls so schwer, dass er seinen Beruf nicht mehr ausüben kann. Um einen neuen Beruf zu erlernen, nimmt er berufsfördernde Leistungen in Anspruch. Wer ist der Träger dieser Maßnahme?

(1) die Bundesagentur für Arbeit

(2) der Arbeitgeber

(3) der Einzelhandelsverband

(4) die Berufsgenossenschaft

(5) die Haftpflichtversicherung des Arbeitgebers

Aufgabe 191

Welche Bedeutung hat das folgende Symbol?

(1) Fluchtweg
(2) Gruppenraum
(3) Sammelstelle
(4) Erste Hilfe
(5) Notausgang

Aufgabe 192

Im Winter ist es im Flur vor Ihrem Büro oft nass aufgrund der vielen Leute, die hier vorbeilaufen. Sie wären gestern beinahe ausgerutscht. In welchem der folgenden Gesetzestexte gibt es Regelungen, die hier zum Handeln zwingen?

(1) Arbeitssicherheitsgesetz (ASiG)
(2) Gefahrstoffverordnung (GefStoffV)
(3) Arbeitsstättenverordnung (ArbStättV)
(4) Produktsicherheitsgesetz (ProdSG)
(5) Unfallverhütungsvorschriften (UVV)

Aufgabe 193

Durch welche grundsätzliche Symbolik sind Rettungszeichen gekennzeichnet?

(1) Sie sind durch einen blauen Kreis gekennzeichnet.
(2) Sie sind durch ein gelb-schwarzes Dreieck gekennzeichnet.
(3) Sie sind durch einen roten Kreis mit einem diagonalen Strich gekennzeichnet.
(4) Sie sind durch ein grünes Rechteck gekennzeichnet.
(5) Sie sind durch eine rote quadratische Raute gekennzeichnet.

Aufgabe 194

Welche zwei der folgenden Institutionen sind keine Einrichtungen zur Überwachung der Arbeitssicherheit und des Gesundheits- und Unfallschutzes in Betrieben?

(1) Amtsgericht

(2) Berufsgenossenschaft

(3) Gewerbeaufsichtsamt

(4) Technischer Überwachungsverein TÜV

(5) Industrie- und Handelskammer

Aufgabe 195

Welche Bedeutung hat das folgende Symbol?

(1) Brandmelder

(2) Brandmeldetelefon

(3) Fluchtweg

(4) Löschschlauch

(5) Gesundheitsgefahr

Aufgabe 196

Welche zwei der folgenden Bestimmungen über Gesundheits- und Unfallschutz treffen nicht zu?

(1) Die/der Arbeitgebende hat die Betriebsräume, Vorrichtungen, Maschinen und Gerätschaften einzurichten und zu unterhalten sowie den Betrieb so zu regeln, dass die Arbeitnehmenden gegen Gefahren für Leben und Gesundheit so weit geschützt werden, wie die Natur des Betriebes es gestattet.

(2) Die/der Arbeitgebende hat dafür Sorge zu tragen, dass jede/r Arbeitnehmende seines Betriebes eine Grundausbildung in Erster Hilfe erhält.

(3) Unfallverhütungsvorschriften, die von den Berufsgenossenschaften erlassen werden, müssen im Betrieb an geeigneter Stelle ausgehängt werden.

(4) Aus dem Kreis der Mitarbeitenden des Betriebes wird ein Sicherheitsbeauftragter/eine Sicherheitsbeauftragte bestimmt.

(5) In Betrieben mit mindestens 500 Mitarbeitenden ist ein Werksarzt einzustellen.

Aufgabe 197

Welche Bedeutung hat das folgende Symbol?

(1) Warnung vor Rutschgefahr

(2) Warnung vor elektrischer Spannung

(3) Warnung vor Hindernissen am Boden

(4) Fluchtweg

(5) Notausgang

B

GESCHÄFTSPROZESSE (LF 2, 5, 6, 7, 10 UND 11)

1. Organisation (Lernfeld 2)

Aufgabe 198

In der BüKo GmbH wird ein Projektteam gebildet, das die Organisation des Unternehmens optimieren soll. Sie arbeiten in diesem Team mit. Im ersten Schritt soll die Aufbauorganisation des Unternehmens untersucht werden. Formulieren Sie drei Grundfragen, die im Zuge der Entwicklung einer Aufbauorganisation zu klären sind.

Aufgabe 199

Grundlage für die Aufbauorganisation ist die detaillierte Aufgabenanalyse. Gliedern Sie die Gesamtaufgabe „Ware einkaufen und an Verbrauchende verkaufen" in drei sinnvolle Teilaufgaben auf.

Aufgabe 200

Als Organisationsprinzip für die Abteilungsbildung kann zwischen produktbezogener Abteilungsbildung (Objektprinzip) und verrichtungsbezogener Abteilungsbildung (Funktionsprinzip) unterschieden werden. Erläutern Sie den Unterschied der beiden Abteilungsgliederungsprinzipien anhand eines konkreten Beispiels.

Aufgabe 201

Im Zuge der Neuorganisation der BüKo GmbH ist in der Diskussion, das bisherige Einliniensystem zu einem Mehrliniensystem umzustellen. Beschreiben Sie die wesentlichen Unterschiede der beiden Weisungssysteme.

Aufgabe 202

Nennen Sie zwei Vor- und zwei Nachteile eines Mehrliniensystems.

Aufgabe 203

In der BüKo GmbH wird darüber nachgedacht, eine Stabsstelle „Assistenz der Geschäftsleitung" einzurichten. Erklären Sie anhand von zwei Aspekten, wodurch sich Stabsstellen von anderen Stellen unterscheiden.

Aufgabe 204

Erläutern Sie die beiden Hauptziele der Ablauforganisation. Worin besteht das „Dilemma der Ablauforganisation".

Aufgabe 205

Mit welchen der folgenden Aufgaben befasst sich die Ablauforganisation nicht?

(1) Personaleinsatzplanung

(2) Sachmittelplanung

(3) Raumplanung

(4) Zeitplanung

(5) Stellenplanung

Aufgabe 206

Im Projektteam „Prozessorganisation" diskutieren Sie die Frage, ob die Arbeits- und Prozessabläufe des Unternehmens zukünftig grundsätzlich in Form von Arbeitsablaufdiagrammen dargestellt werden sollen.

Welche der folgenden Aussagen ist kein Argument für eine Darstellung in Form von Arbeitsablaufdiagrammen?

(1) Die grafische Darstellung in Form von Arbeitsablaufdiagrammen erleichtert die Aufnahme von Informationen.

(2) Die grafische Darstellung in Form von Arbeitsablaufdiagrammen beschleunigt die Aufnahme von Informationen.

(3) Die grafische Darstellung in Form von Arbeitsablaufdiagrammen minimiert die Kosten bei der Dokumentation der Arbeitsabläufe.

(4) Die grafische Darstellung in Form von Arbeitsablaufdiagrammen hilft dabei, Rationalisierungspotenziale im Arbeitsablauf auszuschöpfen.

(5) Die grafische Darstellung in Form von Arbeitsablaufdiagrammen erleichtert es, Störungen im Arbeitsablauf zu identifizieren.

Situation zu den Aufgaben 207 – 208

In der BüKo GmbH wird eine neue ERP-Software eingeführt, die u. a. auch die Dokumentation aller Arbeitsabläufe in Form von ereignisgesteuerten Prozessketten (EPK) vorsieht.

Aufgabe 207

Welche zwei zusätzlichen Informationsebenen (Sichten) werden bei der Darstellung von Prozessen in Form von ereignisgesteuerten Prozessketten (EPK) integriert?

(1) Datensicht und Organisationssicht

(2) Kostensicht und Datensicht

(3) Organisationssicht und Marketingsicht

(4) Kostensicht und Marketingsicht

(5) Organisationssicht und Kostensicht

Beispiel Ereignisgesteuerte Prozesskette (EPK)

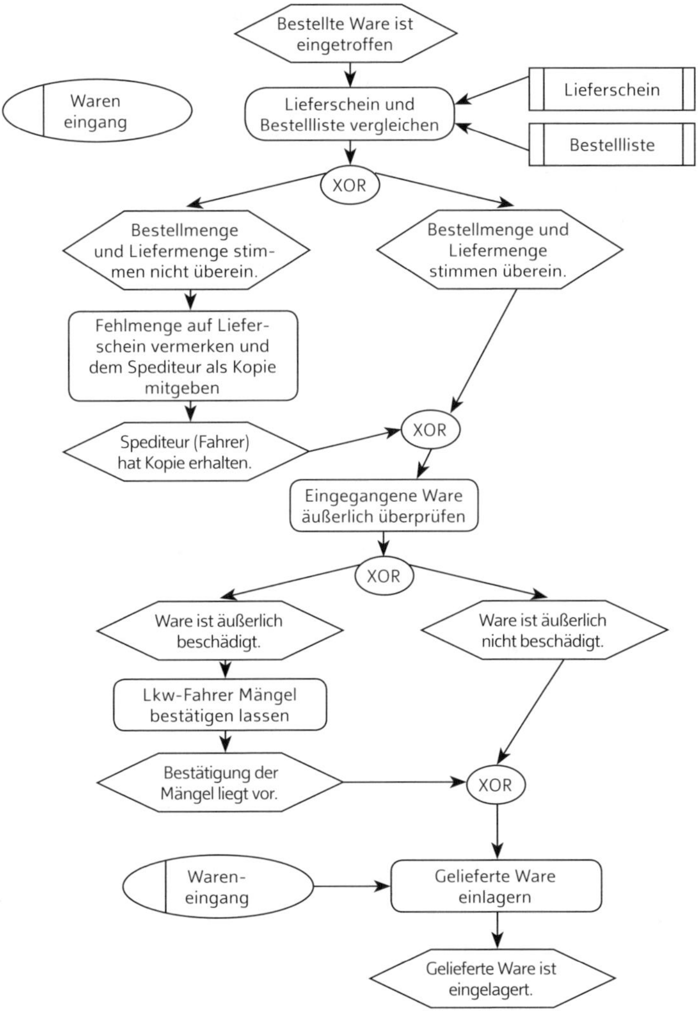

Aufgabe 208

Welche der folgenden Aussagen zur abgebildeten EPK ist nicht zutreffend?

(1) Der Vergleich von Lieferschein und Bestellschein ist Aufgabe der Organisationseinheit „Wareneingang".

(2) Nachdem überprüft wird, ob Bestellmenge und Liefermenge übereinstimmen, wird die eingegangene Ware äußerlich überprüft.

(3) Ist die Ware äußerlich beschädigt, ist dies vom Lkw-Fahrer bestätigen zu lassen.

(4) Das Symbol „XOR" ist ein logisches „Oder", d. h., es bedeutet entweder das eine oder das andere oder beides zugleich.

(5) Das Symbol „XOR" ist ein logisches „Entweder ... oder", d. h., nur eine der beiden Möglichkeiten kommt infrage.

Aufgabe 209

Unter Organisation versteht man eine sinnvolle, planmäßige Ordnung eines Unternehmens. Welche der nachfolgend stehenden Aussagen zur Organisation ist falsch?

(1) Die Organisation ordnet Aufgaben bestimmten Stellen zu.

(2) Die Organisation legt fest, wie Arbeitsprozesse ablaufen.

(3) Die Organisation gliedert das Unternehmen in Aufgaben- und Funktionsbereiche.

(4) Die Organisation regelt Zuständigkeiten und Verantwortlichkeiten.

(5) Die Organisation stellt sicher, dass nur vorgegebene Entscheidungen getroffen werden dürfen.

Aufgabe 210

Was ist unter dem „Dilemma der Ablaufplanung" zu verstehen?

(1) Mit dem „Dilemma der Ablaufplanung" ist das Problem der zeitlichen Erfassung der Fertigungszeiten gemeint.

(2) Mit dem „Dilemma der Ablaufplanung" ist gemeint, dass die Vertriebssteuerung häufig mit der Arbeitsvorbereitung in Konflikte über Fertigungstermine gerät.

(3) Bei dem „Dilemma der Ablaufplanung“ handelt es sich um ein Planungsproblem in der Abstimmung zwischen Personalabteilung und Vertriebsabteilung.
(4) Mit dem „Dilemma der Ablaufplanung“ ist der Zielkonflikt zwischen Auslastung der Kapazitäten und der Verkürzung der Durchlaufzeiten gemeint.
(5) Mit dem „Dilemma der Ablaufplanung“ ist gemeint, dass die Arbeitsvorbereitung häufig mit der Produktion in Konflikte über Fertigungstermine gerät.

Aufgabe 211

Bei welchen der folgenden Beispiele handelt es sich nicht um Aufgaben der Aufbauorganisation?

(1) Erstellung eines Organigramms
(2) Bildung einer neuen Abteilung
(3) Festlegung der Vertretungsbefugnisse eines Abteilungsleiters
(4) Aufstellen eines Finanzierungsplans für anstehende Investitionen
(5) Zusammenfassung eines bestimmten Tätigkeitsspektrums zum Aufgabengebiet einer Stelle

Aufgabe 212

Ordnen Sie drei der folgenden Organisationsformen der passenden Definition zu.

(1) Einliniensystem
(2) Mehrliniensystem
(3) Stabliniensystem
(4) Matrixorganisation
(5) Spartenorganisation

Relativ homogene Produkte bzw. Produktgruppen werden eigenverantwortlich nach dem Objektprinzip zusammengefasst. ☐

Für jede Stelle gibt es genau eine Stelle, die Weisungen erteilt. ☐

Den in Linien organisierten Instanzen werden zu ihrer Entlastung Stellen zugeordnet, die keine Weisungsbefugnis haben. ☐

Aufgabe 213

Welche der folgenden Aussagen über das Organigramm ist falsch?

(1) Das Organigramm zeigt den organisatorischen Aufbau eines Unternehmens.

(2) Das Organigramm ist die bildliche Darstellung des Zusammenhangs zwischen den Stellen und deren Beziehungen untereinander innerhalb eines Betriebes.

(3) Das Organigramm gibt die genauen Arbeitsanweisungen für die einzelnen Stellen an.

(4) Das Organigramm kann sowohl horizontal als auch vertikal dargestellt werden.

(5) Das Organigramm verdeutlicht den Verantwortungsbereich von einzelnen Mitarbeitenden.

2. Beschaffung (Lernfeld 6)

→ Siehe dazu auch Kapitel B.4 Lager, C.4 Kosten- und Leistungsrechnung (Handelskalkulation) und C.6 Controlling (Lagerkennzahlen)

Aufgabe 214

Sie sind als Mitarbeiter/-in der BüKo GmbH für die Warenbeschaffung zuständig. Gegenwärtig planen Sie die Anschaffung einer Schrankwand mit abschließbaren Flügeltüren, die in der Warengruppe 2 (Büroeinrichtung) ins Sortiment aufgenommen werden soll.

a) Formulieren Sie fünf Fragen, die Sie im Rahmen der Beschaffungsplanung klären müssen.

b) Ihnen liegt folgendes Angebot der Firma Smart Office Solutions GmbH vor.

Smart Office Solutions GmbH Nürnberg

Smart Office Solutions GmbH, Schwabenstraße 8, 90459 Nürnberg

BÜKO GmbH
Ludwig-Thoma-Str. 47
95447 Bayreuth

Nürnberg, 8.10.20..

Unser Angebot zu Ihrer Anfrage vom 2.10.20..

Sehr geehrte Damen und Herren,

wir bieten Ihnen aufgrund Ihrer Anfrage an:

Artikel-Nr.	Artikelbezeichnung	Einzelpreis
1987263	Schrankwand „AGIL" mit abschließbaren Flügeltüren	550,00 €

Unsere Preise gelten netto ab Lager Nürnberg. Bei Abnahme von 10 Stück gewähren wie einen Rabatt von 5 %. Die Lieferung erfolgt 5 Tage nach Auftragseingang. Für die Fracht berechnen wir pauschal 80,00 € netto.

Zahlbar innerhalb 10 Tagen unter Abzug von 2 % Skonto oder nach 30 Tagen ohne Abzug.

Die Ware bleibt bis zur vollständigen Bezahlung Eigentum der Smart Office Solutions GmbH.

Mit freundlichen Grüßen

Claudia Berner

Die Smart Office Solutions GmbH ist eine neue Anbieterin am Markt und hat die BüKo GmbH bisher noch nicht beliefert. Ermitteln Sie für eine Bestellmenge von zehn Stück den Bezugspreis für die Schrankwand. Gehen Sie davon aus, dass die BüKo GmbH Skonto in Anspruch nimmt und stellen Sie die Bezugskalkulation übersichtlich dar.

c) Neben dem Angebot der Smart Office Solutions GmbH erhalten Sie zwei weitere Angebote für eine qualitativ gleichwertige Schrankwand (jeweils mit abschließbaren Flügeltüren).

Angebot 2 (Büromöbel Hofmann GmbH): Listenpreis netto 500,00 €, 20 % Rabatt ab der Abnahme von zehn Stück, Verpackungskosten 10,00 € je Stück trägt der Kunde, Fracht 90,00 € „ab Werk" pauschal, Zahlungsbedingungen: 3 % Skonto innerhalb von acht Tagen, Zahlungsziel 30 Tage.
Hinweise aus der internen Lieferantendatei: Bei den bisher gelieferten Büromöbeln häufig verspätete Lieferung, viele Kundenreklamationen.

Angebot 3 (BMF Büromöbel KG): Listenpreis netto 590,00 €, 15 % Rabatt ab der Abnahmemenge von zehn Stück. Verpackungskosten 15,00 € je Stück trägt der Lieferer, Transportkosten 120,00 € „frei Haus", Zahlungsbedingungen: 2 % Skonto innerhalb acht Tagen, Zahlungsziel 30 Tage.
Hinweise aus der internen Lieferantendatei: Bisher immer pünktlich geliefert, keinerlei Kundenreklamationen.

Ermitteln Sie den Bezugspreis für die beiden Angebote und stellen Sie die Bezugskalkulation übersichtlich dar. Für welches der drei Angebote würden Sie sich entscheiden, wenn Sie alle Entscheidungskriterien berücksichtigen? Begründen Sie Ihre Entscheidung.

Aufgabe 215

Als Mitarbeiter/-in der Abteilung Einkauf der BüKo GmbH erhalten Sie heute vom Lager eine Bedarfsmeldung, weil für den Artikel Nr. 1483791 (Dokumentenmappe, durchschnittlicher Tagesbedarf zwei Stück, Beschaffungszeit fünf Tage) der Meldebestand erreicht wurde. Sie beschließen, zunächst den Beschaffungsmarkt zu sondieren, um ggf. eine neue Lieferfirma ausfindig zu machen.

a) Nennen Sie in sachlogischer Reihenfolge vier wesentliche Arbeitsschritte im Beschaffungsprozess, die im Rahmen der Beschaffung der Dokumentenmappen erforderlich sind.

b) Unterscheiden Sie die Begriffe „Mindestbestand", „Meldebestand" und „Höchstbestand".

c) Nennen Sie die allgemeine Formel zur Berechnung des Meldebestands und berechnen Sie den Meldebestand für die Dokumentenmappe, wenn der Mindestbestand 1 beträgt.

d) Nachdem der Meldebestand erreicht war, haben Sie eine Bestellung für die Dokumentenmappen (Art. Nr.1483791) ausgelöst. In welcher Form kann die Bestellung abgegeben werden?

e) Die Dokumentenmappen werden zur vereinbarten Lieferzeit angeliefert. Sie sind verantwortlich für den Wareneingang. Beschreiben Sie drei Tätigkeiten, die Sie im Rahmen des Wareneingangs grundsätzlich durchführen.

Aufgabe 216

Der Rollcontainer Smart Box aus dem Sortiment der BüKo GmbH zeichnet sich durch hervorragende Absatzzahlen aus. Sie sind für eine effiziente Beschaffung dieses Rollcontainers verantwortlich.

a) Ermitteln Sie aus den folgenden Angaben die optimale Bestellmenge, indem Sie die abgebildete Tabelle vervollständigen.

Jahresbedarf: 1 000 Stück

Einstandspreis: 12,50 €

Bestellkosten je Beschaffungsvorgang: 60,00 €

Lagerhaltungskosten: 1,50 € je Stück

Bestell häufigkeit	Bestell-menge (VE)	ØLagerbestand = ½ Bestell-menge (in Stk.)	Lager-haltungs-kosten pro Jahr (in €)	Bestell-kosten pro Jahr (in €)	Gesamt-kosten pro Jahr (in €)
1					
2					
4					
8					
10					

b) Erläutern Sie den zentralen Zielkonflikt in der Beschaffungsplanung.

c) Um Ihrer Aufgabe der Optimierung des Beschaffungsprozesses gerecht zu werden, greifen Sie auch auf die Artikeldatei und die Lieferantendatei der BüKo GmbH zurück. Nennen Sie jeweils zwei Informationen, die Sie dort finden.

Aufgabe 217

Die BüKo GmbH erwägt, für die Abteilung Büroeinrichtung einen neuen Schreibtisch in das Sortiment aufzunehmen. Die Konditionen des Anbieters Schneider KG, der den Schreibtisch „Ergo Office Line" anbietet, lauten wie folgt:

Listenpreis: 500,00 €, Rabatt: 10 %, Skonto: 2 % bei Zahlung innerhalb von 10 Tagen, Bezugskosten: 39,00 €

a) Stellen Sie das Kalkulationsschema für die Bezugskalkulation auf und ermitteln Sie den Bezugspreis für den Schreibtisch.

b) Neben dem Angebot der Schneider KG liegen der BüKo GmbH noch weitere Angebote verschiedener Lieferanten vor, die sich preislich auf etwa gleichem Niveau bewegen. Nennen Sie fünf Kriterien, die bei der Wahl eines Lieferanten – neben dem Bezugspreis – berücksichtigt werden sollten.

c) Bezüglich der Ermittlung des optimalen Bestellzeitpunktes wird zwischen dem Bestellrhythmusverfahren und dem Bestellpunktverfahren unterschieden. Die BüKo GmbH hat sich für das Bestellpunktverfahren entschieden. Erklären Sie die beiden Verfahren und erläutern Sie anhand von zwei Argumenten, warum sich die BüKo GmbH für das Bestellpunktverfahren entschieden hat.

d) Nach reiflicher Überlegung entscheidet sich die BüKo GmbH, den Schreibtisch bei der Schneider KG zu bestellen. Durch ein verbindliches Angebot des Lieferanten und die Bestellung des Kunden ist hier ein rechtsgültiger Kaufvertrag zustande gekommen. Nennen Sie drei Formulierungen in Angeboten, die dazu führen, dass das Angebot im Hinblick auf seine rechtliche Verbindlichkeit eingeschränkt bzw. rechtlich unverbindlich wird.

Aufgabe 218

Als Mitarbeiter/-in der BüKo GmbH gehört es u. a. zu Ihren Aufgaben, Prozesse zu optimieren und auf der Grundlage der Daten des ERP-Systems (ERP = Enterprise-Resource-Planning) wirtschaftliche Überlegungen zur Sortimentsgestaltung, zu den Bestellmengen sowie zu Lagerbeständen und Lagerkosten anzustellen. Ihnen liegt der folgende Auszug der ERP-Software bezüglich der Handelsware vor:

Art. Nr.	Bruttoverkaufspreis (in €)	Bestellmenge	Bestand	Monatsabsatz	Monatsumsatz (in €)	Rohgewinn (in €)
1058	110,00	50	40	30	3 300,00	1 260,00
4214	29,90	100	42	60	1 79400	588,00
4260	199,00	25	32	10	1 990,00	930,00
4681	110,00	50	38	40	4 400,00	1 540,00
4789	69,90	160	20	90	6 291,00	2 709,00
7403	439,00	5	2	3	1 317,00	630,00
8213	59,00	100	36	60	3 540,00	1 290,00
8793	9,90	200	95	100	990,00	200,00

a) Welche zwei Produkte sind die mengenmäßigen „Renner“ und „Penner“?

b) Welche zwei Produkte sind die „Renner“ und „Penner“ hinsichtlich des Monatsumsatzes?

c) Welche zwei Produkte sind die „Renner“ und „Penner“ hinsichtlich des Rohgewinns?

d) Wodurch unterscheidet sich der Rohgewinn vom Reingewinn?

e) Für den Artikel 4789 liegen Ihnen folgende Daten vor:

Sicherheitsbestand: 10 Stück

Tagesumsatz: 3 Stück

Lieferzeit: 10 Tage

Berechnen Sie den Meldebestand.

f) Bei welchem Artikel reicht der Vorrat bei gleichbleibendem Monatsabsatz für mindestens drei Monate?

g) Bezüglich der Einstandspreise liegen Ihnen folgende Daten vor.

Artikelnummer	Einstandspreis (in €)
4214	18,90
4789	38,50
8213	39,90

Berechnen Sie für die drei Artikel jeweils den Kalkulationszuschlag und die Handelsspanne.

h) Im Rahmen Ihrer Aufgabe, die Prozesse der Warenwirtschaft zu optimieren, achten Sie im Lager auch auf einen „rationellen Warenfluss". Erläutern Sie, was damit gemeint ist.

Aufgabe 219

Sie sind in der BüKo GmbH in der Abteilung Einkauf beschäftigt. Gegenwärtig planen Sie die Beschaffung eines Aktenschranks im unteren Preissegment, der das Sortiment in der Warengruppe Büroeinrichtung erweitern soll.

a) Ihnen liegen die beiden folgenden Angebote vor.

Angebot 1 (Bürowelt Haller GmbH): Listenpreis netto 150,00 €, 10 % Liefererrabatt, Zahlungsbedingungen: 2 % Skonto innerhalb von acht Tagen, Zahlungsziel 30 Tage, Bezugskosten 5,00 €

Angebot 2 (Dorner Büroausstattung KG): Listenpreis netto 145,00 €, kein Liefererrabatt, Zahlungsbedingungen: 2 % Skonto innerhalb acht Tagen, Zahlungsziel 30 Tage, Bezugskosten 9,00 €

Ermitteln Sie den Bezugspreis für die beiden Angebote und stellen Sie die Bezugskalkulation übersichtlich dar. Gehen Sie dabei davon aus, dass die BüKo GmbH den Skontoabzug in Anspruch nimmt.

b) Nennen Sie fünf weitere Entscheidungskriterien, die neben dem Bezugspreis für die Lieferantenauswahl eine Rolle spielen.

c) Ihnen liegt folgende Kalkulation für einen Rollcontainer vor.

Listeneinkaufspreis	50,00
– Liefererrabatt (12 %)	6,00
= Zieleinkaufspreis	44,00
– Liefererskonto (3 %)	1,32
= Bareinkaufspreis	42,68
+ Bezugskosten	1,00
= Bezugspreis	43,68
+ Handlungskosten (50 %)	21,84
= Selbstkostenpreis	65,52

+ Gewinn (13 %)	8,52
= Nettoverkaufspreis	74,04
+ 19 % Umsatzsteuer	14,06
Bruttoverkaufspreis	88,10

Aufgrund der langjährigen Geschäftsbeziehungen gewährt Ihnen der Lieferant 15 % statt der bisherigen 10 % Rabatt. Der Rollcontainer soll den Kunden aber weiterhin zum bisherigen Bruttoverkaufspreis von 88,10 € angeboten werden.

c1) Ermitteln Sie den neuen Bezugspreis.

c2) Ermitteln Sie den neuen Gewinn in Euro und den neuen prozentualen Gewinnzuschlag.

Aufgabe 220

Sie sind in der BüKo GmbH die Ansprechperson für interne EDV-Probleme. Neben der Betreuung des ERP-Systems sind Sie u. a. auch für die Datensicherung zuständig. Nennen Sie fünf Aufgaben, die das ERP-System erfüllt.

Aufgabe 221

Welches Merkmal beeinflusst die Ermittlung des Bestellzeitpunktes nicht?

(1) eigene Lagerkapazität

(2) Preiserhöhung der Lieferfirma

(3) eigene Zahlungsfähigkeit

(4) Absatz in der Vergangenheit

(5) Anzahl der Lagermitarbeitenden

Aufgabe 222

Die BüKo GmbH arbeitet schon seit vielen Jahren mit einem ERP-System. Welchen Vorteil bietet die Nutzung dieses Systems?

(1) Die Lagerumschlagshäufigkeit aller Artikel erhöht sich.

(2) Die durchschnittliche Lagerdauer der Artikel verkürzt sich.

(3) Die aktuellen Lagerbestände können jederzeit direkt abgerufen und ausgewertet werden.

(4) Es ist kein Reservelager mehr notwendig.

(5) Es können dadurch keine Differenzen zu den tatsächlichen Lagerbeständen mehr auftreten.

Aufgabe 223

Wie viel Euro beträgt der Bezugspreis bei folgendem Angebot?

Menge 3 000 Stück, Preis pro 100 Stück 1 100,00 €, Mengenrabatt bei Abnahme von 3 000 Stück 10 %, Skonto 2 %, Bezugskosten pro 1 000 Stück 48,00 €

Aufgabe 224

Die BüKo GmbH hat von einem Lieferer Schreibtischlampen bezogen. Eine Stichprobenuntersuchung ergibt, dass einige Schreibtischlampen mangelhaft sind. Um die gesetzlichen Gewährleistungsansprüche aus dem Kaufvertrag nicht zu verlieren, sind nach dem Eintreffen der Lieferung bestimmte Pflichten zu erfüllen. Welche Aussage dazu ist richtig?

(1) Es besteht eine Prüfpflicht. Die gelieferten Schreibtischlampen sind innerhalb von 14 Tagen nach Art, Güte und Menge zu kontrollieren.

(2) Es besteht eine Rügepflicht im Falle von offenen Mängeln. Sie sind dem Lieferer innerhalb von sechs Monaten nach ihrer Feststellung anzuzeigen.

(3) Es besteht eine Aufbewahrungspflicht für beanstandete Schreibtischlampen.

(4) Es besteht eine Rücksendepflicht bezüglich der beanstandeten Schreibtischlampen.

(5) Es besteht eine Rügepflicht im Falle von versteckten Mängeln, die dem Lieferer unverzüglich nach ihrer Feststellung, auch noch nach Ablauf der Gewährleistungsfrist, anzuzeigen sind.

Aufgabe 225

Nachdem es bei der Lieferung von einem elektrischen Bauteil für höhenverstellbare Schreibtische immer wieder Lieferverzögerungen gegeben hat, hält die BüKO GmbH Ausschau nach neuen Lieferfirmen.

a) Nennen Sie vier Möglichkeiten, wie neue infrage kommende Lieferantinnen/Lieferanten ermittelt werden können.

b) Der Leiter der Abteilung Beschaffung schlägt vor, zukünftig die „Dual-Sourcing-Strategie“ umzusetzen. Erläutern Sie, was darunter zu verstehen ist und nennen Sie drei Vorteile und drei Nachteile dieser Strategie.

c) Die BüKo GmbH zieht auch internationale Lieferfirmen in Betracht. Nennen Sie drei Risiken, die dabei berücksichtigt werden müssen.

d) Neben der Suche nach neuen Lieferantinnen/Lieferanten prüft die BüKo GmbH auch die Möglichkeit der Eigenfertigung („make or buy“).

Dazu liegen Ihnen folgende Daten vor:

	Fixe Kosten (€ pro Jahr)	Kosten/Preis (€ pro Stück)
Eigenfertigung	30 000,00	Variable Kosten: 10,00
Fremdfertigung	2 000,00	Einstandspreis: 50,00

Berechnen Sie, ab welcher Bedarfsmenge sich die Eigenfertigung lohnen würde.

e) Um den Einkauf von Roh-, Hilfs- und Betriebsstoffen zu optimieren, beauftragt Sie Ihr Vorgesetzter eine ABC-Analyse durchzuführen. Was versteht man im Rahmen des Beschaffungsmanagements unter einer ABC-Analyse?

3. Leistungserstellung (Lernfeld 5)

Aufgabe 226

Stellen Sie die wesentlichen Merkmale der Einzelfertigung dar und nennen Sie zwei konkrete Beispiele.

Aufgabe 227

Stellen Sie die wesentlichen Merkmale der Serienfertigung dar und nennen Sie zwei konkrete Beispiele.

Aufgabe 228

Stellen Sie die wesentlichen Merkmale der Massenfertigung dar und nennen Sie zwei konkrete Beispiele.

Aufgabe 229

Erläutern Sie, was unter einer Werkstättenfertigung zu verstehen ist und nennen Sie jeweils zwei Vor- und Nachteile gegenüber der Fließfertigung.

Aufgabe 230

Erläutern Sie, was unter einer Reihenfertigung (auch Linienfertigung) zu verstehen ist und nennen Sie jeweils zwei Vor- und Nachteile gegenüber der Werkstättenfertigung.

Aufgabe 231

Erläutern Sie, was unter einer Fließfertigung zu verstehen ist und nennen Sie jeweils zwei Vor- und Nachteile gegenüber der Reihenfertigung.

Aufgabe 232

Was versteht man in der Produktionswirtschaft unter einem „Los"? Nennen und erläutern Sie vier Einflussgrößen auf die Losgröße.

Aufgabe 233

Definieren Sie, was unter der „optimalen Losgröße" zu verstehen ist?

Aufgabe 234

Die BüKo GmbH rechnet in diesem Jahr für den neuen Schreibtisch „Smart Solution" mit einem Absatz von 48 000 Stück. Die Lagerkosten betragen 11,00 €/Stück.

Losgröße (Stück)	Rüstkosten (in €)	Ø Lagerbestand (in Stück)	Lagerkosten (in €)	Gesamtkosten (in €)
12 000	12 000,00			
10 000	14 000,00			
8 000	18 000,00			
6 000	24 000,00			
5 000	28 800,00			
4 000	36 000,00			
3 000	48 000,00			

a) Stellen Sie mithilfe der obigen Tabelle fest, bei welcher Menge die optimale Losgröße liegt.

b) Stellen Sie den Verlauf der Rüst-, Lager- und Gesamtkosten grafisch dar und kennzeichnen Sie die optimale Losgröße.

c) Geben Sie an, wie sich mit steigender Stückzahl pro Los die Rüstkosten pro Stück und die Lagerhaltungskosten pro Stück verhalten.

Aufgabe 235

Sie sind in der BüKo GmbH für die Planung der Fertigung von Büromöbeln verantwortlich. Aktuell planen Sie einen Großauftrag der Meier & Partner GmbH & Co. KG über 30 Rollcontainer „Manhattan". Die Erzeugnisstruktur gestaltet sich wie folgt:

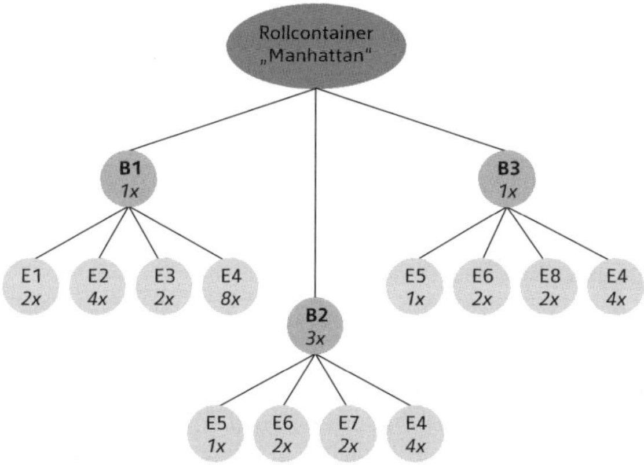

a) Ermitteln Sie den Gesamtbedarf des Bauteils E4 für den Auftrag.

b) Für die Rollcontainer der BüKo GmbH werden Stücklisten erzeugt. Nennen und erläutern Sie zwei Stücklistenarten.

c) Für die Fertigung der Rollcontainer liegen Ihnen folgende Daten vor:

Rüstzeit t_r = 480 Minuten

Ausführungszeit je Rollcontainer t_e = 175 Minuten

Ermitteln Sie die gesamte Auftragszeit in Stunden für diesen Auftrag.

d) Sie haben mit Ihrem Kunden vereinbart, dass die Rollcontainer spätestens Ende der KW 50, also am 17.12. geliefert werden. Ermitteln Sie mithilfe des abgebildeten Kalenders, zu welchem Datum Sie mit der Fertigung dieses Auftrags spätestens beginnen müssen. Gehen Sie bei Ihren Berechnungen von fünf Arbeitstagen pro Woche und einer täglichen Arbeitszeit von 7,5 Stunden aus.

Kalenderauszug

Dezember

	M	D	M	D	F	S	S
48	29	30	1	2	3	4	5
49	6	7	8	9	10	11	12
50	13	14	15	16	17	18	19
51	20	21	22	23	24	25	26
52	27	28	29	30	31	1	2
1	3	4	5	6	7	8	9

Aufgabe 236

Sie sind in der Arbeitsvorbereitung der BüKo GmbH beschäftigt und planen die Fertigung von 50 Schreibtischen „Smart Solution".

a) Die Herstellung der Schreibtische erfolgt innerhalb der Reihenfertigung parallel. Erläutern Sie den Vorteil der parallelen Fertigung bei der Produktion der Schreibtische.

b) Neben der Fertigungsorganisation mittels einer Reihenfertigung wäre der Einsatz einer Fließbandfertigung denkbar. Erläutern Sie einen Unterschied dieser beiden Fertigungsorganisationen und nennen Sie vier Vorteile der Fließbandfertigung aus Sicht des Unternehmens.

c) Im Arbeitsplan für den Schreibtisch ist unter anderem die Rüstzeit t_r angegeben. Nennen Sie drei Beispiele für Tätigkeiten, die bei dem Arbeitsvorgang „Sägen der Tischplatte" als Rüstzeiten anfallen könnten.

Aufgabe 237

Sie sind in der Fertigungsplanung der BüKo GmbH für die Abwicklung des Fertigungsauftrags für den Schreibtisch „Smart Solution“ verantwortlich. Nach Ermittlung der tatsächlich benötigten Auftragszeit stellen Sie fest, dass für diesen Auftrag vier Stunden mehr benötigt wurden als eingeplant. Nennen Sie zwei mögliche Ursachen für die Überschreitung der Arbeitszeit gemäß Arbeitsplan.

Aufgabe 238

Die BüKo GmbH hat im abgelaufenen Kalenderjahr jeweils monatlich in Einzellosen das Fußkreuz für die folgenden drei Bürostühle produziert:

1 000 Stück für den Besucherstuhl „Welcome“ (Art.Nr. 267-203/3)

3 000 Stück für den Drehstuhl „Comfort“ (Art.Nr. 267-206/8) und

2 000 Stück für den Freischwinger „Flexible“ (Art.Nr. 267-207/3).

Für die genannten Produktteile sind die folgenden Kosten angefallen:

Art.-Nr.	Materialkosten (in €)	Fertigungskosten (in €)	Loswechselkosten (in €)
267-203/3	25,00	23,00	1 440,00
267-206/8	40,00	26,00	1 485,00
267-207/3	27,00	23,00	607.50

Die Kostenrechnung kalkuliert mit einem Lagerkostensatz von 12 % und einem Lagerzinssatz von 6 %.

a) Überprüfen Sie, ob man bei den einzelnen Produktteilen optimale Losgrößen aufgelegt hat.

b) Erläutern Sie jeweils drei Einflussgrößen auf die auflagefixen Kosten und auf die auflagevariablen Kosten.

c) Beschreiben Sie anhand von drei konkreten Beispielen, wie eine Abweichung von der optimalen Losgröße zustande kommen kann.

Aufgabe 239

Bei der Planung von Fertigungsaufträgen kommt es häufig zu einem „Lossplitting“, gelegentlich aber auch zu einer „Losraffung“. Erläutern Sie die beiden Begriffe und nennen Sie jeweils ein Beispiel, wann diese Vorgehensweise zweckmäßig erscheint.

Aufgabe 240

Die BüKo GmbH plant im Bereich der Produktion von Schreibtischen eine Rationalisierungsmaßnahme. Dazu sollen die vorhandenen Arbeitsplätze modernisiert werden. Bisher wurden mit einem Kapitaleinsatz von 650 000,00 € in 1 920 Stunden/Monat 62 500 Stück gefertigt. Durch die Modernisierung erhöht sich der Kapitaleinsatz um 200 000,00 € und es wird eine Erhöhung der Ausbringungsmenge um 12 % bei gleichbleibendem Volumen der Arbeitsstunden erwartet.

a) Erläutern Sie zwei mögliche Überlegungen, die zur Planung einer Rationalisierungsmaßnahme im Bereich der Schreibtischherstellung führten.

b) Berechnen Sie die Arbeitsproduktivität vor und nach der Rationalisierung.

c) Neben der Modernisierung gibt es noch weitere Möglichkeiten der Rationalisierung. Nennen Sie zwei weitere Ziele der Rationalisierung und erläutern Sie die zur Zielerreichung erforderlichen Maßnahmen am Beispiel der Produktion der Schreibtische.

Aufgabe 241

Um Herstellkosten zu sparen, überlegt die Geschäftsleitung der BüKo GmbH, mehrere Vorprodukte, die bisher selbst produziert oder in Deutschland gefertigt wurden, zukünftig aus China zu beziehen. Erläutern Sie drei Aspekte, die bei dieser Entscheidung abgewogen werden müssen.

Aufgabe 242

In der BüKo GmbH ist es in den letzten Monaten in der Fertigung des Schreibtisches „Smart Solution" vermehrt zur Produktion von Ausschuss gekommen. Erläutern Sie drei mögliche Folgen für die BüKo GmbH.

Aufgabe 243

In der BüKo GmbH wird überlegt, die bisherigen Stichprobenkontrollen zur Qualitätskontrolle in der Fertigung durch 100 %-Kontrolle zu ersetzen. Nennen Sie zwei Vor- und zwei Nachteile der 100 %-Kontrolle.

4. Lager (Lernfeld 6)

→ *Siehe dazu auch Kapitel C.6 Controlling (Lagerkennzahlen)*

Aufgabe 244

Nennen und erläutern Sie drei Aufgaben der Lagerhaltung.

Aufgabe 245

Die Vorratshaltung von Roh-, Hilfs-, Betriebsstoffen und Handelswaren birgt bestimmte Risiken. Nennen Sie drei konkrete Beispiele für solche Lagerrisiken.

Aufgabe 246

Wodurch unterscheidet sich der Meldebestand vom Mindestbestand? Wie wird der Meldebestand berechnet?

Aufgabe 247

Nennen Sie fünf konkrete Beispiele für Kosten, die durch die Lagerhaltung entstehen.

Aufgabe 248

Definieren Sie die folgenden Lagerkennzahlen:

- durchschnittlicher Lagerbestand
- Umschlagshäufigkeit
- durchschnittliche Lagerdauer
- Lagerzinssatz
- Lagerzinsen

Aufgabe 249

Die Abteilung „Büroeinrichtung" der BüKo GmbH arbeitet gerade an ihrer Einkaufsplanung für die kommende Einkaufsperiode. Dazu sollen im Rahmen des Beschaffungscontrollings verschiedene Auswertungen vorgenommen werden. Ihnen liegen folgende Daten vor:

Nettoumsatz: 980 000,00 €

Handelsspanne: 40 %

Lagerumschlagshäufigkeit: 3

Vorhandener Lagerbestand (Anfangsbestand): 140 000,00 €

a) Ermitteln Sie den geplanten Wareneinsatz.

b) Berechnen Sie den durchschnittlichen Lagerbestand.

c) Der vorhandene Lagerbestand hat einen Wert von 140 000,00 € (Anfangsbestand). Welcher Lagerbestand muss am Ende der kommenden Einkaufsperiode (Endbestand) erreicht werden, um zu dem in Aufgabe b) berechneten durchschnittlichen Lagerbestand zu gelangen?

d) Ermitteln Sie, welcher Mehrbestand an Waren – auf der Grundlage der Ergebnisse von Aufgabe c) – vorliegt.

e) Nennen Sie drei Nachteile eines hohen Lagerbestandes.

f) Im Rahmen einer permanenten Inventur werden Inventurdifferenzen festgestellt. Zeigen Sie drei mögliche Ursachen auf.

Aufgabe 250

Welche zwei Bedingungen müssen erfüllt sein, um von einem optimalen Lagerbestand sprechen zu können? Worin liegt die besondere Schwierigkeit, diesen optimalen Lagerbestand zu erreichen?

Aufgabe 251

Lagerbestände werden oftmals auch als „totes Kapital" bezeichnet. Erläutern Sie, was mit diesem Begriff gemeint ist.

Aufgabe 252

Ein Lieferant teilt Ihnen mit, dass sich die Lieferfrist für einen Artikel auf fünf Tage verkürzt. Welche Angabe sollten Sie ändern?

(1) Mindestbestand

(2) durchschnittliche Lagerdauer

(3) Soll-Bestand

(4) „eiserner" Bestand

(5) Meldebestand

Aufgabe 253

Welche der folgenden Aussagen über die Entwicklung der Lagerkosten ist zutreffend?

(1) Je niedriger der Kapitaleinsatz, desto höher sind die Lagerkosten.

(2) Je höher die Lagerumschlagshäufigkeit, desto niedriger sind die Lagerkosten.
(3) Je höher der Mindestbestand, desto niedriger sind die Lagerkosten.
(4) Je höher die Umsatzsteuer, desto höher sind die Lagerkosten.
(5) Je höher die durchschnittliche Lagerdauer, desto niedriger sind die Lagerkosten.

Aufgabe 254

Welche Auswirkung kann es für die BüKo GmbH haben, wenn sich die Lieferzeit für einen Artikel unvorhergesehen verlängert?

(1) Die Kapitalkosten erhöhen sich.
(2) Da die durchschnittliche Lagerdauer steigt, sinken die Lagerzinsen.
(3) Der Mindestbestand wird unterschritten, bevor die neue Lieferung kommt.
(4) Der Mindestbestand wird später erreicht.
(5) Die durchschnittliche Lagerdauer erhöht sich.

Aufgabe 255

Die BüKo GmbH plant, ihr Produktionsprogramm um das Produkt „Besucher Sitzgruppe Eleganta“ zu erweitern. Zu diesem Zweck wird für das neue Produkt mit einem durchschnittlichen Lagerbestand von 40 Produkten gerechnet. Pro Produkt werden zehn Quadratmeter Lagerfläche (also insgesamt 400 m²) benötigt.

Darüber hinaus liegen Ihnen folgende Daten vor:

	Fixe Kosten (€ pro Jahr)	Variable Kosten (€ pro m² Lagerfläche)
Eigenlagerung	12 000,00	25,00
Fremdlagerung	–	50,00

a) Berechnen Sie die kritische Lagerfläche, also die Lagerfläche, bei der die Eigenlagerung und Fremdlagerung die exakt gleichen Kosten verursachen.

b) Welche Lagerung empfehlen Sie für das neue Produkt? Begründen Sie Ihre Entscheidung.

5. Absatz (Lernfeld 10)

Aufgabe 256

Die Geschäftsleitung der BüKo GmbH hat sich zum Ziel gesetzt, neue Märkte für die eigene Herstellung von Büromöbeln zu erschließen. Nachdem sich das Unternehmen bisher auf das Firmenkundengeschäft konzentriert hat, ist nun eine Ausweitung der Aktivitäten auf den Privatkundenbereich geplant.

Die BüKo GmbH will einen neuen Schreibtisch (Arbeitstitel „Smart Solution") entwickeln, der im Niedrigpreissegment angesiedelt ist und speziell die Zielgruppe Schülerinnen/Schüler, Auszubildende, Studierende anspricht. Um ein wettbewerbsfähiges Produkt zu entwickeln und anschließend die Marketinginstrumente zielgerichtet einsetzen zu können, braucht das Unternehmen Informationen über den potenziellen Absatzmarkt. Im Rahmen der Marktforschung soll eine Primärforschung durchgeführt werden. Sie werden daher beauftragt, einen Fragebogen für eine schriftliche Befragung zu entwickeln.

a) Beschreiben Sie den Einsatz der vier Instrumente Marktforschung, Marktanalyse, Marktbeobachtung und Markterkundung am konkreten Beispiel.

b) Im Rahmen der Marktforschung wird zwischen Primärforschung und Sekundärforschung unterschieden. Unterscheiden Sie die beiden Begriffe und erläutern Sie zwei Vorteile, die die Primärforschung gegenüber der Sekundärforschung bietet.

c) Die BüKo GmbH entschließt sich, eine schriftliche Befragung durchzuführen. Unterscheiden Sie drei grundsätzliche Fragearten und erläutern Sie diese jeweils anhand eines konkreten Beispiels.

d) Formulieren Sie sechs konkrete Fragen für den Fragebogen.

e) Definieren Sie, was unter „repräsentativen Daten" zu verstehen ist und erläutern Sie deren Bedeutung im Rahmen der Marktforschung.

Aufgabe 257

Aus der Verkaufsstatistik der BüKo GmbH ist herauszulesen, dass die Absatzzahlen im letzten Jahr in der Warengruppe Bürotechnik um ca. 40 % eingebrochen sind. Um die Situation zu verbessern, soll zunächst Marktforschung betrieben und anschließend das Marketingkonzept entsprechend überarbeitet und optimiert werden.

a) Im Rahmen der Marktforschung wird zwischen Marktanalyse und Marktbeobachtung unterschieden. Definieren Sie die beiden Begriffe.

b) Nennen Sie vier Informationen, die Sie durch die Marktforschung gewinnen können.

c) Um ein neues Werbekonzept für den Bereich der Bürotechnik zu entwickeln, entscheidet sich die Geschäftsführung der BüKo GmbH dafür, eigens eine Werbeagentur zu beauftragen. Nennen Sie zwei Gründe, die dafür sprechen, eine Werbeagentur zu beauftragen.

d) Nennen und erläutern Sie fünf Aspekte, die im Rahmen der Werbeplanung zu berücksichtigen sind.

e) Nach Durchführung einer von der Werbeagentur konzipierten Werbeaktion soll deren Erfolg ermittelt werden. Geben Sie drei Kennzahlen an, die Aufschluss über den Erfolg der Werbeaktion geben können.

f) Erläutern Sie, warum die Ermittlung des Werbeerfolgs auf der Grundlage von Kennzahlen nur einen begrenzten Aussagegehalt hat.

Aufgabe 258

Der Taschenrechner „Calculator", der in der Warengruppe Bürotechnik der BüKo GmbH angeboten wird, befindet sich innerhalb seines Produktlebenszyklus in der Degenerationsphase (Rückgangsphase).

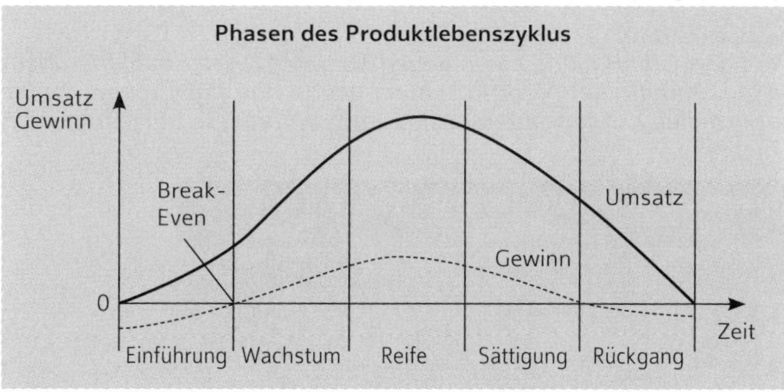

a) Beschreiben Sie zwei Merkmale der Degenerationsphase.

b) Eine Einordnung des Taschenrechners „Calculator“ in die Portfolio-Matrix ergibt, dass dieses Produkt im letzten Geschäftsjahr noch als „Cash Cow“ eingeschätzt wurde, sich mittlerweile jedoch zum „Poor Dog“ entwickelt hat. Definieren Sie jeweils anhand der Merkmale Marktanteil und Marktwachstum, wodurch „Cash Cows“ und „Poor Dogs“ gekennzeichnet sind.

c) Schlagen Sie zwei Maßnahmen vor, wie die BüKo GmbH in dieser Phase sinnvoll vorgehen könnte.

d) Nennen Sie die vier weiteren Phasen des Produktlebenszyklus.

Aufgabe 259

In der BüKo GmbH ist die Nachfrage nach dem Schreibtisch „Elegance“ massiv eingebrochen. Daher sollen die Marketing-Aktivitäten deutlich intensiviert werden.

a) Nennen Sie die vier Elemente des Marketingmix und erläutern Sie diese jeweils kurz.

b) Nennen Sie vier Gestaltungsbereiche der Produktpolitik.

c) Neben den produktpolitischen Maßnahmen sollen auch im Bereich der Kommunikations- und Distributionspolitik Maßnahmen ergriffen werden. Stellen Sie die konkreten Anknüpfungspunkte in der Kommunikations- und der Distributionspolitik dar.

Aufgabe 260

Die BüKo GmbH plant, einen neuen Konferenztisch am Markt anzubieten. Mithilfe der Marktforschung wurde das Nachfrageverhalten potenzieller Kunden untersucht. Die Marktanalyse zeigt folgendes Ergebnis.

Interessent	Nachfragemenge (in Stück)	Maximaler Preis (€/Stück)
A	560	1 200,00
B	480	1 100,00
C	400	1 000,00
D	320	900,00

Die BüKo GmbH entschließt sich, den Konferenztisch zu einem Preis von 1 100,00 €/Stück anzubieten.

Ermitteln Sie,

a) wie viel Stück die BüKo GmbH zu einem Preis von 1 100,00 €/Stück insgesamt verkaufen könnte.

b) welchen Umsatz die BüKo GmbH zu einem Preis von 1 100,00 €/Stück insgesamt erzielen würde.

Aufgabe 261

Als Mitarbeiter/-in der Abteilung Verkauf analysieren Sie die Absatzstatistik der BüKo GmbH. Dabei fällt Ihnen auf, dass die Absatzzahlen des Konferenztisches Konzentra im letzten Quartal gegenüber dem vorletzten Quartal leicht rückläufig sind. Der Konferenztisch soll weiterhin am Markt angeboten werden. Ziel der BüKo GmbH ist eine weitere Steigerung des Absatzes des Konferenztisches Konzentra.

Welche der folgenden Maßnahmen ist in dieser Situation zweckmäßig?

(1) Abbau von Personal

(2) Umstellung des Produktionsverfahrens auf Fließbandfertigung

(3) Preissenkung (zeitlich befristet)

(4) Reduzierung der Werbeaktivitäten

(5) horizontale Produktdiversifikation

Situation zur Aufgabe 262

Die BüKo GmbH bietet u. a. den Besprechungsstuhl Effekta an. Mit diesem Produkt steht sie im unmittelbaren Wettbewerb mit den Konkurrenzunternehmen Meier OHG, Hausmann KG und Hofmann GmbH, die ein sehr ähnliches Produkt anbieten. Die gesamte Aufnahmefähigkeit des Marktes beträgt für dieses Produkt 2 000 Stück pro Geschäftsjahr.

Für den Besprechungsstuhl Effekta und die gleichwertigen Konkurrenzprodukte liegen folgende Daten für das abgelaufene Geschäftsjahr vor:

Unternehmen	Absatz (in Stück)	Umsatz (in €)
Meier OHG	600	117 000,00
Hausmann KG	400	88 000,00
Hofmann GmbH	200	48 000,00
BüKo GmbH	500	100 000,00

Aufgabe 262

a) Ermitteln Sie den Sättigungsgrad des Marktes im abgelaufenen Geschäftsjahr in Prozent.

b) Ermitteln Sie den durchschnittlichen Verkaufspreis der vier Anbieterinnen (gewogener Durchschnitt).

c) Ermitteln Sie, um wie viel Prozent der Verkaufspreis der BüKo GmbH niedriger war als der in Aufgabe a) ermittelte durchschnittliche Verkaufspreis (auf zwei Nachkommastellen gerundet).

Aufgabe 263

Erläutern Sie, warum auf der folgenden Ausgangsrechnung der BüKo GmbH keine Umsatzsteuer ausgewiesen ist (siehe Beleg).

BüKo GmbH
Ludwig-Thoma-Str. 47
D 95447 Bayreuth

Birthe Swanson
Fantoftveien 23
N-5072 Bergen

Rechnung-Nr. 1600145

Artikel-Nr.	Artikel	Menge	Einzelpreis in EUR	Gesamtpreis in EUR
102345	Regalsystem	20	234,00	4 680,00
Verpackung				100,00
Gesamtsumme				**4 780,00**

USt-Id-Nr. DE 143345237

Aufgabe 264

Die Geschäftsführung der BüKo GmbH hat sich zum Ziel gesetzt, das Exportgeschäft auszuweiten. Stellen Sie drei grundsätzliche Risiken des Exportgeschäfts dar und erläutern Sie jeweils, wie dem Risiko sinnvoll begegnet werden kann.

Aufgabe 265

Bei Exportgeschäften der BüKo GmbH sind sogenannte Incoterms Bestandteil der Kaufverträge.

a) Erläutern Sie, was unter Incoterms zu verstehen ist und welchem Zweck sie dienen.

b) Definieren Sie die Incoterms® EXW, FCA, CPT, CIP, DAP, DPU. DDP, FOB, CFR und CIF jeweils im Hinblick auf die Pflichten der Kaufenden und der Verkaufenden (Lieferung und Risikoübergang).

Aufgabe 266

Die BüKo GmbH will ein Exportgeschäft mit einem türkischen Großkunden mit einem Akkreditiv absichern. Erläutern Sie, was unter einem Akkreditiv zu verstehen ist und stellen Sie den Ablauf grafisch dar.

Aufgabe 267

Die Geschäftsleitung der BüKo GmbH steht vor der Entscheidung, entweder Handelsvertreter/-innen oder Handlungsreisende einzusetzen. Für die Handlungsreisenden muss sie monatlich insgesamt 20 000 EUR Fixum zahlen. Die Handlungsreisenden erhalten 4 % Umsatzprovision, die Handelsvertreter/-innen 9 %. Der erwartete Monatsumsatz beträgt durchschnittlich 500 000,00 EUR.

„Incoterms®" ist eine eingetragene Marke der Internationalen Handelskammer (ICC). Incoterms®2020 ist einschließlich aller seiner Teile urheberrechtlich geschützt. Die ICC ist Inhaberin der Urheberrechte an den Incoterms®2020. Bei den vorliegenden Ausführungen handelt es sich um inhaltliche Interpretationen zu den von der ICC herausgegebenen Lieferbedingungen durch die Autoren. Diese sind für den Inhalt, Formulierungen und Grafiken in dieser Veröffentlichung verantwortlich. Für die Nutzung der Incoterms® in einem Vertrag empfiehlt sich die Bezugnahme auf den Originaltext des Regelwerks. Dieser kann über ICC Germany unter www.iccgermany.de und www.incoterms2020.de bezogen werden.

a) Erläutern Sie den Unterschied zwischen Handlungsreisenden und Handelsvertretern/Handelsvertreterinnen an mindestens vier Merkmalen.
b) Weisen Sie rechnerisch nach, ob der Einsatz von Handlungsreisenden oder von Handelsvertretern/Handelsvertreterinnen kostengünstiger ist.
c) Ermitteln Sie rechnerisch und zeichnerisch den kritischen Umsatz.
d) Nennen Sie jeweils zwei Gründe, die – unabhängig von Kostenüberlegungen – für den Einsatz von Handlungsreisenden und für den Einsatz von Handelsvertretern/Handelsvertreterinnen sprechen.

Hinweis: Die Inhalte zu den Aufgaben 268–276 werden im Buch „Prüfungswissen kompakt Industriekaufmann/-frau“ erst ab der 8. Auflage thematisiert.

Aufgabe 268

Definieren Sie den Begriff E-Commerce und erklären Sie, was unter B2C und B2B zu verstehen ist.

Aufgabe 269

Der Anteil des E-Commerce wächst seit Jahren stetig. Nennen Sie fünf Vorteile des Onlinehandels aus Sicht der Kundinnen/Kunden.

Aufgabe 270

Nennen Sie fünf Vorteile des Onlinehandels aus Sicht der Herstellenden.

Aufgabe 271

Die BüKo GmbH entschließt sich, die eigene Internetpräsenz zu verstärken und eine komplett neu gestaltete Website zu erstellen. Dabei gilt es auch, einige rechtliche Regelungen zu beachten. Erläutern Sie, was man bei dem Betreiben einer Website unter der „Impressumspflicht“ versteht.

Aufgabe 272

Für die über das Internet abgeschlossenen Kaufverträge gelten die weitergehenden Informationspflichten für sogenannte Fernabsatzverträge. Erläutern Sie, was man bei Käufen im Internet unter der „Button-Lösung“ versteht.

Aufgabe 273

Die BüKo GmbH will neben den klassischen Marketingmaßnahmen zukünftig auch das Onlinemarketing intensivieren. Nennen Sie fünf Instrumente des Onlinemarketings.

Aufgabe 274

Die BüKo GmbH hat als neuen Distributionskanal einen Webshop eingerichtet und online gestellt. Erläutern Sie, wie die BüKo GmbH Affiliate-Marketing als Instrument des Onlinemarketings zielführend für den neuen Webshop nutzen kann.

Aufgabe 275

Die BüKo GmbH will den Erfolg ihres Onlinemarketings mithilfe von Kennzahlen analysieren. Nennen und definieren Sie fünf konkrete Kennzahlen, die hier zum Einsatz kommen könnten.

Aufgabe 276

Die BüKo GmbH will für die Abwicklung des Zahlungsvorgangs in ihrem Onlineshop neue elektronische Bezahlsysteme einführen. Nennen und erläutern Sie drei Zahlungsarten, die speziell für den Onlinehandel entwickelt wurden.

6. Personal (Lernfeld 7)

→ Siehe dazu auch Kapitel A.3 Menschliche Arbeit im Betrieb und D.1 Informationsverarbeitung (insb. Datenschutz)

Aufgabe 277

Als Mitarbeiter/-in im Bereich Personalwesen der BüKo GmbH sind Sie unter anderem für die Personalbeschaffung zuständig. Aktuell sind Sie wegen der überraschenden Kündigung des in der Einkaufsabteilung beschäftigten Sachbearbeiters Max Meyer (siehe nachfolgend stehende Abbildung) damit beschäftigt, dessen Stelle zum 01.10. d. J. neu zu besetzen. Sie hatten zu diesem Zweck eine Anzeige im „Nordbayerischen Kurier“ und bei stellenonline.de geschaltet. Von den daraufhin eingegangenen 29 Bewerbungen haben Sie sechs in die engere Wahl genommen und wollen mit diesen Interessenten ein ganztägiges Auswahlverfahren im Assessment-Center durchführen.

Max Meyer — Badstraße 32 — 95448 Bayreuth

BÜKO GmbH
Ludwig-Thoma-Str. 47
95447 Bayreuth

Eingegangen am
16. März 20..

Bayreuth, 15.03.20..

Kündigung

Sehr geehrte Damen und Herren,

hiermit kündige ich mein Arbeitsverhältnis zum nächstmöglichen Termin.

Mit freundlichen Grüßen

Max Meyer

a) Herr Meyer war zum Zeitpunkt seiner Kündigung 39 Jahre alt und seit zehn Jahren bei der BüKo GmbH beschäftigt. Für sein Ausscheiden ist die nachstehend abgedruckte gesetzliche Kündigungsregelung anzuwenden.
Bestimmen Sie den letzten Tag des Arbeitsverhältnisses von Herrn Meyer.

§ **Auszug aus dem BGB:**

§ 622 Kündigungsfristen bei Arbeitsverhältnissen

(1) Das Arbeitsverhältnis eines Arbeiters oder eines Angestellten (Arbeitnehmers) kann

mit einer Frist von vier Wochen zum Fünfzehnten oder zum Ende eines Kalendermonats

gekündigt werden.

(2) Für eine Kündigung durch den Arbeitgeber beträgt die Kündigungsfrist, wenn das

Arbeitsverhältnis in dem Betrieb oder Unternehmen

1. zwei Jahre bestanden hat, einen Monat zum Ende eines Kalendermonats,
2. fünf Jahre bestanden hat, zwei Monate zum Ende eines Kalendermonats,
3. acht Jahre bestanden hat, drei Monate zum Ende eines Kalendermonats,
4. zehn Jahre bestanden hat, vier Monate zum Ende eines Kalendermonats,
5. zwölf Jahre bestanden hat, fünf Monate zum Ende eines Kalendermonats,
6. 15 Jahre bestanden hat, sechs Monate zum Ende eines Kalendermonats,
7. 20 Jahre bestanden hat, sieben Monate zum Ende eines Kalendermonats.

b) Nach Abstimmung mit dem Betriebsrat kann Herrn Meyers Stelle gleich extern ausgeschrieben werden. Erläutern Sie zwei Vorteile und zwei Nachteile einer externen Stellenbesetzung im Vergleich zur internen Stellenausschreibung aus der Sicht der BüKo GmbH.

c) Unter Abwägung aller Gesichtspunkte entscheidet sich die BüKo GmbH für eine externe Stellenbesetzung und schaltet eine Stellenanzeige in der lokalen Tageszeitung und auf einer Onlineplattform. Erklären Sie den Unterschied zwischen einer Stellenanzeige und einer Stellenbeschreibung.

d) Als Reaktion auf die Stellenanzeige gehen bei der BüKo GmbH eine Reihe von Bewerbungen ein. Nennen Sie drei Unterlagen, die einer schriftlichen Bewerbung beigefügt sein sollten.

e) Nach einer Vorauswahl aufgrund der schriftlichen Bewerbungsunterlagen soll als letztes Auswahlverfahren ein Assessment-Center eingesetzt werden. Erklären Sie dieses Verfahren und begründen Sie zwei dafür besonders geeignete stellenbezogene Übungen.

Aufgabe 278

Sie sind in der BüKo GmbH unter anderem für die Entgeltabrechnung zuständig. Heute bearbeiten Sie u. a. die Gehaltsabrechnung der kaufmännischen Mitarbeiterin Barbara Höhn. Sie hat ein Bruttoeinkommen von 2 900,00 €. Frau Höhn ist geschieden und hat zwei Kinder, die bei ihr wohnen. Sie ist Mitglied in der katholischen Kirche.

a) Nach welcher Steuerklasse sind die Einkünfte von Frau Höhn zu versteuern?

b) Welche Abzüge sind von diesem Bruttoeinkommen abzuziehen? Geben Sie jeweils an, an wen die BüKo GmbH die entsprechenden Beträge abzuführen hat.

c) Im Rahmen der Lohnzahlungen entstehen der BüKo GmbH durch die Arbeitgeberbeiträge zur Sozialversicherung zusätzliche Kosten. Nennen Sie zwei weitere Beispiele für Lohnnebenkosten.

d) Frau Höhn war aufgrund einer Schulterverletzung im vergangenen Jahr acht Wochen am Stück krankgeschrieben. Stellen Sie dar, wer in diesem Zeitraum Zahlungen an Frau Höhn geleistet hat. Geben Sie jeweils die korrekte Bezeichnung der Zahlung an.

e) Zahlreiche Untersuchungen zeigen, dass ein zufriedenstellendes Lohnniveau für die dauerhafte Mitarbeitermotivation nicht ausreicht.
Nennen Sie vier Beispiele, wie die Leistungsbereitschaft der Mitarbeiter gesteigert werden kann.

f) Der Personalleiter äußert sich in einer Abteilungsbesprechung wie folgt: „Datensicherung und Datenschutz haben gerade für unsere Abteilung einen enormen Stellenwert!" Grenzen Sie die beiden Begriffe voneinander ab und erläutern Sie, was der Personalleiter mit seiner Aussage gemeint hat.

Aufgabe 279

Sie sind in der BüKo GmbH für die Personalbedarfsplanung und die Personalbeschaffung verantwortlich. In den letzten drei Jahren lässt sich eine stetig gestiegene Mitarbeiterfluktuation feststellen.

a) Erklären Sie, was unter dem Begriff Mitarbeiterfluktuation zu verstehen ist.

b) Nennen Sie vier mögliche Ursachen dafür, wie es zu der hohen Mitarbeiterfluktuation kommen konnte.

c) Sie haben die Aufgabe, den Netto-Personalbedarf der BüKo GmbH für das kommende Jahr zu berechnen. Stellen Sie eine Formel auf, mit der sich diese Größe ermitteln lässt.

d) Schlagen Sie drei Möglichkeiten vor, wie die BüKo GmbH benötigtes Personal beschaffen kann.

e) Sie übernehmen die Personaleinsatzplanung als zusätzlichen Aufgabenbereich. Nennen Sie vier Aspekte, die bei der Personaleinsatzplanung zu berücksichtigen sind.

Aufgabe 280

Die Geschäftsleitung der BüKo GmbH plant, in nächster Zeit ein neues Beurteilungssystem einzuführen.

a) In Zusammenarbeit mit dem Betriebsrat sollen die Beurteilungskriterien konkretisiert werden. Nennen Sie sechs mögliche Beurteilungskriterien.

b) Erläutern Sie drei Vorteile, die eine regelmäßige Beurteilung aus Sicht der BüKo GmbH haben kann.

c) Als ein Element des neuen Beurteilungssystems werden in der BüKo GmbH Zielvereinbarungsgespräche eingeführt, die alle Vorgesetzten einmal jährlich mit ihren Mitarbeitenden zu führen haben. Formulieren Sie drei Regeln für Vorgesetzte, die für die erfolgreiche Durchführung solcher Gespräche von Bedeutung sind.

Aufgabe 281

Als Mitarbeiter/-in der Personalabteilung haben Sie die Aufgabe, die Entwicklung des Krankenstandes der BüKo GmbH zu überprüfen. Der durchschnittliche Krankenstand der Mitarbeitenden hat sich im vergangenen Jahr wie folgt entwickelt (Angaben in Prozent):

Jan.	5,8	Jul.	1,7
Feb.	5,7	Aug.	1,6
Mrz.	4,3	Sep.	2,1

Apr.	4,1	Okt.	2,4
Mai	3,4	Nov.	3,9
Jun.	2,3	Dez.	4,1

a) Berechnen Sie den durchschnittlichen monatlichen Krankenstand der BüKo GmbH im vergangenen Jahr (in Prozent).

b) Beschreiben Sie den Verlauf der Krankenquote im Laufe des vergangenen Jahres. Gehen Sie dabei auch auf mögliche Ursachen für die Schwankungen ein.

c) Erläutern Sie drei mögliche betriebliche Ursachen, die zu einem Anstieg des Krankenstandes führen können.

d) Nennen Sie drei Ansatzpunkte, wie die BüKo GmbH einem hohen Krankenstand vorbeugen kann.

Aufgabe 282

In der BüKo GmbH ist die Funktion der/des Datenschutzbeauftragten intern ausgeschrieben.

a) Unter welcher Voraussetzung benötigt die BüKo GmbH eigene Datenschutzbeauftragte?

b) Erläutern Sie die Aufgabe und die Rechtsstellung einer/eines Datenschutzbeauftragten der BüKo GmbH.

Aufgabe 283

Ordnen Sie zu, indem Sie die eingerahmten Kennziffern von drei der insgesamt sechs Steuerklassen in die Kästchen bei den Arbeitsverhältnissen eintragen.

(1) Steuerklasse I

(2) Steuerklasse II

(3) Steuerklasse III

(4) Steuerklasse IV

(5) Steuerklasse V

(6) Steuerklasse VI

☐ ledige, geschiedene und verwitwete Arbeitnehmende ohne Kind

☐ verheiratete Arbeitnehmende mit einem Arbeitsverhältnis, wenn der Ehegatte keinen Arbeitslohn bezieht

☐ für jedes zweite Dienstverhältnis und weitere gleichzeitig bestehende Dienstverhältnisse der Arbeitnehmenden

Aufgabe 284

Welche Tatbestände bzw. Merkmale werden bei der Berechnung des monatlichen Lohnsteuerabzuges berücksichtigt?

(1) die Beiträge und sonstigen Abgaben an die Sozialversicherungsträger

(2) die Höhe des Nettoeinkommens

(3) die Dauer der Betriebszugehörigkeit

(4) der Familienstand und die Höhe des Einkommens

(5) die Stellung im Betrieb und Unternehmen in ausführender oder leitender Funktion

Aufgabe 285

Welche der folgenden Abgaben wird von Arbeitnehmenden allein getragen?

(1) Arbeitslosenversicherungsbeitrag

(2) Rentenversicherungsbeitrag

(3) Lohnsteuer

(4) Beitrag zur gesetzlichen Krankenkasse

(5) Unfallversicherungsbeitrag

Aufgabe 286

Die BüKo GmbH sucht einen Mitarbeiter/eine Mitarbeiterin für eine frei gewordene Stelle im Außendienst (Reisende/r). Für die innerbetriebliche Stellenausschreibung zur Besetzung der Stelle einer/eines Reisenden hat ein Kollege den nachfolgend stehenden Entwurf erstellt.

An alle, die weiterkommen möchten!

Stellenbeschreibung
Für den Vertrieb wird zum 1. Oktober

ein Reisender
gesucht.

Aufgabenbereich:
Kundenbesuche zur Vertragsanbahnung und zum Vertragsabschluss im eigenen Namen und auf Rechnung der BüKo GmbH.

Anforderungen:
- Mindestalter: 30 Jahre
- selbstständige Arbeitsweise
- Organisationstalent
- Flexibilität

Wir bitten Sie, Ihre Bewerbung bis spätestens 1. Oktober in der Personalabteilung einzureichen. Die Angelegenheit wird vertraulich behandelt.

Die Personalabteilung
Jörg Meier

a) Sie sind der Auffassung, dass die im Entwurf angeführten Anforderungen an den Bewerber noch ergänzungsbedürftig sind. Nennen Sie vier weitere Anforderungen, die in dem vorstehenden Entwurf zu ergänzen sind.

b) Sie stellen fest, dass der Entwurf darüber hinaus noch sachliche/rechtliche Fehler enthält. Nennen Sie vier dieser Fehler und korrigieren Sie diese.

c) Als Mitarbeiter/-in der Personalabteilung der BüKo GmbH sind Sie nicht nur für die Personalbeschaffung, sondern auch für die Personalbedarfsplanung verantwortlich. In den letzten drei Jahren lässt sich eine stetig gestiegene Mitarbeiterfluktuation feststellen.
Erklären Sie, was unter dem Begriff Mitarbeiterfluktuation zu verstehen ist.

d) Nennen Sie vier mögliche Ursachen, wie es zu der hohen Mitarbeiterfluktuation kommen konnte.

e) Sie haben die Aufgabe, den Netto-Personalbedarf der BüKo GmbH für das kommende Jahr zu berechnen. Stellen Sie eine Formel auf, mit der sich diese Größe ermitteln lässt.

f) Erläutern Sie die Bedeutung der demografischen Entwicklung in Deutschland für die Personalplanung der BüKo GmbH. Nennen Sie zwei konkrete Maßnahmen, wie sich die BüKo GmbH vor den Folgen der demografischen Entwicklung schützen kann.

g) Auch nach der internen Stellenausschreibung kann die Stelle mangels geeigneter Bewerbender nicht besetzt werden. Die BüKo GmbH erwägt nun eine externe Personalbeschaffung. Nennen Sie vier Möglichkeiten einer solchen externen Personalbeschaffung.

Aufgabe 287

Sie sind als Mitarbeiter/-in der BüKo GmbH in der Lohnbuchhaltung eingesetzt und mit allen Aufgaben der Entgeltabrechnung betraut. Sie haben die Gehaltsabrechnung eines Facharbeiters vorzunehmen, der einen Stundenlohn von 18,50 € erhält und im abzurechnenden Monat 174 Stunden gearbeitet hat. Er bewohnt eine Werkswohnung. Die Miete dafür (550,00 €/Monat) wird unmittelbar mit dem Lohn verrechnet.

Bringen Sie die folgenden Arbeitsschritte bei der Lohnabrechnung in die richtige Reihenfolge, indem Sie die Ziffern 1 bis 5 in die Kästchen neben den Arbeitsschritten eintragen.

- ☐ Berechnung des Nettolohns
- ☐ Ermittlung des Bruttolohns
- ☐ Berechnung der gesetzlichen Abzüge
- ☐ Berechnung des auszuzahlenden Betrags
- ☐ Abzug der Miete für die Werkswohnung

Aufgabe 288

Welcher der nachstehenden Posten wird nicht vom Bruttolohn der Arbeitnehmenden abgezogen?

(1) Kirchensteuer

(2) Solidaritätszuschlag

(3) Arbeitnehmeranteil zur gesetzlichen Krankenversicherung

(4) Arbeitnehmeranteil zur gesetzlichen Pflegeversicherung

(5) Beitrag zur gesetzlichen Unfallversicherung

Situation zu den Aufgabe 289–293

Sie sind in der BüKo GmbH für die Lohn- und Gehaltsabrechnung zuständig. Gerade bearbeiten Sie die Entgeltabrechnung von Herrn Stefan Meier.

Aufgabe 289

Herr Meier möchte eine steuerpflichtige Nebentätigkeit bei einem anderen Arbeitgeber aufnehmen und bittet Sie daher um eine Lohnsteuerkarte.

Wie entscheiden Sie richtig?

(1) Sie fertigen eine Kopie der Steuerkarte an und händigen ihm das Original für den neuen Arbeitgeber aus.

(2) Sie informieren ihn, dass er beim Finanzamt eine neue Steuerkarte beantragen muss.

(3) Sie bitten ihn, bei seiner Gemeindebehörde eine zweite Lohnsteuerkarte zu beantragen.

(4) Sie fertigen eine Kopie der Steuerkarte an und geben sie Herrn Meier für den anderen Arbeitgeber mit.

(5) Sie geben ihm die Steuerkarte und bitten ihn um Rückgabe der Karte bis zum 31. Dezember d. J.

Aufgabe 290

Herr Meier erhält 17,80 € je Stunde in Lohngruppe 7. Welche Entgeltform erhält Herr Meier?

(1) Reallohn

(2) Zeitakkordlohn

(3) Zeitlohn

(4) Investivlohn

(5) Prämienlohn

Aufgabe 291

Welche Bedeutung haben die Angaben aus der Steuerkarte für Sie bei der Ermittlung der Kirchensteuer von Herrn Meier?

(1) Die Angaben auf der Lohnsteuerkarte sind bei der Ermittlung der Lohnsteuer zu berücksichtigen. Die Lohnsteuer wiederum ist die Bemessungsgrundlage für die Berechnung der Kirchensteuer.

(2) Sie müssen den konfessionsgebundenen Steuersatz von 8 % anwenden.

(3) Sie müssen die einbehaltene Kirchensteuer an die katholische Kirche abführen.

(4) Sie müssen den bundeseinheitlichen Steuersatz von 9 % anwenden.

(5) Für die Ermittlung der Kirchensteuer brauchen Sie den monatlichen Steuerfreibetrag nicht zu berücksichtigen.

Aufgabe 292

Sie ermitteln die Sozialversicherungsabzüge von Herrn Meier anhand einer Tabelle. Darin fehlen die Beiträge zur gesetzlichen Unfallversicherung. Welche Bedeutung hat dies?

(1) Die Beiträge für Herrn Meier sind im Beitrag zu dessen Krankenversicherung enthalten.

(2) Herr Meier ist für die Entrichtung der Beiträge selbst verantwortlich.

(3) Die Beiträge werden nur einmal am Jahresende ermittelt und einbehalten.

(4) Die Beiträge für Herrn Meier werden voll als Personalnebenkosten von der BüKo GmbH getragen.

(5) Herr Meier ist privat versichert. Deshalb behalten Sie keine Beiträge ein.

Aufgabe 293

Herr Maier möchte am 3. Mai wissen, wie viele Arbeitstage Urlaub ihm noch für das laufende Jahr zustehen. Insgesamt beträgt ein tariflicher Urlaubsanspruch 28 Arbeitstage pro Jahr (Arbeitszeit Montag bis Freitag).

Folgende Fehlzeiten liegen vor:

23. Januar bis 6. Februar: Tarifurlaub

5. April bis 12. April: Tarifurlaub

13. April bis 15. April: Krankenhausaufenthalt

Ermitteln Sie mithilfe des nachfolgend abgebildeten Kalenders, wie viele Arbeitstage Resturlaub ihm am 3. Mai noch zustehen.

(1) 8

(2) 11

(3) 12

(4) 13

(5) 15

Januar

KW	MO	DI	MI	DO	FR	SA	SO
01		1	2	3	4	5	6
02	7	8	9	10	11	12	13
03	14	15	16	17	18	19	20
04	21	22	23	24	25	26	27
05	28	29	30	31			

Februar

KW	MO	DI	MI	DO	FR	SA	SO
05					1	2	3
06	4	5	6	7	8	9	10
07	11	12	13	14	15	16	17
08	18	19	20	21	22	23	24
09	25	26	27	28			

März

KW	MO	DI	MI	DO	FR	SA	SO
09					1	2	3
10	4	5	6	7	8	9	10
11	11	12	13	14	15	16	17
12	18	19	20	21	22	23	24
13	25	26	27	28	29	30	31

April

KW	MO	DI	MI	DO	FR	SA	SO
14	1	2	3	4	5	6	7
15	8	9	10	11	12	13	14
16	15	16	17	18	19	20	21
17	22	23	24	25	26	27	28
18	29	30					

Mai

KW	MO	DI	MI	DO	FR	SA	SO
18			1	2	3	4	5
19	6	7	8	9	10	11	12
20	13	14	15	16	17	18	19
21	20	21	22	23	24	25	26
22	27	28	29	30			

Juni

KW	MO	DI	MI	DO	FR	SA	SO
22						1	2
23	3	4	5	6	7	8	9
24	10	11	12	13	14	15	16
25	17	18	19	20	21	22	23
26	24	25	26	27	28	29	30

Juli

KW	MO	DI	MI	DO	FR	SA	SO
27	1	2	3	4	5	6	7
28	8	9	10	11	12	13	14
29	15	16	17	18	19	20	21
30	22	23	24	25	26	27	28
31	29	30	31				

August

KW	MO	DI	MI	DO	FR	SA	SO
31				1	2	3	4
32	5	6	7	8	9	10	11
33	12	13	14	15	16	17	18
34	19	20	21	22	23	24	25
35	26	27	28	29	30	31	

September

KW	MO	DI	MI	DO	FR	SA	SO
35							1
36	2	3	4	5	6	7	8
37	9	10	11	12	13	14	15
38	16	17	18	19	20	21	22
39	23	24	25	26	27	28	29
40	30						

Oktober

KW	MO	DI	MI	DO	FR	SA	SO
40		1	2	3	4	5	6
41	7	8	9	10	11	12	13
42	14	15	16	17	18	19	20
43	21	22	23	24	25	26	27
44	28	29	30	31			

November

KW	MO	DI	MI	DO	FR	SA	SO
44					1	2	3
45	4	5	6	7	8	9	10
46	11	12	13	14	15	16	17
47	18	19	20	21	22	23	24
48	25	26	27	28	29	30	

Dezember

KW	MO	DI	MI	DO	FR	SA	SO
48							1
49	2	3	4	5	6	7	8
50	9	10	11	12	13	14	15
51	16	17	18	19	20	21	22
52	23	24	25	26	27	28	29
	30	31					

01. 01. Neujahr • 06.01. Heilige Drei Könige (in Baden-Wurtemberg. Bayern, Sachsen-Anhalt) • 29.03. Karfreitag • 01.04. Ostermontag • 01.05. Tag der Arbeit • 09.05. Christi Himmelfahrt 20.05. Pfingstmontag • 30.05. Fronleichnam (in Baden-Württemberg, Bayern, Hessen, Nordrhein-Westfalen, Rheinland-Pfalz, Saarland) • 15.08. Maria Himmelfahrt (in Bayern, Saarland) 03.10. Tag der Deutschen Einheit • 31.10. Reformationstag (in Mecklenburg-Vorpommern, Brandenburg. Sachsen-Anhalt. Sachsen, Thüringen) • 01.11. Allerheiligen (in Bayern, Baden-Württemberg, Rheinland-Pfalz, Nordrhein-Westfalen, Saarland) • 20.11. Büß- und Bettag (in Sachsen) • 25.12.1 .Weihnachtstag • 26.12. 2.Weihnachtstag

Aufgabe 294

Als Mitarbeiter/-in der Personalabteilung der BüKo GmbH wirken Sie bei der Besetzung einer neuen Stelle für eine Fachkraft für Arbeitssicherheit und Gesundheitsschutz mit. Nachdem eine interne Stellenbesetzung nicht möglich war, hat die Geschäftsleitung der BüKo GmbH in Abstimmung mit dem Betriebsrat eine Stellenanzeige geschaltet, um die Stelle mit einer/einem externen Bewerbenden zu besetzen.

a) Die BüKo GmbH hatte zunächst versucht, die Stelle intern zu besetzen. Erläutern Sie drei Vorteile einer internen Stellenbesetzung.

b) Nennen Sie drei Möglichkeiten, wie Sie anhand der Bewerbungsunterlagen die Eignung der Bewerbenden für die Stelle feststellen können.

c) Nachdem die interne Stellenausschreibung keine geeigneten Bewerbenden hervorgebracht hat, entscheidet sich die BüKo GmbH, auf einer Stellenplattform im Internet eine Anzeige zu schalten. Als Reaktion auf die Stellenanzeige erhält die BüKo GmbH insgesamt 19 Bewerbungen. Erläutern Sie anhand von fünf konkreten Schritten, wie das weitere Vorgehen bei der Auswahl bis zur Entscheidung für einen/eine Bewerber/-in zu gestalten ist.

d) Erläutern Sie drei konkrete Maßnahmen, die Sie von der neuen Fachkraft für Arbeitssicherheit und Gesundheitsschutz zur Verbesserung der Arbeitssicherheit in der BüKo GmbH erwarten.

Aufgabe 295

Sie sind gegenwärtig in der Personalabteilung der BüKo GmbH eingesetzt. Ihr Vorgesetzter beauftragt Sie damit, eine quantitative Personalbedarfsplanung vorzunehmen.

a) In der quantitativen Personalplanung wird zwischen Neubedarf, Zusatzbedarf und Ersatzbedarf unterschieden. Erläutern Sie die drei Begriffe.

b) Nennen Sie vier unternehmensinterne Einflussfaktoren auf die Personalplanung.

c) Die BüKo GmbH stellt u. a. zwei Regalsysteme her. Vom Regal „New Order“ sollen im Monat 500 Stück hergestellt werden, wobei der Zeitbedarf je Stück 25 Stunden beträgt. Für das Regal „Tower“ ist eine monatliche Herstellungsmenge von 150 Stück geplant. Der Zeitbedarf je Stück beträgt hier 30 Stunden. Die monatliche Arbeitszeit je Arbeitskraft beträgt 150 Stunden, der Personalausfall (Krankheit, Urlaub etc.) wird auf 10 % geschätzt.

Errechnen Sie den jeweiligen Gesamtzeitbedarf für die monatliche Produktion der beiden Regalsysteme und den Gesamtpersonalbedarf für die Produktion der beiden Produkte.

d) Welche betriebliche Maßnahme würde diese Personalbedarfsplanung unmittelbar beeinflussen?

(1) Herabsetzung der Arbeitszeit

(2) Verbesserung der Public Relations

(3) Inseratserie mit Stellenangeboten

(4) Umstellung von Einzelbüros auf Großraumbüros
(5) Einführung der Gleitzeit

Aufgabe 296

Der Lagerarbeiter Hofmann verletzte sich beim Entladen eines Lkw, der Holz angeliefert hatte. Laut ärztlicher Bescheinigung, die er einen Tag nach dem Unfall im Personalbüro vorlegt, ist er voraussichtlich vier Tage arbeitsunfähig.

Was müssen Sie bei der Bearbeitung der Meldung beachten?

(1) Sie melden den Arbeitsunfall innerhalb von sieben Tagen an die Berufsgenossenschaft.
(2) Sie sammeln die Unfallmeldungen und leiten diese am Jahresende an das Gewerbeaufsichtsamt weiter.
(3) Sie melden den Arbeitsunfall innerhalb von drei Tagen an die zuständige Berufsgenossenschaft.
(4) Sie melden den Arbeitsunfall erst, wenn der Verunglückte eine Verlängerung der Arbeitsunfähigkeit über eine Woche hinaus vorlegt.
(5) Sie melden den Unfall sofort der zuständigen Polizeibehörde.

Aufgabe 297

In der BüKo GmbH finden unterschiedliche Arbeitsentgeltformen Anwendung.

Ordnen Sie zu, indem Sie die Buchstaben von drei der insgesamt sechs Formen des Arbeitsentgeltes in die Kästchen bei den Beispielen eintragen.

(1) Provision
(2) Zeitlohn
(3) Akkordlohn
(4) Prämienlohn
(5) Erfolgsbeteiligung
(6) Fixum

Bezahlung ausschließlich nach Ist-Leistungen	☐
prozentuale Beteiligung am Umsatz	☐
Ausgabe von Belegschaftsaktien	☐

Aufgabe 298

In Ihrem Unternehmen verwalten Sie als Personalsachbearbeiter/-in die Personalakten. An welchen Grundsatz müssen Sie sich halten?

(1) Jede/-r Mitarbeitende eines Unternehmens hat das Recht, seine Personalakte einzusehen.

(2) Die Personalabteilung darf für leitende Mitarbeitende jeweils mehrere Akten anlegen.

(3) Beurteilungen dürfen nur mit Zustimmung der/des Mitarbeitenden erstellt werden.

(4) Abmahnungen dürfen nur mit Zustimmung des Betriebsrates aus der Personalakte entfernt werden.

(5) Nach Ausscheiden einer/eines Mitarbeitenden muss seine Personalakte vernichtet werden.

Aufgabe 299

Die Mitarbeiterin Theresa Zehnter ist laut einer vorliegenden ärztlichen Bescheinigung seit zwei Wochen arbeitsunfähig. Sie fragt telefonisch bei Ihnen im Personalbüro an, wie lange sie ihr Arbeitsentgelt von der BüKo GmbH bei einer eventuellen Verlängerung der Arbeitsunfähigkeit beziehen wird.

Welche Auskunft erteilen Sie ihr?

(1) Das Arbeitsentgelt wird unbegrenzt weiterbezahlt.

(2) Das Arbeitsentgelt wird vier Wochen ausbezahlt, danach erhält sie Krankengeld.

(3) Frau Heinrich erhält kein Arbeitsentgelt, sondern ab dem ersten Tag Krankengeld, da ein ärztliches Attest vorliegt.

(4) Das Arbeitsentgelt wird insgesamt bis zur Dauer von sechs Wochen durch die BüKo GmbH weiterbezahlt.

(5) Nach Beendigung der Arbeitsunfähigkeit wird das Arbeitsentgelt für die gesamte Abwesenheit nachbezahlt.

Situation zu den Aufgaben 300 – 302

Sie bearbeiten in der Personalabteilung die Krankmeldungen sowie die Arbeits- und Betriebsunfälle. Darüber hinaus sind Sie für die Arbeitszeiterfassung zuständig.

Aufgabe 300

Der Mitarbeiter Thomas Schmidt ist auf dem Weg zur Kantine auf dem Firmengelände gestürzt und hat sich das rechte Bein verletzt. Vom Arzt wurde eine Arbeitsunfähigkeit für vorerst vier Tage bescheinigt. Entscheiden Sie, ob Sie den Arbeitsunfall der zuständigen Stelle melden müssen.

(1) Eine Meldung ist nur bei einem tödlichen Unfall notwendig.

(2) Eine Weitermeldung des Arbeitsunfalles kann unterbleiben, da Herr Schmidt innerhalb einer Woche die Arbeit wieder aufnimmt.

(3) Nur bei einer Arbeitsunfähigkeit von länger als sechs Wochen hat eine Meldung zu erfolgen.

(4) Die Entscheidung, ob eine Meldung erforderlich ist, trifft der Arbeitnehmer selbst.

(5) Der Arbeitsunfall muss innerhalb der vorgeschriebenen Frist der zuständigen Berufsgenossenschaft gemeldet werden.

Aufgabe 301

Welchen der folgenden Fälle müssen Sie mit dem Vermerk „betrifft den Privatbereich" zurückweisen, da es sich weder um einen Betriebs- noch um einen Arbeitsunfall handelt?

(1) Ein Mitarbeiter ist auf dem direkten Weg vom Betrieb nach Hause mit dem Fahrrad gestürzt.

(2) Ein Mitarbeiter ist im Geschäftsgebäude ausgerutscht und hat sich den Fuß gebrochen.

(3) Ein Mitarbeiter ist auf dem Weg zu einem Kunden mit dem Auto in den Graben gerutscht.

(4) Ein leitender Mitarbeiter hat mit seinem Dienstwagen in der Freizeit einen Unfall verursacht.

(5) Ein Mitarbeiter beachtet die Unfallverhütungsvorschriften nicht und stürzt vom Dach.

Aufgabe 302

Die Arbeitszeiterfassung der BüKo GmbH soll in Zukunft elektronisch erfolgen. Sie nehmen dazu personenbezogene Daten wie den Namen, den Vornamen, die Anschrift, den Einstellungsort und die Arbeitszeitmodelle auf.

Welche Rechtsgrundlage müssen Sie dabei beachten?

(1) Arbeitsstättenverordnung

(2) Bundesarbeitsgesetz

(3) Arbeitszeitordnung

(4) Europäische Datenschutz-Grundverordnung (DSGVO)

(5) Tarifvertragsgesetz

Aufgabe 303

Sie sind zuständig für den Einsatz von schwerbehinderten Mitarbeitenden in der BüKo GmbH. Derzeit hat die BüKo GmbH bei durchschnittlich 140 Mitarbeitern drei schwerbehinderte Mitarbeitende.

§ **Auszug aus dem Sozialgesetzbuch (SGB) IX**

§ 71

(1) Arbeitgeber mit jahresdurchschnittlich monatlich mindestens 20 Arbeitsplätzen haben auf wenigstens 5 Prozent der Arbeitsplätze schwerbehinderte Mitarbeiter zu beschäftigen.

§ 77

(1) Die Ausgleichsabgabe wird auf der Grundlage einer jahresdurchschnittlichen Beschäftigungsquote ermittelt.

(2) Die Ausgleichsabgabe beträgt im Monat je unbesetzten Pflichtarbeitsplatz bei einer Beschäftigungsquote von Schwerbehinderten

1. Von 3 % bis Pflichtsatz von 5 %	105,00 €
2. Von 2 % bis unter 3 %	180,00 €
3. Von weniger als 2 %	260,00 €

a) Wie viele Stellen müssten bei der BüKo GmbH regulär mit schwerbehinderten Menschen besetzt werden?

b) Berechnen Sie den Betrag, den die BüKo GmbH derzeit als Ausgleichsabgabe zahlen muss.

Aufgabe 304

Aufgrund unvorhergesehener Maschinenausfälle und dadurch notwendiger Reparaturzeiten unterbricht die BüKo GmbH die Fertigung in der Produktionslinie eines Regalsystems. Aufgrund des Produktionsausfalls entscheidet die Geschäftsleitung mit Einverständnis des

Betriebsrats, die Arbeitszeit für die Monate Mai und Juni arbeitstäglich um zwei Stunden zu erhöhen. Die bisherige Arbeitszeitregelung der BüKo GmbH ist eine reguläre Arbeitszeit von Montag bis Freitag von 7:30 bis 16:00 Uhr mit einer unbezahlten Pause von 30 Minuten.

§ **Auszug aus dem Arbeitszeitgesetz**

§ 2 Begriffsbestimmungen

(1) Arbeitszeit im Sinne des Gesetzes ist die Zeit vom Beginn bis zum Ende der Arbeit ohne die Ruhepausen ...

§ 3 Arbeitszeit der Arbeitnehmer

Die werktägliche Arbeitszeit der Arbeitnehmer darfacht Stunden nicht überschreiten. Sie kann auf bis zu zehn Stunden verlängert werden, wenn innerhalb von sechs Kalendermonaten oder innerhalb von 24 Wochen im Durchschnitt acht Stunden werktäglich nicht überschritten werden.

§ 4 Ruhepausen

Die Arbeit ist durch im Voraus feststehende Ruhepausen von mindestens 30 Minuten bei einer Arbeitszeit von mehr als sechs bis neun Stunden und 45 Minuten bei einer Arbeitszeit von mehr als neun Stunden insgesamt zu unterbrechen.

Die Ruhepausen nach Satz 1 können in Zeitabschnitten von Jeweils mindestens 15 Minuten aufgeteilt werden. Länger als sechs Stunden hintereinander dürfen Arbeitnehmer nicht ohne Ruhepause beschäftigt werden.

a)

Zu welchen zwei der folgenden Maßnahmen ist die BüKo GmbH gegenüber den Mitarbeitenden verpflichtet? Berücksichtigen Sie dazu auch den Auszug aus dem Arbeitszeitgesetz.

(1) Die BüKo GmbH ist verpflichtet, die Pausen auf die Arbeitszeit anzurechnen.

(2) Die BüKo GmbH ist verpflichtet, in den Monaten Mai und Juni die täglichen Pausenzeiten um 15 Minuten zu erhöhen.

(3) Die BüKo GmbH ist verpflichtet, die in den Monaten Mai und Juni geleistete Mehrarbeit ab dem 1. Dezember wieder auszugleichen.

(4) Die BüKo GmbH ist verpflichtet, in den Monaten Juli bis Oktober die tägliche Arbeitszeit um eine Stunde herabzusetzen.

(5) Die BüKo GmbH ist verpflichtet sicherzustellen, dass die erste Pause spätestens um 13:30 Uhr genommen wird.

(6) Die BüKo GmbH ist verpflichtet, allen betroffenen Mitarbeitenden im Monat Juli und August einen Urlaub von mindestens drei Wochen am Stück zu gewähren.

b)

Um den Produktionsausfall wieder hereinzuarbeiten, sollen zusätzlich Zeitarbeitskräfte ins Unternehmen geholt werden.

Welche der folgenden Aussagen ist in diesem Zusammenhang zutreffend?

(1) Zeitarbeitskräfte müssen von der BüKo GmbH bei der Bundesagentur für Arbeit gemeldet werden.

(2) Zeitarbeitskräfte erhalten im Krankheitsfall eine Entgeltfortzahlung durch die BüKo GmbH.

(3) Zeitarbeitskräfte müssen von der BüKo GmbH bei der Rentenversicherung angemeldet werden.

(4) Zeitarbeitskräfte können nur mit Zustimmung des Betriebsrates bei der BüKo GmbH eingesetzt werden.

(5) Zeitarbeitskräfte müssen direkt von der BüKo GmbH entlohnt werden.

Aufgabe 305

Nennen und erläutern Sie kurz vier Elemente der Personalentwicklung.

Aufgabe 306

Frau Hallmann, eine Mitarbeiterin der Abteilung Buchhaltung, entscheidet sich dafür, die BüKo GmbH zu verlassen und kündigt. Welche Unterlagen müssen Sie Ihr beim Ausscheiden aushändigen.

Aufgabe 307

Erläutern Sie den Unterschied zwischen einem einfachen und einem qualifizierten Arbeitszeugnis.

7. Investition und Finanzierung (Lernfeld 11)

Aufgabe 308

Unterscheiden Sie die Begriffe Außenfinanzierung, Innenfinanzierung, Eigenfinanzierung und Fremdfinanzierung.

Aufgabe 309

Was versteht man unter einem Kontokorrentkredit?

Aufgabe 310

Unterscheiden Sie drei verschiedene Darlehensarten.

Aufgabe 311

Stellen Sie den Kreditkauf dem Leasing gegenüber, indem Sie die beiden Finanzierungsvarianten anhand von drei Aspekten vergleichen.

Aufgabe 312

In der BüKo GmbH ist die Anschaffung einer neuen Produktionsmaschine erforderlich. Bei einer Diskussion um die Finanzierung der Maschine wird die Selbstfinanzierung vorgeschlagen.

Welche der folgenden Maßnahmen entspricht diesem Vorschlag?

(1) Finanzierung über ein Bankdarlehen

(2) Finanzierung über einen Kredit von einem privaten Kreditvermittler

(3) Leasing

(4) Erhöhung der Kommanditeinlagen

(5) Verzicht auf Ausschüttung eines Teils des Gewinns

Aufgabe 313

Zur Finanzierung des Kaufs eines neuen Lkws erhält die BüKo GmbH einen Kredit von ihrer Hausbank. Dabei behält diese den Kfz-Brief als Kreditsicherheit ein. Um welche Art von Kreditsicherung handelt es sich hier?

(1) Hypothek
(2) Sicherungsübereignung
(3) Grundschuld
(4) Eigentumsvorbehalt
(5) Factoring

Aufgabe 314

Das Darlehen für den Bau der Lagerhalle wird mit einer Grundschuld gesichert. Welche Aussage zur Grundschuld ist zutreffend?

(1) Die Grundschuld ist beim Amtsgericht Bayreuth zu melden.
(2) Eine Grundschuld kann nur für eine juristische Person eingetragen werden.
(3) Die Grundschuld belastet das Vermögen der BüKo GmbH.
(4) Die Grundschuld muss ins Grundbuch eingetragen werden.
(5) Die Grundschuld muss in das Handelsregister eingetragen werden.

Aufgabe 315

Der geschäftsführende Gesellschafter stellt den Vorschlag in den Raum, einen Teil des Jahresgewinns nicht an die Gesellschafter auszuschütten, sondern im Unternehmen zu belassen.

Um welche Finanzierungsart würde es sich in diesem Fall handeln?

(1) Finanzierung aus Rückstellungen
(2) Finanzierung aus Rücklagen
(3) Beteiligungsfinanzierung
(4) Selbstfinanzierung
(5) Fremdfinanzierung

Aufgabe 316

Der Abteilungsleiter Rechnungswesen/Controlling gibt den Hinweis, den ohnehin schon hohen Fremdkapitalanteil nach Möglichkeit nicht weiter zu erhöhen. Welche der folgenden Finanzierungsarten würde zu einer Erhöhung des Fremdkapitalanteils führen?

(1) Factoring
(2) Leasing

(3) Darlehen

(4) Beteiligungsfinanzierung

(5) Selbstfinanzierung

Aufgabe 317

Welchen Vorteil hätte es, wenn die BüKo GmbH die CNC-Maschine nicht kauft, sondern sich stattdessen für Leasing entscheidet.

(1) uneingeschränkte Verfügungsgewalt

(2) geringere Einschränkung der Liquidität

(3) Erhöhung der Bilanzsumme

(4) Erwerb des Eigentums an der CNC-Maschine

(5) keine monatlichen Kosten

C

KAUFMÄNNISCHE STEUERUNG UND KONTROLLE (LF 3, 4 UND 8)

1. Aufgaben und Teilbereiche des Rechnungswesens

Aufgabe 318

Nennen Sie vier Aufgaben des Rechnungswesens und erläutern Sie diese jeweils anhand eines Beispiels.

Aufgabe 319

Nennen Sie drei Teilbereiche des Rechnungswesens.

Aufgabe 320

Erläutern Sie anhand von drei Aspekten den Unterschied zwischen internem und externem Rechnungswesen.

2. Kaufmännisches Rechnen

Aufgabe 321

20 Meter eines Stoffes kosten 40,00 €. Wie viel kosten 50 Meter?

Aufgabe 322

Sechs Mitarbeitende brauchen für Inventurarbeiten 18 Stunden. Wie lange brauchen neun Mitarbeitende?

Aufgabe 323

Sechs Mitarbeitende zählen bei der Inventur 10000 Artikel in 18 Stunden. Wie viele Stunden benötigen neun Mitarbeitende für 12500 Artikel?

Aufgabe 324

Berechnen Sie den Durchschnittspreis von Artikel A bis C.

	Preis in €
Artikel A	67,95
Artikel B	58,95
Artikel C	49,95

Aufgabe 325

Berechnen Sie den gewogenen Durchschnittspreis der Artikel.

	Preis in €	Verkaufsmenge
Artikel A	67,95	70
Artikel B	58,95	95
Artikel C	49,95	65

Aufgabe 326

Das Stadtbauamt stellt den drei Unternehmen Arner OHG, Bohr KG und CRW GmbH die Anliegerkosten von 260 000,00 € für den Straßenbau im Gewerbegebiet in Rechnung, die nach der Länge der Straßenfront im Verhältnis 6:5:2 zu verteilen sind. Wie hoch sind die Baukostenanteile der Unternehmen?

Aufgabe 327

In der Schneider KG bestehen von 20 Auszubildenden 18 die Abschlussprüfung. In der Meyer GmbH bestehen von 16 Auszubildenden 14 die Prüfung. Welches der beiden Unternehmen war erfolgreicher?

Aufgabe 328

Ein Kaufmann hat bei einem Monatsumsatz von 45 000,00 € Kosten in Höhe von 20 %. Wie viel Euro sind das?

Aufgabe 329

Familie Schmidt muss 25 % ihres Nettoeinkommens für die Miete aufbringen. Diese beträgt 850,00 € monatlich. Wie hoch ist das Nettoeinkommen der Familie Schmidt?

Aufgabe 330

Das BüKo GmbH bietet einen Schreibtisch nach einer Preiserhöhung von 4 % zum neuen Preis von 468,00 € an. Wie viel Euro betrug der ursprüngliche Preis vor der Preiserhöhung?

Aufgabe 331

Die BüKo GmbH bezahlt eine Rechnung nach Abzug von 2 % Skonto und überweist 1 254,40 €. Wie hoch war der Rechnungsbetrag?

Aufgabe 332

Die BüKo GmbH erhält folgende Warensendung:

Ware A: 120 kg zu je 12,95 € je kg

Ware B: 150 kg zu je 9,95 € je kg

Ware C: 180 kg zu je 8,95 € je kg

Für die gesamte Sendung fallen Gewichtsspesen in Höhe von 495,00 € an.

Wie viel Gewichtsspesen entfallen auf die Ware C?

Aufgabe 333

Der Verkaufspreis eines Regals betrug ursprünglich 100,00 €. Zunächst wurde der Preis um 20 % herabgesetzt. Als trotz der Preissenkung kein Verkaufserfolg erzielt wurde, entschied sich die BüKo GmbH den bereits reduzierten Preis nochmal um 30 % zu senken. Der Artikel blieb trotzdem ein Ladenhüter. Um Platz im Lager zu schaffen, wurde der bereits zweimal reduzierte Preis ein weiteres Mal um 50 % gesenkt. Erst jetzt konnte der Artikel endlich verkauft werden. Zu welchem Preis wurde die Ware zuletzt angeboten?

Aufgabe 334

In einer Abteilung der BüKo GmbH sollen im Rahmen eines Jubiläumsverkaufs umsatzbezogene Prämien bezahlt werden. Für einen Umsatz von 1 000,00 € ist eine Umsatzprämie von 24,90 € vorgesehen. Die Abteilung hat einen Umsatz von 2 639,95 € erzielt. Ermitteln Sie, wie viel Euro die Umsatzprämie in diesem Fall betragen würde.

Aufgabe 335

Aus folgenden drei Waren wird in der Süßwarenabteilung eines Warenhauses eine Mischung hergestellt.

Ware A: 15 kg zu je 9,00 €

Ware B: 9 kg zu je 8,20 €

Ware C: 7 kg zu je 9,90 €

Welchen durchschnittlichen Wert hat ein Kilogramm der Mischung?

Aufgabe 336

Ein Unternehmen hat im vorletzten Jahr mit durchschnittlich 16 Vertriebsmitarbeiter/-innen einen Umsatz von 720 120,00 €. Im darauffolgenden Jahr wurde mit durchschnittlich 14 Vertriebsmitarbeiter/-innen ein Umsatz von 700 000,00 € erzielt.

Um wie viel Prozent stieg der durchschnittliche Umsatz je Vertriebsmitarbeiter/-in? (Runden Sie das Ergebnis auf eine Stelle nach dem Komma.)

Aufgabe 337

In einer Abteilung der BüKo GmbH werden an vier Mitarbeiterinnen 1 800,00 € Treueprämie verteilt. Die Höhe der einzelnen Prämie richtet sich nach der Zahl der Jahre, die die Mitarbeiterin in der BüKo GmbH tätig war.

Frau Beetz: 20 Arbeitsjahre

Frau Dietl: 25 Arbeitsjahre

Frau Ehler: 30 Arbeitsjahre

Frau Grüb: 25 Arbeitsjahre

Wie viel Euro erhält Frau Ehler?

Aufgabe 338

Berechnen Sie die Tara in Prozent, wenn das Bruttogewicht 295 kg und die Tara 11,9 kg betragen. (Runden Sie das Ergebnis auf eine Nachkommastelle.)

Aufgabe 339

Die BüKo GmbH bezieht in einer Warensendung:

Ware A: 400 kg zu 2,00 € je kg

Ware B: 600 kg zu 2,50 € je kg

Ware C: 700 kg zu 3,00 € je kg

An Bezugskosten entstehen:

Transportversicherung: 66,00 €

Wie viel Euro Wertspesen entfallen auf die Ware C?

Aufgabe 340

Bei der BüKo GmbH erzielte eine Abteilung im vorletzten Jahr mit durchschnittlich sechs Mitarbeiter/-innen einen Umsatz von 321 296,00 €. Im darauffolgenden Jahr wurde mit durchschnittlich fünf Mitarbeiter/-innen ein Umsatz von 317 360,00 € erzielt. Um wie viel Prozent stieg der durchschnittliche Umsatz je Mitarbeiter/-in? (Runden Sie das Ergebnis auf eine Stelle nach dem Komma.)

Aufgabe 341

Nach einer Preissenkung von 5,5 % beträgt der Preis für einen Artikel 26,46 €. Wie hoch war der ursprüngliche Preis?

Aufgabe 342

Die BüKo GmbH hat zum Ausgleich einer Rechnung (Rechnungsbetrag: 4 869,48 €) ihren Kontokorrentkredit bei der Sparkasse Bayreuth zu einem Zinssatz von 8,5 % p. a. in Anspruch genommen, um den Skontoabzug wahrnehmen zu können (Zahlungsziel: 30 Tage, 8 Tage 3 % Skonto).

a) Ermitteln Sie für den beschriebenen Zahlungsvorgang den Kreditzeitraum in Tagen, der für die Bestimmung des Finanzierungserfolgs entscheidend ist.

b) Berechnen Sie die Zinsbelastung (30/360) in Euro.

c) Ermitteln Sie den Finanzierungserfolg in Euro.

3. Buchführung

Hinweis: Nutzen Sie zur Bearbeitung der Aufgaben zur Buchführung bitte den Kontenplan auf den Seiten 320 – 323 am Ende des Buches.

Aufgabe 343

Welche der folgenden Aussagen über die Inventur ist zutreffend?

(1) Bei Aufnahme eines neuen Gesellschafters in die BüKo GmbH muss eine neue Inventur erfolgen.

(2) Den genauen Termin für die Inventur erhält die BüKo GmbH vom zuständigen Finanzamt.

(3) Die Inventur findet überwiegend zum Schluss des Geschäftsjahres statt.

(4) Eine zeitnahe Inventur ist innerhalb von 20 Tagen vor oder nach dem Bilanzstichtag durchzuführen.

(5) Bei einer Inventur werden alle Vermögens- und Schuldenwerte der BüKo GmbH körperlich erfasst.

Aufgabe 344

Welcher der folgenden Vermögensteile der BüKo GmbH hat die höchste Liquidität?

(1) Betriebs- und Geschäftsausstattung

(2) Fuhrpark

(3) Forderungen

(4) Warenvorräte

(5) Bankguthaben

Aufgabe 345

Ermitteln Sie aus der nachfolgend stehenden Bilanz die Eigenkapitalquote.

(Runden Sie das Ergebnis auf eine Nachkommastelle.)

Aktiva	Bilanz		Passiva
Bebautes Grundstück	450 000,00	Eigenkapital	573 000,00
BGA	950 000,00	Darlehen	1 088 000,00
Waren	180 000,00	Verbindlichkeiten	51 000 00
Forderungen	112 000,00		
Kasse	2 000,00		
Bank	18 000,00		
	1 712 000,00		1 712 000,00

Aufgabe 346

Für die Handelswarengruppe „Schreibtischlampen" liegen Ihnen folgende Zahlen vor:

Jahresanfangsbestand: 25 755,00 €

Wareneingänge: 97 982,00 €

Inventurbestand Ende des Geschäftsjahres: 77 294,00 €

Ermitteln Sie den Wareneinsatz.

Aufgabe 347

Ihnen liegt der folgende unvollständige Auszug aus dem Hauptbuch vor.

S	Handelswaren		H
AB	58 500,00	SB	67 295,00
ER 1	13 495,00		
ER 2	76 145,00		

S	Umsatzerlöse	H
		23 450,00
		43 996,00
		44 576,00

S	Aufw. für Handelswaren	H

S	Gewinn- und Verlustrechnung (GuV)	H
	6 957,00	
	4 940,00	

S	Schlussbilanz	H

a) Ermitteln Sie den Wareneinsatz.

b) Wie hoch ist der Warenumsatz brutto (einschließlich 19 % Umsatzsteuer)?

c) Berechnen Sie den Warenrohgewinn (netto).

Aufgabe 348

Welche der folgenden Aussagen zur Inventur trifft nicht zu?

(1) Die Inventur ist die mengen- und wertmäßige Bestandsaufnahme aller Vermögensteile und Schulden zu einem bestimmten Zeitpunkt.

(2) Die Inventur wird in der Regel jährlich durchgeführt.

(3) Die Inventur ist das Bestandsverzeichnis aller Vermögensgegenstände eines Unternehmens.

(4) Die Inventur ist die Bestandsaufnahme zum Schluss des Geschäftsjahres.

(5) Eine Inventur muss bei der Gründung eines Unternehmens durchgeführt werden.

Aufgabe 349

Sie haben bei der benachbarten Metzgerei Leberl 60 „Leberkäsbrötchen" für eine Feier in Ihrer Abteilung gekauft. In der Quittung (siehe nachfolgend) weist der Metzgermeister Leberl keine Umsatzsteuer aus. Überprüfen Sie anhand des Gesetzesauszugs (siehe nachfolgend) aus der Umsatzsteuer-Durchführungsverordnung, ob Herr Leberl dazu verpflichtet ist.

Quittung

	€ in Ziffern	
Nettowert		
.............% USt		
Summe	114	00

Euro in Worten: Einhundertvierzehn — Cent wie oben

von: BüKo GmbH, Ludwig-Thoma-Str. 47, 95447 Bayreuth

für: 60 Leberkäsbrötchen à 1,90 € für Abteilungsfeier

richtig erhalten zu haben, bescheinigt hiermit dankend

Ort Bayreuth, Datum 30.03.20..

Buchungsvermerke		Stempel – Unterschrift des Empfängers
		Franz Leberl

(1) Ja, weil es sich um Lebensmittel handelt.

(2) Nein, weil die gekaufte Ware für die BüKo GmbH keine Handelsware ist.

(3) Ja, weil auf Quittungen die Umsatzsteuer ausgewiesen werden muss.

(4) Nein, weil der Betrag 250,00 € brutto nicht übersteigt.

(5) Ja, weil der Betrag über 100,00 € liegt.

§ **Gesetzesauszug aus der Umsatzsteuer-Durchführungsverordnung**

§ 33 Rechnungen über Kleinbeträge

Eine Rechnung, deren Gesamtbetrag 250,00 € nicht übersteigt, muss mindestens folgende Angaben enthalten:

1. den vollständigen Namen und die vollständige Anschrift des leistenden Unternehmers,
2. das Ausstellungsdatum,
3. die Menge und die Art der gelieferten Gegenstände oder den Umfang und die Art der sonstigen Leistung und
4. das Entgelt und den darauf entfallenden Steuerbetrag für die Lieferung oder sonstige Leistung in einer Summe sowie den anzuwendenden Steuersatz oder im Fall einer Steuerbefreiung einen Hinweis darauf, dass für die Lieferung oder sonstige Leistung eine Steuerbefreiung gilt.

Aufgabe 350

Ihnen liegt die nachfolgend abgebildete Gewinn- und Verlustrechnung vor.

Ermitteln Sie den Gewinn.

Soll	Gewinn- und Verlustrechnung (GuV)		Haben
Aufw. für Handelswaren	2 480 153,00	Umsatzerlöse	3 298 142,00
Personalaufwand	550 781,00		
Werbeaufwand	105 312,00		
Aufw. für Beiträge	12 620,00		
Zinsaufwendungen	14 752,00		
Mietaufwendungen	18 000,00		
Betriebliche Steuern	13 985,00		
Gewinn	?		
	3 298 142,00		3 298 142,00

Aufgabe 351

Im Rahmen der Abschlussarbeiten in der Buchhaltung werden Sie gebeten, an der Erstellung des Inventars mitzuwirken. Wie gehen Sie vor?

(1) Sie stellen alle Einnahmen und Ausgaben des Geschäftsjahres in einer tabellarischen Übersicht gegenüber.

(2) Sie erfassen die Einnahmen und Ausgaben des Geschäftsjahres und stellen diese in Kontenform dar.

(3) Sie erstellen ein ausführlich gegliedertes tabellarisches Verzeichnis des Anlagevermögens und der Schulden.

(4) Sie erfassen alle Aufwendungen und Erträge der laufenden Rechnungsperiode und stellen diese in einem tabellarischen Verzeichnis gegenüber.

(5) Sie legen ein ausführlich gegliedertes tabellarisches Verzeichnis aller Vermögens- und Schuldenwerte des Geschäftsjahres an.

Aufgabe 352

Welche der folgenden Schulden zählen zu den langfristigen Verbindlichkeiten?

(1) Verbindlichkeiten an Lieferantinnen/Lieferanten

(2) Umsatzsteuer-Zahllast

(3) Darlehen bei der Hausbank

(4) Sonstige Verbindlichkeiten gegenüber Sozialversicherungsträgem

(5) Sonstige Verbindlichkeiten gegenüber Finanzbehörden

Aufgabe 353

Ermitteln Sie aus der nachfolgenden Bilanz die Eigenkapitalquote und die Fremdkapitalquote. (Runden Sie das Ergebnis auf eine Nachkommastelle.)

Aktiva		Bilanz	Passiva
Bebautes Grundstück	580 000,00	Eigenkapital	252 000,00
BGA	850 000,00	Darlehensschulden	1 135 000,00
Waren	95 000,00	Verbindlichkeiten	189 000,00
Forderungen	32 000,00		
Kasse	3 000,00		
Bankguthaben	16 000,00		
	1 576 000,00		1 576 000,00

Aufgabe 354

Welche der folgenden Aussagen über die Vorsteuer ist zutreffend?

(1) Die Vorsteuer erhöht die Zahllast.

(2) Die Vorsteuer hat keinen Einfluss auf die Zahllast.

(3) Die Vorsteuer ist die Umsatzsteuer, die Ihnen Ihr Lieferant in Rechnung stellt.

(4) Die Vorsteuer ist die Umsatzsteuer, die in Ihrem Verkaufspreis enthalten ist.

(5) Die Vorsteuer wird zur Mehrwertsteuer zusätzlich hinzugerechnet.

Aufgabe 355

Ihnen liegt die folgende unvollständige Gewinn- und Verlustrechnung vor. Vervollständigen Sie das Gewinn- und Verlustkonto, indem Sie den Gewinn bzw. den Verlust berechnen. (Kennzeichen Sie den Gewinn mit einem Plus bzw. den Verlust mit einem Minus.)

Soll	Gewinn- und Verlustrechnung (GuV)		Haben
Aufw. für Handelswaren	1 982 329,00	Umsatzerlöse	2 634 097,00
Personalaufwand	354 834,00		
Werbeaufwand	214 201,00		
Aufw. für Beiträge	10 923,00		
Zinsaufwendungen	19 978,00		
Mietaufwendungen	36 000,00		
Betriebliche Steuern	18 247,00		

Aufgabe 356

Für die Handelswarengruppe "Schreibtischablagesysteme" liegen Ihnen folgende Zahlen vor:

Jahresanfangsbestand: 9 988,00 €

Wareneingänge: 17 372,00 €

Inventurbestand Ende des Geschäftsjahres: 2 189,00 €

Ermitteln Sie den Wareneinsatz.

Aufgabe 357

Ihnen liegt der folgende unvollständige Auszug aus dem Hauptbuch vor.

S	Vorsteuer	H
5 854,00		756,00

S	Umsatzsteuer	H
595,00		7 896,00

Berechnen Sie auf der Grundlage der vorstehend angegebenen Zahlen die Zahllast an das Finanzamt.

Aufgabe 358

Welche Aussage über die Zahllast gegenüber dem Finanzamt ist zutreffend?

(1) Die Zahllast gegenüber dem Finanzamt ist die Summe der dem Finanzamt zu einem bestimmten Termin geschuldeten Beträge aus verschiedenen Steuerarten (z. B. Lohnsteuer, Einkommensteuer usw.).

(2) Die Zahllast gegenüber dem Finanzamt ist die Umsatzsteuer, die an das Finanzamt abzuführen ist.

(3) Die Zahllast gegenüber dem Finanzamt ist die Summe aus Umsatzsteuer und Vorsteuer eines Unternehmens.

(4) Die Zahllast gegenüber dem Finanzamt ist die Umsatzsteuer, die auf den Eingangsrechnungen ausgewiesen wird.

(5) Die Zahllast gegenüber dem Finanzamt ist die Umsatzsteuer, die auf den Ausgangsrechnungen ausgewiesen wird.

Situation zu den Aufgaben 359 – 362

Die bei einem Lieferanten in Nürnberg bestellten Bürotischleuchten sind eingetroffen. Der Warensendung ist die abgebildete Eingangsrechnung beigefügt. Sie sind in der Abteilung Rechnungswesen beschäftigt und für die Bearbeitung des Geschäftsfalls zuständig.

Hinweis: Verwenden Sie zur Bearbeitung der Aufgabe den Kontenplan auf den Seiten 320 – 323 am Ende des Buches.

Beleg zu den Aufgaben 359 – 362

Lichttechnik GmbH

Lichttechnik GmbH – Austraße 18 – 90429 Nürnberg

BüKo GmbH
Ludwig-Thoma-Straße 47
95447 Bayreuth

Austraße 18
90429 Nürnberg

Telefon: 0911 684138-0
Telefax: 0911 684138-210

Eingegangen am
10. November 20..
BüKo GmbH

Rechnung

Rechnungs-Nummer 911368	Kunden-Nr. 24307	Rechnungsdatum 08.11.20..
Ihre Auftrags-Nummer 88389	Ihr Auftragsdatum 30.10.20..	Unsere Lieferung vom 06.11.20..

Pos.	Artikelnummer	Artikelbezeichnung	Stück	Einzelpreis €	Gesamtpreis €
1	512560	Bürotischleuchte Verpackungspauschale	700	25,50	17850,00 150,00
				Nettobetrag + 19 % Umsatzsteuer	18000,00 3420,00
				Rechnungsbetrag brutto	21420,00

Bei Zahlung innerhalb von zehn Tagen ab Rechnungsdatum mit 2 % Skonto, innerhalb von 30 Tagen netto

USt-IdNr.: DE765287986, Steuer-Nr.: 897/211/38965

Bankverbindung: Sparkasse Nürnberg, IBAN DE68 7605 0101 0101 1125 64

Aufgabe 359

Wie müssen Sie die Eingangsrechnung (Re.-Nr. 911368) kontieren? Tragen Sie die zutreffenden Kontennummern in die Kästchen ein.

Soll					Haben

Aufgabe 360

Warum bezahlen Sie die Eingangsrechnung der Lichttechnik GmbH innerhalb der Skontofrist?

(1) Dies führt zu einem Skontoertrag in Höhe von 350,00 €.

(2) Der gewährte Skontosatz von 2 % entspricht einem Jahreszinssatz von ca. 24 %.

(3) Der gewährte Skontosatz von 2 % entspricht einem Jahreszinssatz von ca. 36 %.

(4) Der gewährte Skontosatz von 2 % entspricht einem Jahreszinssatz von ca. 90 %.

(5) Der Überweisungsbetrag bei Abzug von Skonto beträgt 21 845,00 €.

Aufgabe 361

Die Selbstkosten der Bürotischleuchten pro Stück betragen 35,00 €. Für einen Einzelauftrag sollen Sie den Angebotspreis ermitteln. Wie hoch ist der Nettoverkaufspreis, wenn 20 % Gewinn und 20 % Kundenrabatt zu berücksichtigen sind?

Situation zu den Aufgaben 362 – 365

Am vergangenen Wochenende wurde ein Stadtteilfest ausgerichtet, an dem sich die BüKo GmbH mit einem Messestand beteiligte. 3000 Informationsbroschüren und Poster wurden kostenlos verteilt. Zusätzlich wurden Sonderanfertigungen von – als Handelswaren vertriebenen – Zwiebelhackern, die mit dem Logo der BüKo GmbH versehen sind, zum Sonderpreis von 9,00 € je Stück bar verkauft. Hierfür waren bereits im März 250 Stück eingekauft und gebucht worden.

Hinweis: *Verwenden Sie zur Bearbeitung der Aufgabe den Kontenplan auf den Seiten 320 – 323 am Ende des Buches.*

Nanno Druck Bert Wenzel e. K.

Nanno Druck Bert Wenzel e. K. – Burgstr. 16 – 30926 Seelze

BüKo GmbH
Ludwig-Thoma-Str. 47
95447 Bayreuth

Burgstr. 16
30926 Seelze

Tel. 0511 5146-0
Telefax 0511 5147-34

Amtsgericht Hannover HRA 6437

Eingegangen am
8. Mai 20..
BüKo GmbH

Lieferschein/Rechnung

Rechnungs-Nummer 12-00-06	Kunden-Nr. 182726	Rechnungsdatum 04.05.20..
Ihre Auftrags-Nummer zi. 123.459	Ihr Auftragsdatum 04.01.20..	Unsere Lieferung vom 04.05.20..

Wir lieferten Ihnen heute frei Haus:

Pos.	Menge	Artikelbezeichnung	Einzelpreis je Einheit in €	Gesamtpreis €
1	3000	Informationsbroschüren, A4, Poster	0,72	2160.00
			Summe	2160,00
			19 % USt	410,40
			Gesamt	2570,40

Begleichen Sie bitte den Rechnungsbetrag innerhalb von 14 Tagen nach Rechnungsdatum durch Zahlung auf unser Konto IBAN DE23 2505 0299 3489 8925 41 bei der Sparkasse Hannover.

USt-IdNr.: DE952728109, Steuer-Nr.: 78/210/65390

Aufgabe 362

Wie müssen Sie die abgebildete Eingangsrechnung Nr. 12-00-06 buchen? Tragen Sie die zutreffenden Kontennummern in die Kästchen ein.

Soll			Haben		
☐☐☐☐	☐☐☐☐	☐☐☐☐	☐☐☐☐	☐☐☐☐	☐☐☐☐

Aufgabe 363

Über den Verkauf der Zwiebelhacker liegt Ihnen die Kassenabrechnung über insgesamt 900,00 € vor. Wie viel Euro Umsatzsteuer (19 %) sind in diesem Betrag enthalten?

Aufgabe 364

Wie müssen Sie den Verkauf der Zwiebelhacker buchen? Tragen Sie die zutreffenden Kontennummern in die Kästchen ein.

Soll			Haben		

Aufgabe 365

Der Mitarbeiter Manfred Müller kauft sechs Zwiebelhacker zum Sonderpreis. Wie müssen Sie den Verkauf buchen, wenn die Verrechnung über sein Gehaltskonto erfolgen soll? Tragen Sie die zutreffenden Kontennummern in die Kästchen ein.

Soll			Haben		

Aufgabe 366

Die BüKo GmbH schafft sich Büromaterial für den eigenen Bedarf an. Kontieren Sie die nachfolgend abgebildete Eingangsrechnung der Bürobedarf Ulrich GmbH. Tragen Sie die zutreffenden Kontennummern in die Kästchen ein.

Soll			Haben		

Bürobedarf Ulrich GmbH

Bürobedarf Ulrich GmbH – Kanalstraße 28 – 30159 Hannover

BüKo GmbH
Ludwig-Thoma-Straße 47
95447 Bayreuth

Kanalstraße 28
30159 Hannover

Telefon: 0511 8347120
Telefax: 0511 8347121

Eingegangen am
20. November 20..
BüKo GmbH

Rechnung

Rechnungs-Nummer	Kunden-Nr.	Rechnungsdatum
3451	5224371	17.11.20..
Bitte bei Zahlung und Rückfragen angeben.		

Pos.	Artikelnummer	Artikelbezeichnung	Stück	Einzelpreis €	Gesamtpreis €
1	2-46988	Tintenpatrone Schwarz für Drucker HP DJ 600	10	42,00	420,00
2	6-25986	Fensterbriefumschläge LD (1 000 Stk.)	10	16,99	169,90
3	6-10562	Kopierpapier A4, weiß (2 500 Bl.)	30	21,95	658,50
				Nettobetrag	1 248,40
				+ 19 % Umsatzsteuer	237,20
				Rechnungsbetrag brutto	1 485,60

Bei Zahlung innerhalb von zehn Tagen ab Rechnungsdatum mit 2 % Skonto, innerhalb von 30 Tagen netto

USt-IdNr.: DE610246261, Steuer-Nr.: 71/021/68253

Bürobedarf Ulrich GmbH – Geschäftsführer Ralf Ulrich – Hannover HRB 4847
Bankverbindung: Stadtsparkasse Hannover IBAN DE23 2505 0180 5463 7623 12

Aufgabe 367

Kontieren Sie den nachfolgend abgebildeten Kontoauszug. Tragen Sie die zutreffenden Kontennummern in die Kästchen ein.

Soll			Haben		
☐☐☐☐	☐☐☐☐	☐☐☐☐	☐☐☐☐	☐☐☐☐	☐☐☐☐

Sparkasse Bayreuth IBAN DE29 7735 0110 0001 5427 53	BIC BYLADEM1SBT	Kontoauszug vom 07.10.20..	Auszug 51
Datum	Erläuterung	SALDO ALT EUR	19.549,51 +
06.10.20..	AOK, Mitg.- Nr. 555862 Soz.vers.beiträge Sept. 20..		15.865,80 +-
BüKo GmbH Ludwig-Thoma-Straße 47 95447 Bayreuth		SALDO NEU EUR	3.863,71 +

Aufgabe 368

Buchen Sie die nachfolgend abgebildete Rechnung. Tragen Sie die zutreffenden Kontennummern in die Kästchen ein.

Soll			Haben		
☐☐☐☐	☐☐☐☐	☐☐☐☐	☐☐☐☐	☐☐☐☐	☐☐☐☐

BüKo GmbH
Büroeinrichtungs- und Kommunikationssysteme

BüKo GmbH – Ludwig-Thoma-Straße 47 – 95447 Bayreuth

Leuchter GmbH
Elektrogroßhandel
Leyher Str. 274
90431 Nürnberg

Ihr Zeichen: wel
Ihre Nachricht vom: 07.11.20..
Unser Zeichen: me
Unsere Nachricht vom:

Name: Herr Meier
Telefon: 0921 79213-49
Telefax: 0921 79213-59

Rechnung

Rechnungs-Nummer 24-204518	Kunden-Nr. G 24371	Rechnungsdatum 17.11.20..
Ihre Auftrags-Nummer 50-99302-V	Ihr Auftragsdatum 07.11.20..	Unsere Lieferung vom 17.11.20..

Wir lieferten Ihnen heute frei Haus:

Pos.	Artikelnummer	Artikelbezeichnung	Stück	Einzelpreis €	Gesamtprels €
1	H 93020	Halogenlampe 12V/20	200	4,50	900,00
2	H 93050	Halogenlampe 12V/50	300	5,20	1 560,00
3	H 94278	Zugpendelleuchte, chrom/schwarz, Mattglas	10	120,00	1 200,00
				Nettobetrag – 10 % Rabatt + Verpackungspauschale	3 660,00 366,00 30,00
				19 % USt	3 324,00 631,56
				Gesamt	3 955,56

Bei Zahlung innerhalb von zehn Tagen ab Rechnungsdatum mit 2 % Skonto, innerhalb von 30 Tagen netto

USt-IdNr.: DE999666333, Steuer-Nr.: 393/063/20745

Bankverbindung: Sparkasse Bayreuth, IBAN DE29 7735 0110 0001 5427 53

Situation zu den Aufgaben 369 – 375

Sie sind für einen Geschäftsfall zuständig, der im Zusammenhang mit einem Verkauf an den Elektrogroßhändler Hans Hase OHG steht. Hierzu liegen Ihnen die folgenden Belege zur Bearbeitung vor.

Hinweis: *Verwenden Sie zur Bearbeitung der Aufgabe den Kontenplan auf den Seiten 320 – 323 am Ende des Buches.*

Aufgabe 369

Wie müssen Sie die Rechnung Nr. 24-87523 (siehe Beleg) buchen?

Tragen Sie die zutreffenden Kontennummern in die Kästchen ein.

Soll			Haben		

BüKo GmbH
Büroeinrichtungs- und Kommunikationssysteme

BüKo GmbH – Ludwig-Thoma-Straße 47 – 95447 Bayreuth

Hans Hase OHG
Elektrogroßhandel
Fürther Str. 176
22307 Hamburg

Ihr Zeichen: wie
Ihre Nachricht vom: 01.04.20..
Unser Zeichen: me
Unsere Nachricht vom:

Name: Herr Meier
Telefon: 0921 79213-49
Telefax: 0921 79213-59

Rechnung

Rechnungs-Nummer 24-87523	Kunden-Nr. G 24169	Rechnungsdatum 07.04.20..
Ihre Auftrags-Nummer Zi. 67-00	Ihr Auftragsdatum 01.04.20..	Unsere Lieferung vom 07.04.20..

Wir lieferten Ihnen heute per Speditionsfracht frei Haus:

Pos.	Artikelnummer	Artikelbezeichnung	Stück	Einzelpreis €	Gesamtpreis €
1	H 93020	Halogenlampe 12V/20	100	4,50	450,00
2	H 93050	Halogenlampe 12V/50	300	5,20	1 560,00
3	E 80373	Energiesparlampe 11W/60	100	8,50	850,00
4	E 80376	Energiesparlampe 15W/75	200	8,90	1 750,00
				Nettobetrag + Leihverpackung	4 670,00 130,00
				 19 % USt	4 800,00 912,00
				Gesamt	5 712,00

Bei Zahlung innerhalb von zehn Tagen ab Rechnungsdatum mit 2 % Skonto, innerhalb von 30 Tagen netto

USt-Id.Nr.: DE999666333, Steuer-Nr.: 393/063/20745

Bankverbindung: Sparkasse Bayreuth, IBAN DE29 7735 0110 0001 5427 53

Aufgabe 370

Beim Warenversand an die Hans Hase OHG erhalten Sie die nachfolgend abgebildete Rechnung der Spedition Oli Phant KG. Wie müssen Sie diese Eingangsrechnung buchen? Tragen Sie die zutreffenden Kontennummern in die Kästchen ein.

Soll			Haben		

Spedition Oli Phant KG

Spedition Oli Phant KG – Am Bahndamm 78 – 30453 Hannover

BüKo GmbH
Ludwig-Thoma-Straße 47
95447 Bayreuth

Ihr Zeichen: wie
Ihre Nachricht vom: 12.04.20..
Unser Zeichen: wie
Unsere Nachricht vom:

Name: Herr Waldmann
Telefon: 0921 4171-18
Telefax: 0921 4171-189

Eingegangen am 16. April 20.. BüKo GmbH

14. April 20..

Rechnung Nr. 56878

Frachtkosten für Auftrag vom 6. April 20..:		
Empfänger Hans Hase OHG, Hamburg		65,20 €
Auslagen		2,80 €
	Summe	68,00 €
	19 % USt	12,29 €
	Gesamt	80,92 €

Aufgabe 371

Bei der Fakturierung der Rechnung wurde der Hans Hase OHG versehentlich kein Rabatt eingeräumt. Mit einem zusätzlichen Schreiben (siehe Beleg) erhält die Hans Hase OHG nachträglich die Gutschrift.

Wie müssen Sie die Gutschrift Nr. 8-89321-9 buchen? Tragen Sie die zutreffenden Kontennummern in die Kästchen ein.

Soll					Haben

BüKo GmbH
Büroeinrichtungs- und Kommunikationssysteme

BüKo GmbH – Ludwig-Thoma-Straße 47 – 95447 Bayreuth

Hans Hase OHG
Elektrogroßhandel
Fürther Str. 176
22307 Hamburg

Ihr Zeichen: wie
Ihre Nachricht vom: 15.04.20..
Unser Zeichen: me
Unsere Nachricht vom:

Name: Herr Meier
Telefon: 0921 79213-49
Telefax: 0921 79213-59

Gutschrift

Datum: 16.04.20..
Gutschrift-Nr.: 8-89321-9

Versehentlich wurde mit Rechnung Nr. 24-87523 vom 7. April 20.. der Ihnen zustehende Rabatt nicht berücksichtigt.

Wir schreiben Ihnen deshalb gut:

Nettobetrag	4 670,00 €
davon 20 %	934,00 €
+ 19 % Umsatzsteuer	177,46 €
Gutschriftsbetrag	1 111,46 €

Aufgabe 372

Die Hans Hase OHG sendet uns die berechnete Leihverpackung zurück und erhält dafür eine Gutschrift.

Wie müssen Sie die Gutschrift Nr. 8-91375-5 (siehe Beleg) buchen?

Tragen Sie die zutreffenden Kontennummern in die Kästchen ein.

Soll			Haben		
☐☐☐☐	☐☐☐☐	☐☐☐☐	☐☐☐☐	☐☐☐☐	☐☐☐☐

BüKo GmbH
Büroeinrichtungs- und Kommunikationssysteme

BüKo GmbH – Ludwig-Thoma-Straße 47 – 95447 Bayreuth

Hans Hase OHG
Elektrogroßhandel
Fürther Str. 176
22307 Hamburg

Ihr Zeichen: wie
Ihre Nachricht vom: 01.04.20..
Unser Zeichen: me
Unsere Nachricht vom:

Name: Herr Meier
Telefon: 0921 79213-49
Telefax: 0921 79213-59

Gutschrift

Datum: 22.04.20..
Gutschrift-Nr.: 8-91375-5

Für die zurückgesandte Leihverpackung schreiben wir Ihnen gut:

Verpackungswert	130,00 €
+ 19 % Umsatzsteuer	24,70 €
Gutschriftsbetrag	154,70 €

Aufgabe 373

Die Hans Hase OHG bezahlt am 29. April 20.. (siehe Kontoauszug).

Wie müssen Sie den Zahlungseingang buchen? Tragen Sie die zutreffenden Kontennummern in die Kästchen ein.

Soll			Haben		
□□□□	□□□□	□□□□	□□□□	□□□□	□□□□

Sparkasse Bayreuth IBAN DE29 7735 0110 0001 5427 53 BIC BYLADEM1SBT Kontoauszug vom 09.05.20.. Auszug 52			
Datum	Erläuterung	SALDO ALT EUR	11.235,89 +
29.04.20..	Gutschrift Rechnung Nr. 24-87523 v. 7.4. abzgl. Gutschrift Nr. 8-89321-9 v. 16.4. und Nr. 8-91375-5 v. 22.4.		4.445,84 +
BüKo GmbH Ludwig-Thoma-Straße 47 95447 Bayreuth		SALDO NEU EUR	15.681,73 +

Aufgabe 374

Wie lange muss die BüKo GmbH die Eingangsrechnung der Oli Phant KG (Aufgabe 369) nach den gesetzlichen Regelungen (HGB) aufbewahren?

(1) Die BüKo GmbH muss den Beleg bis zum 31.12. des gleichen Jahres aufbewahren.

(2) Die Aufbewahrungspflicht beträgt sechs Jahre und läuft ab dem Rechnungsdatum.

(3) Die Aufbewahrungspflicht beträgt sechs Jahre und beginnt ab dem 31.12. des Jahres, in dem die Rechnung eingegangen ist.

(4) Die Aufbewahrungspflicht beträgt zehn Jahre und beginnt ab dem 31.12. des Jahres, in dem die Rechnung eingegangen ist.

(5) Eingangsrechnungen sind grundsätzlich nicht aufzubewahren.

Aufgabe 375

Welche Auswirkungen haben Abschreibungen für Ihr Unternehmen, wenn es ein positives Ergebnis erwirtschaftet?

(1) Sie erhöhen den Umsatz.

(2) Sie führen zu einem hohen Anlagekapitalausweis.

(3) Sie verringern die Steuerlast.

(4) Sie verringern die Liquidität.

(5) Sie erhöhen den Gewinn.

Situation zu den Aufgaben 376 – 380

Sie sind in der Buchhaltung tätig. Auf Ihrem Schreibtisch liegt der folgende Beleg zur weiteren Bearbeitung.

Hinweis: *Verwenden Sie zur Bearbeitung der Aufgabe den Kontenplan auf den Seiten 320 – 323 am Ende des Buches.*

CompTech GmbH
DV-Systeme – Bürokommunikation

CompTech GmbH • Ringstr. 6 • 30457 Hannover

BüKo GmbH
Ludwig-Thoma-Str. 47
95447 Bayreuth

Ringstr. 6
30457 Hannover

Telefon: 0511 8347-120
Telefax: 0511 8347-121

Eingegangen am
30. Juni 20..
BüKo GmbH

Rechnung

Rechnungs-Nummer 99-351	Kunden-Nr. 2224371	Rechnungsdatum 28. Juni 20..
Ihre Auftrags-Nummer 2785311	Ihr Auftragsdatum 10. Juni 20..	Unsere Lieferung vom 28. Juni 20..

Pos.	Artikelnummer	Artikelbezeichnung	Stück	Einzelpreis €	Gesamtpreis €
1	NB 46988	Notebook Apple McBook Pro M1 abzgl. 10 % Rabatt	1	1 599,00	1 599,00 159,90
				Nettobetrag + 19 % Umsatzsteuer	1 439,10 273,43
				Rechnungsbetrag brutto	1 712,53

Bei Zahlung innerhalb von zehn Tagen ab Rechnungsdatum mit 2 % Skonto, innerhalb von 30 Tagen netto

USt-IdNr.: DE517682186, Steuer-Nr.: 37/213/79038

Aufgabe 376

Sie erhalten die vorstehend abgebildete Rechnung der Comptech GmbH. Wie müssen Sie bei der Rechnungsprüfung vorgehen?

(1) Bei langjährigen zuverlässigen LieferantLieferfirmen müssen Sie die Rechnung nicht weiter prüfen.

(2) Sie müssen die Höhe des Einzelpreises und des Sofortrabattes mit den vereinbarten Vertragsbedingungen vergleichen.

(3) Da die Unterschrift fehlt, dürfen Sie die Rechnung nicht anerkennen.

(4) Sie beanstanden die Rechnung bei der Comptech GmbH, da der Rechnungsbetrag fehlerhaft ist.

(5) Da die Rechnung rechnerisch richtig ist, weisen Sie ohne weitere Rückfragen die sofortige Zahlung an.

Aufgabe 377

Wie müssen Sie nach erfolgter sachlicher und rechnerischer Prüfung die Eingangsrechnung NR. 99–351 buchen?

Tragen Sie die zutreffenden Kontennummern in die Kästchen ein.

Soll					Haben

Aufgabe 378

Die Eingangsrechnung der Comptech GmbH wurde von Ihnen am 6. Juli unter Abzug von 2 % Skonto per Banküberweisung bezahlt.

Wie buchen Sie den Zahlungsausgleich? Tragen Sie die zutreffenden Kontennummern in die Kästchen ein.

Soll					Haben

Aufgabe 379

Sie werden gebeten, die am 28. Juni 20.. beschafften Notebooks in ihrem Restbuchwert am Ende des ersten Nutzungsjahren bei linearer Abschreibungsmethode zu ermitteln. Gehen Sie von einem Anschaffungswert von 1 439,10 € aus. Seit dem 01.01.2021 beträgt die steuerlich ansetzbare Nutzungsdauer von Notebooks, PCs, Tablet-PCs sowie der Peripheriegeräte (z. B. Drucker, Scanner) ein Jahr. Es gilt eine streng zeitanteilige (monatsgenaue) Ermittlung der Abschreibung.

Wie viel Euro beträgt der Restbuchwert der Notebooks am 31. Dezember, wenn die Notebooks mit dem maximal möglichen Betrag linear abgeschrieben werden?

Aufgabe 380

Wie müssen Sie die Abschreibung der Notebooks zum 31. Dezember kontieren?

Tragen Sie die zutreffenden Kontennummern in die Kästchen ein.

Soll			Haben		

Aufgabe 381

Ein langjähriger Mitarbeiter erhält auf eigenen Wunsch einen Gehaltsvorschuss in Höhe von 500,00 € bar ausgezahlt.

Wie ist zu buchen? Tragen Sie die zutreffenden Kontennummern in die Kästchen ein.

Soll			Haben		

Aufgabe 382

Die BüKo GmbH überweist den Beitrag zur gesetzlichen Unfallversicherung der Arbeitnehmenden.

Wie ist zu buchen? Tragen Sie die zutreffenden Kontennummern in die Kästchen ein.

Soll			Haben		

Situation zu den Aufgaben 383–385

Die BüKo GmbH hat am 4. des Monats bei der Karl Krux KG Heizöl bestellt. Sie sind für die Bearbeitung des Geschäftsfalls verantwortlich. Es liegt Ihnen der folgende Beleg zur Bearbeitung vor.

Hinweis: *Verwenden Sie zur Bearbeitung der Aufgabe den Kontenplan auf den Seiten 320 – 323 am Ende des Buches.*

Karl Krux KG Kulmbach

Karl Krux KG • Industriestraße 116 • 95317 Kulmbach

BüKo GmbH
Ludwig-Thoma-Straße 47
95447 Bayreuth

Ihr Zeichen: me
Ihre Nachricht vom: 03.05.20..
Unser Zeichen: sh
Unsere Nachricht vom:

Name: Frau Schneider
Telefon: 09221 9071-18
Telefax: 09221 9071-181

Eingegangen am 10. Mai 20.. BüKo GmbH

Lieferschein/Rechnung

Rechnungs-Nummer 123456	Kunden-Nr. 007.893	Rechnungsdatum 05.05.20..
Ihre Auftrags-Nummer Zi. 67-00	Ihr Auftragsdatum 03.05.20..	Unsere Lieferung vom 05.05.20..

Wir lieferten Ihnen heute frei Haus:

Pos.	Menge	Artikelbezeichnung	Einzelpreis je Einheit in €	Gesamtpreis in €
1	5400 Liter	Leichtes Heizöl RL	1,50	8100,00
			Summe	8100,00
			19 % USt	1539,00
			Gesamt	9639,00

Beachten Sie unsere Sommerrabatte der Monate Juni und Juli! Sie sparen 20 %!

Begleichen Sie bitte den Rechnungsbetrag innerhalb von 14 Tagen nach Rechnungsdatum durch Zahlung auf unser Konto DE61 7607 0024 0000 3457 8911 01, Deutsche Bank Kulmbach.

USt-IdNr.: DE719329015, Steuer-Nr.: 312/978/63015

Aufgabe 383

Sie sollen die Rechnung Nr. 123456 prüfen. Welche weiteren Unterlagen müssen Sie sich zurechtlegen?

(1) Lieferschein, Anfrage, Angebot

(2) Lieferschein, Auftragsbestätigung, Angebot
(3) Wareneingangsmeldung, Anfrage, Angebot
(4) Angebot, Wareneingangsmeldung, Anfrage
(5) Anfrage, Angebot, Bestellung

Aufgabe 384

Sie haben die sachliche und rechnerische Richtigkeit der Rechnung Nr. 123456 festgestellt.

Wie müssen Sie nun die Eingangsrechnung buchen?

Soll					Haben

Aufgabe 385

Sie sollen noch am 15. Mai die Rechnung Nr. 123456 begleichen und prüfen, ob Sie den Rechnungsbetrag kürzen dürfen. Wie müssen Sie entscheiden?

(1) Der gesamte Rechnungsbetrag ist ohne Abzüge fällig, da die gesetzliche Skontofrist bereits abgelaufen ist.
(2) Skonto kann grundsätzlich nur vom Nettobetrag abgezogen werden.
(3) Der Rechnungsbetrag ist um die angekündigten Sommerrabatte zu kürzen und im kommenden Monat zu begleichen.
(4) Der Rechnungsbetrag ist ungekürzt zu begleichen, falls keine Beanstandung der Lieferung erfolgte.
(5) Der Rechnungsbetrag wird innerhalb von 14 Tagen beglichen, daher wird unter Abzug von 2 % Skonto bezahlt.

Situation zu den Aufgaben 386 – 389

Bei der Fränkischen Holzhandelsgesellschaft mbH hat die BüKo GmbH Tischplatten aus Ahorn bestellt, die per Speditionsfracht angeliefert wurden. Zur Bearbeitung des Geschäftsfalls liegen Ihnen die Belege mit den internen Nummern ER 0105134 sowie ER 0105167 und der Kontoauszug 57 vor (siehe nachfolgende Belege).

Hinweis: *Verwenden Sie zur Bearbeitung der Aufgabe den Kontenplan auf den Seiten 320 – 323 am Ende des Buches.*

Aufgabe 386

Wie müssen Sie die nachfolgend abgebildete Eingangsrechnung ER 0105134 (Rechnungs-Nummer siehe Eingangsstempel) buchen?

Fränkische Holzhandelsgesellschaft mbH Nürnberg

Fränkische Holzhandelsgesellsch. mbH • Hornstraße 36 90402 Nürnberg

BüKo GmbH
Ludwig-Thoma-Straße 47
95447 Bayreuth

Ihr Zeichen: me
Ihre Nachricht vom: 15.04.20..
Unser Zeichen: fle
Unsere Nachricht vom:

Name: Herr Fleischmann
Telefon: 0911 23556-0
Telefax: 0911 23556-11

ER 0105134
Eingegangen am
4. Mai 20..
BüKo GmbH

Lieferschein/Rechnung

Lieferschein-Nr. 630258/B

Bestelldatum: 15.04.20..

Rechnungs-Nummer	Kunden-Nr.	Rechnungsdatum	Bestell-Nr.
76351	3024371	02.05.20..	33571

Pos.	Artikelnummer	Artikelbezeichnung	Menge	Einzelpreis €	Gesamtpreis €
1	B 573802	Tischplatten Buche 120 x 120	60	69,95	4 197,00
		abzgl. 10 % Rabatt			419,70
				Summe	3 777,30
				19 % USt	717,69
				Gesamt	4 494,99

Bei Zahlung innerhalb von zehn Tagen ab Rechnungsdatum mit 2 % Skonto, innerhalb von 30 Tagen netto

Zahlung auf unser Konto DE88 7608 0040 0124 2531 39, Commerzbank Nürnberg.

USt-IdNr.: DE130629812, Steuer-Nr.: 201/156/07265

Tragen Sie die zutreffenden Kontennummern in die Kästchen ein.

Soll			Haben		
☐☐☐☐	☐☐☐☐	☐☐☐☐	☐☐☐☐	☐☐☐☐	☐☐☐☐

Aufgabe 387

Wie müssen Sie die nachfolgend abgebildete Eingangsrechnung ER 0105167 buchen?

Spedition Stürmer Transporte
Vera Stürmer KG

Vera Stürmer KG – Am Wallgraben 14 – 63739 Aschaffenburg

BüKo GmbH
Ludwig-Thoma-Straße 47
95447 Bayreuth

Ihr Zeichen: mue
Ihre Nachricht vom: 15.04.20..
Unser Zeichen: hei
Unsere Nachricht vom:

Name: Herr Heider
Telefon: 06021 28227-0
Telefax: 06021 28227-19

ER 0105167
Eingegangen am
10. Mai 20..
BüKo GmbH

Rechnung

Rechnungs-Nr.	Kunden-Nr.	Rechnungsdatum
105187	4839	07.05.20..

Konzess.	Tour/Tag	Text	Inland	Ausland
5674	28.04.20..	Frachtbrief 687/564/2 Sammelladung Nürnberg – Bayreuth	238,30	

Inland €	USt €	Zwischensumme €	Ausland €	Zu zahlender Betrag €
238,30	45,28	283,58		283,58

Zahlbar ab sofort netto Kasse

USt-IdNr.: DE720126981, Steuer-Nr.: 103/197/86571
Erfüllungsort und Gerichtsstand: Aschaffenburg
Bankverbindung: Sparkasse Aschaffenburg, IBAN DE23 7955 0000 1432 8561 23

Tragen Sie die zutreffenden Kontennummern in die Kästchen ein.

Soll			Haben		
☐☐☐☐	☐☐☐☐	☐☐☐☐	☐☐☐☐	☐☐☐☐	☐☐☐☐

Aufgabe 388

Wie müssen Sie den nachfolgend abgebildeten Kontoauszug 57 (zugehörige Rechnung siehe Beleg zur Aufgabe 386) buchen?

Sparkasse Bayreuth IBAN DE29 7735 0110 0001 5427 53 BIC BYLADEM1SBT Kontoauszug vom 09.05.20.. Auszug 57			
Datum	Erläuterung	SALDO ALT EUR	19.975,00 +
08.05.20..	Fränkische Holzhandelsgesellschaft mbH Re.-Nr. 76351 vom 02.05.20.. Kd.-Nr. 3023471		4.405,09 –
BüKo GmbH Ludwig-Thoma-Straße 47 95447 Bayreuth		SALDO NEU EUR	15.569,91 +

Tragen Sie die zutreffenden Kontennummern in die Kästchen ein.

Soll			Haben		
☐☐☐☐	☐☐☐☐	☐☐☐☐	☐☐☐☐	☐☐☐☐	☐☐☐☐

Aufgabe 389

Berechnen Sie anhand der vorliegenden drei Belege (siehe Situation zur Aufgabe 386 ff.) den Einstandspreis/Bezugspreis (netto) in Euro für die Holzplatten Buche.

Aufgabe 390

Wie müssen Sie den nachfolgend abgebildeten Kontoauszug 58 buchen?

Sparkasse Bayreuth IBAN DE29 7735 0110 0001 5427 53 BIC BYLADEM1SBT Kontoauszug vom 09.05.20.. Auszug 58			
Datum	Erläuterung	SALDO ALT EUR	15.569,91 +
09.05.20..	Barmer Ersatzkasse Soz. vers.beiträge April 20..		14.328,54 –
BüKo GmbH Ludwig-Thoma-Straße 47 95447 Bayreuth		SALDO NEU EUR	1.241,37 +

Tragen Sie die zutreffenden Kontennummern in die Kästchen ein.

Soll					Haben

Aufgabe 391

Welchem Geschäftsfall liegt der Buchungssatz „2800 Guthaben bei Kreditinstituten an 2600 Vorsteuer" zugrunde?

(1) Das Vorsteuerkonto wird abgeschlossen.

(2) Die Zahllast wird passiviert.

(3) Der Vorsteuerüberhang wird aktiviert.

(4) Der Vorsteuerüberhang wird vom Finanzamt erstattet.

(5) Die Zahllast wird an das Finanzamt überwiesen.

Situation zu den Aufgaben 392 – 395

Die bei einem Lieferanten in Hannover bestellten Schreibtischlampen sind eingetroffen. Der Warensendung ist die abgebildete Eingangsrechnung beigefügt. Sie arbeiten in der Buchhaltung und haben u. a. die Aufgabe, die Belege rechnerisch zu überprüfen und zu kontieren.

Hinweis: *Verwenden Sie zur Bearbeitung der Aufgabe den Kontenplan auf den Seiten 320 – 323 am Ende des Buches.*

Aufgabe 392

Wie müssen Sie die Eingangsrechnung der Bürobedarf Ulrich GmbH kontieren?

Tragen Sie die zutreffenden Kontennummern in die Kästchen ein.

Soll			Haben		
□□□□	□□□□	□□□□	□□□□	□□□□	□□□□

Bürobedarf Ulrich GmbH

Bürobedarf Ulrich GmbH – Kanalstraße 28 – 30159 Hannover

BüKo GmbH
Ludwig-Thoma-Straße 47
95447 Bayreuth

Kanalstraße 28
30159 Hannover

Telefon: 0511 8347-120
Telefax: 0511 8347-121

Rechnung

Eingegangen am 17.09.20.. BüKo GmbH

Rechnungs-Nummer	Kunden-Nr.	Rechnungsdatum
3974	5224371	15.09.20..
Bitte bei Zahlung und Rückfragen angeben		

Pos.	Artikelnummer	Artikelbezeichnung	Stück	Einzelpreis €	Gesamtpreis €
1	8-21386	Schreibtischlampe ELEGANCE	20	89,00	1780,00
2	8-13072	Schreibtischlampe EFFECTA	80	28,90	2312,00
				Nettobetrag	4092,00
				+ 19 % Umsatzsteuer	777,48
				Rechnungsbetrag brutto	4869,48

8 Tage 3 % Skonto, 30 Tage netto

USt-IdNr.: DE610246261, Steuer-Nr.: 71/021/68253

Bankverbindung: Stadtsparkasse Hannover IBAN DE56 2505 0180 0546 3762 31

Aufgabe 393

Sie erhalten die abgebildete Rechnung der Spedition Oli Phant KG.

Spedition Oli Phant KG

Spedition Oli Phant KG – Am Bahndamm 78 – 30453 Hannover

BüKo GmbH
Ludwig-Thoma-Straße 47
95447 Bayreuth

Ihr Zeichen: Me
Ihre Nachricht vom: 14.09.20..
Unser Zeichen: wie
Unsere Nachricht vom:

Name: Herr Metzner
Telefon: 0921 4171-18
Telefax: 0921 4171-189

Eingegangen am
19. September 20..
BüKo GmbH

Frachtrechnung Nr. 62720
Kunden-Nr. 362

17. September 20..

Wir berechnen für unsere Leistung vom 16.09.20..
Transport von Hannover in Ihr Lager nach Bayreuth:

20 Schreibtischlampen ELEGANCE		24,00 €
80 Schreibtischlampen EFFECTA		96,00 €
	Summe	120,00 €
	19 % USt	22,80 €
	Gesamt	144,80 €

Zahlung innerhalb von zehn Tagen netto, ohne Abzug

Wie müssen Sie diese Eingangsrechnung buchen? Tragen Sie die zutreffenden Kontennummern in die Kästchen ein.

Soll			Haben		
☐☐☐☐	☐☐☐☐	☐☐☐☐	☐☐☐☐	☐☐☐☐	☐☐☐☐

Aufgabe 394

Kontieren Sie die Buchungen des nachfolgend stehenden Kontoauszugs vom 23.09.20.. und vom 26.09.20... Tragen Sie die zutreffenden Kontennummern in die Kästchen ein.

Abbuchung vom 23.09.:

Soll					Haben
☐☐☐☐	☐☐☐☐	☐☐☐☐	☐☐☐☐	☐☐☐☐	☐☐☐☐

Abbuchung vom 26.09.:

Soll					Haben
☐☐☐☐	☐☐☐☐	☐☐☐☐	☐☐☐☐	☐☐☐☐	☐☐☐☐

Sparkasse Bayreuth IBAN DE29 7735 0110 0001 5427 53 BIC BYLADEM1SBT Kontoauszug vom 27.09.20..			Auszug 59
Datum	Erläuterung	SALDO ALT EUR	142,13 +
23.09.20..	Bürobedarf Ulrich GmbH, Rechnung Nr. 3974 vom 15.09		4.723,40 –
26.09.20..	Spedition Oli Phant KG, Frachtrechnung Nr. 62720 vom 17.09		144,80 –
BüKo GmbH Ludwig-Thoma-Straße 47 95447 Bayreuth		SALDO NEU EUR	4.726,07 –

Aufgabe 395

Berechnen Sie den Bezugspreis einer Schreibtischlampe ELEGANCE.

Aufgabe 396

Kontieren Sie die Buchung der nachfolgend abgebildeten Rechnung Nr. 24-624512. Tragen Sie die zutreffenden Kontennummern in die Kästchen ein.

Soll					Haben
☐☐☐☐	☐☐☐☐	☐☐☐☐	☐☐☐☐	☐☐☐☐	☐☐☐☐

BüKo GmbH
Büroeinrichtungs- und Kommunikationssysteme

BüKo GmbH, Ludwig-Thoma-Straße 47, 95447 Bayreuth

Leuchter GmbH
Elektrogroßhandel
Leyher Str. 274
90431 Nürnberg

Ihr Zeichen: wel
Ihre Nachricht vom: 23.11.20..
Unser Zeichen: me
Unsere Nachricht vom:

Name: Herr Meier
Telefon: 0921 79213-49
Telefax: 0921 79213-59

Rechnung

Rechnungs-Nummer 24-624512	Kunden-Nummer G 24371	Rechnungsdatum 25.11.20..
Ihre Auftrags-Nummer 30-69372-V	Ihr Auftragsdatum 23.11.20..	Unsere Lieferung vom 25.11.20..

Wir lieferten Ihnen heute frei Haus:

Pos.	Artikelnummer	Artikelbezeichnung	Stück	Einzelpreis €	Gesamtpreis €
1	H 63027	Schreibtischlampen EFFECTA	25	39,00	975,00
				Nettobetrag – 10 % Rabatt	975,00 97,50
				 19 % USt	877,50 166,73
				Gesamt	1 044,23

10 Tage 2 % Skonto, 30 Tage netto

USt-IdNr.: DE 999666333123, Steuer-Nr.: 393/063/20745

Bankverbindung: Sparkasse Bayreuth, IBAN DE29 7735 0110 0001 5427 53

Aufgabe 397

Kontieren Sie die Buchungen des nachfolgend stehenden Kontoauszugs vom 04.12.20... (siehe Beleg zur Aufgabe 396) Tragen Sie die zutreffenden Kontennummern in die Kästchen ein.

Soll					Haben

Sparkasse Bayreuth IBAN DE29 7735 0110 0001 5427 53	BIC BYLADEM1SBT	Kontoauszug vom 04.12.20..	Auszug 60
Datum	Erläuterung	SALDO ALT EUR	2.159,47 +
03.12.20..	Rechn. Nr. 24-624512 vom 25.11., Leuchter GmbH		1.023,35 +
BüKo GmbH Ludwig-Thoma-Straße 47 95447 Bayreuth		SALDO NEU EUR	3.182,82 +

Situation zu den Aufgaben 398 – 400

In der Lux KG entnimmt der Komplementär Mario Richter aus dem Lager zwei Schreibtischlampen für die Kinderzimmer seiner beiden Söhne. Die Schreibtischlampen wurden vorher zu einem Bezugspreis von 35,10 € je Stück von der BüKo GmbH beschafft. Um den Vorgang zu dokumentieren, unterschreibt er den nachfolgend stehenden Beleg.

Lux KG	**Privatentnahme**	**Beleg-Nr. PE 12613**		
Art.-Nr.	**Artikelbezeichnung**	**Menge (Stück)**	**Stückpreis (€)**	**Gesamtpreis (€)**
H 63027	Schreibtischlampen EFFECTA	2		
Ware erhalten: 15.12.20.. Datum	Mario Richter Unterschrift			

Aufgabe 398

Ermitteln Sie den anzusetzenden Warenwert.

Aufgabe 399

Mit welchem Betrag wird das Privatkonto Mario Richter insgesamt belastet?

Aufgabe 400

Wie ist der Vorgang bei der Lux KG zu buchen? Tragen Sie die zutreffenden Kontennummern in die Kästchen ein.

Soll			Haben		
☐☐☐☐	☐☐☐☐	☐☐☐☐	☐☐☐☐	☐☐☐☐	☐☐☐☐

Situation zu den Aufgabe 401 – 402

In der BüKo GmbH wird die Inventur durchgeführt, die aus organisatorischen Gründen bereits im November erfolgt. Sie werden gebeten, bei den Inventurarbeiten mitzuhelfen.

Der Anfangsbestand der Schreibtischunterlage „Acta" betrug 232. Im vergangenen Geschäftsjahr waren folgende Zu- und Abgänge zu verzeichnen.

Datum	Bestandsänderung	Stückzahl
03.06.	Abgang	175
20.07.	Zugang	130
12.10.	Abgang	90
13.10.	Abgang	85

Aufgabe 401

Welches der folgenden Inventurverfahren wurde hier angewandt?

(1) Stichtagsinventur

(2) Stichprobeninventur

(3) zeitlich verlegte Inventur

(4) permanente Inventur

(5) verkürzte Inventur

Aufgabe 402

Ermitteln Sie den Schlussbestand, der sich für die Schreibtischunterlage „Acta" ergibt.

Aufgabe 403

Für das vergangene Geschäftsjahr liegen Ihnen folgende Daten vor:

Eigenkapital am Anfang des Geschäftsjahres: 7 800 000,00 €

Eigenkapital am Ende des Geschäftsjahres: 8 600 000,00 €

Privatentnahmen während des Geschäftsjahres insgesamt: 400 000,00 €

Privateinlagen während des Geschäftsjahres insgesamt: 50 000,00 €

Wie viel Euro betrug der Gewinn im vergangenen Geschäftsjahr?

Aufgabe 404

Wie müssen Sie die nachfolgend abgebildete Ausgangsrechnung für selbst gefertigte Konferenzstühle an die Küchenland GmbH buchen?

Tragen Sie die zutreffenden Kontennummern in die Kästchen ein.

Soll					Haben

BüKo GmbH
Büroeinrichtungs- und Kommunikationssysteme

BüKo GmbH, Ludwig-Thoma-Straße 47, 95447 Bayreuth

Küchenland GmbH
Industriestraße 211
90431 Nürnberg

Ihr Zeichen: ha
Ihre Nachricht vom: 27.04.20..
Unser Zeichen: me
Unsere Nachricht vom:

Name: Herr Meier
Telefon: 0921 79213-49
Telefax: 0921 79213-59

Rechnung

Rechnungs-Nummer	Kunden-Nr.	Rechnungsdatum
24-640218	G 24373	08.05.20..
Ihre Auftrags-Nummer 50-642019	Ihr Auftragsdatum 27.04.20..	Unsere Lieferung vom 08.05.20..

Wir lieferten Ihnen heute frei Haus:

Pos.	Artikelnummer	Artikelbezeichnung	Stück	Einzelpreis €	Gesamtpreis €
1	B 62561	Konferenzstuhl „Comfort“	10	99,90	999,00
				Nettobetrag – 10 % Rabatt	999,00 99,90
				 + 19 % USt	899,10 170,83
				Gesamt	1 069,93

10 Tage 2 % Skonto, 30 Tage netto

USt-IdNr.: DE999666333, Steuer-Nr.: 393/063/20745

Aufgabe 405

Einer der an die Küchenland GmbH gelieferten Konferenzstühle weist leichte Beschädigungen auf. Die Küchenland GmbH erhält nach telefonischer Absprache die nachfolgend abgebildete Gutschrift von 20 %.

Wie buchen Sie diese Gutschrift? Tragen Sie die zutreffenden Kontennummern in die Kästchen ein.

Soll			Haben		

BüKo GmbH
Büroeinrichtungs- und Kommunikationssysteme

BüKo GmbH – Ludwig-Thoma-Straße 47 – 95447 Bayreuth

Küchenland GmbH
Industriestraße 211
90431 Nürnberg

Ihr Zeichen: ha
Ihre Nachricht vom: 08.05.20..
Unser Zeichen: schm
Unsere Nachricht vom:

Name: Frau Schmidt
Telefon: 0921 79213-49
Telefax: 0921 79213-59

Gutschrift

Kunden-Nr.	Rechnungs-Nr.	Rechnungsdatum	Gutschriftnummer
G 24373	24-640218	08.05.20..	50-6281

Aufgrund Ihrer Beanstandung vom 10. Mai 20.. schreiben wir Ihnen wie vereinbart gut:

25 % von 89,91 €	22,48 €
+ 19 % Umsatzsteuer	4,27 €
Gutschriftsbetrag	26,75 €

Wir bitten um gleichlautende Buchung.

Mit freundlichen Grüßen

i. A. *Schmidt*

BüKo GmbH
Buchhaltung

Aufgabe 406

Wie müssen Sie den nachfolgend abgebildeten Beleg buchen? Tragen Sie die zutreffenden Kontennummern in die Kästchen ein.

Soll			Haben

Deutsche Post AG
95444 Bayreuth

26120192 03.05.20..

20,00 €

Postwertzeichen umsatzsteuerbefreit nach § 4 UStG

Deutsche Post AG Deutsche Post AG Deutsche Post AG

Aufgabe 407

Sie haben den Auftrag, Buchungsbelege zu bearbeiten. Bringen Sie hierzu die folgenden Tätigkeiten bei der Belegbearbeitung in die richtige Reihenfolge, indem Sie die Ziffern 1–6 in die Kästchen eintragen. Beginnen Sie mit „Prüfen der Belege auf sachliche und rechnerische Richtigkeit“.

☐ Buchung der Belege

☐ Vorkontierung der Belege

☐ Sortieren der Belege nach Belegarten

☐ Nummerieren der Belege gemäß internem Beleg-Nummernkreis

☐ Prüfen der Belege auf sachliche und rechnerische Richtigkeit

☐ Ablegen der Belege

Situation zu den Aufgaben 408 – 409

Ihnen liegt der folgende Beleg vor.

Lichttechnik GmbH

Lichttechnik GmbH – Austraße 18 – 90429 Nürnberg

BüKo GmbH
Ludwig-Thoma-Straße 47
95447 Bayreuth

Austraße 18
90429 Nürnberg

Telefon: 0911 684138-0
Telefax: 0911 684138-210

Eingegangen am
4. April 20..
BüKo GmbH

Rechnung

Rechnungs-Nummer	Kunden-Nr.	Rechnungsdatum
912365	24307	04.04.20..
Ihre Auftrags-Nummer	Ihr Auftragsdatum	Unsere Lieferung vom
88392	30.03.20..	04.04.20..

Pos.	Artikelnummer	Artikelbezeichnung	Stück	Einzelpreis €	Gesamtpreis €
1	512560	Schreibtischlampe KOMFORT	25	69,50	1 737,50
		Verpackungspauschale			25,00
				Nettobetrag	1 762,50
				+ 19 % Umsatzsteuer	334,88
				Rechnungsbetrag brutto	2 097,38

10 Tage 2 % Skonto, 30 Tage netto

USt-IdNr.: DE765287986, Steuer-Nr.: 897/211/38965

Aufgaben 408

Wie müssen Sie die Rechnung der Lichttechnik GmbH kontieren? Tragen Sie die zutreffenden Kontennummern in die Kästchen ein.

Soll					Haben

Aufgabe 409

Wie lange muss die BüKo GmbH die Eingangsrechnung nach den gesetzlichen Regelungen (HGB) mindestens aufbewahren?

(1) Für Rechnungen gibt es keine gesetzliche Aufbewahrungspflicht.

(2) Die BüKo GmbH muss die Rechnung aufbewahren, bis die gesetzliche Gewährleistung für die Schreibtischlampe abgelaufen ist.

(3) Die gesetzliche Aufbewahrungspflicht für Belege beträgt drei Jahre.

(4) Die gesetzliche Aufbewahrungspflicht für Belege beträgt sechs Jahre.

(5) Die gesetzliche Aufbewahrungspflicht für Belege beträgt zehn Jahre.

4. Kosten- und Leistungsrechnung

Aufgabe 410

Für eine Betriebsfeier der BüKo GmbH stellt die Bayreuther Spezialitäten GmbH für ein Buffet einen Betrag von 1 740,00 € netto + 7 % USt in Rechnung. Die Rechnung wird am 28.02. unter Ausnutzung von 2 % Skonto beglichen. Ermitteln Sie den Überweisungsbetrag.

Aufgabe 411

Die BüKo GmbH nimmt einen Besprechungstisch in ihr Sortiment auf. Berechnen Sie den Bezugspreis für den Besprechungstisch, wenn folgende Angaben vorliegen: Listenpreis: 500,00 €, Rabatt: 10 %, Skonto: 2 %, Bezugskosten: 39,00 €

Aufgabe 412

Die BüKo GmbH möchte ab dem 01.08. einen neuen Rollcontainer ins Sortiment aufnehmen.

Als Reaktion auf mehrere Anfragen erhält sie die nachstehenden fünf Angebote. Welches ist das günstigste Angebot?

Angebot	vom	€/Stück	Lieferzeit	Skonto
(1)	04.06.	36,70	sofort	–
(2)	04.06.	38,48	sofort	2 %
(3)	07.06.	37,50	auf Abruf	2 %
(4)	10.06.	37,70	in 4 Wochen	3 %
(5)	10.06.	36,45	in 8 Wochen	–

Aufgabe 413

Die BüKo GmbH nimmt einen Schreibtisch in ihr Sortiment auf. Berechnen Sie den Verkaufspreis für den Schreibtisch, wenn folgende Angaben vorliegen:

Listenpreis: 500,00 €
Liefererrabatt: 10 %
Liefererskonto: 2 %
Bezugskosten: 39,00 €
Handlungskosten: 16 $^{2}/_{3}$ %
Gewinn: 8 %

Aufgabe 414

Für den Monat Mai liegen Ihnen folgende Daten zu zwei Artikeln aus dem Sortiment Büromöbel vor:

	Rollcontainer „Business“	Rollcontainer „Smart“
Anfangsbestand in Stück (01.05.20..)	4	6
Eingekaufte Menge in Stück	9	8
Rücksendungen an Lieferer in Stück	1	2
Bezugspreis pro Stück	69,90 €	49,90 €
Endbestand in Stück (31.05.20..)	3	2
Kalkulationszuschlag in %	70 %	
Bruttoverkaufspreis		89,90 €

a) Wie viele Rollcontainer „Business“ wurden im Mai verkauft?
b) Wie viel Euro beträgt der Wareneinsatz beim Rollcontainer „Business“?
c) Ermitteln Sie den Bruttoverkaufspreis für den Rollcontainer „Business“.
d) Ermitteln Sie die Umsatzsteuer (in Euro), die im Verkaufspreis des Rollcontainers „Smart“ enthalten ist.
e) Berechnen Sie den Kalkulationszuschlag, mit dem beim Rollcontainer „Smart“ kalkuliert worden ist.

Aufgabe 415

Welcher Preis ist am geeignetsten, Angebote verschiedener Lieferfirma zu vergleichen?

(1) der Bezugspreis
(2) der Bareinkaufspreis
(3) der Selbstkostenpreis
(4) der Nettoverkaufspreis
(5) der Listeneinkaufspreis

Aufgabe 416

Wie viel Euro beträgt der Bezugspreis bei folgendem Angebot?

Menge 3 000 Stück; Preis pro 100 Stück 1 100,00 €;

Mengenrabatt bei Abnahme von 3 000 Stück 10 %;

Skonto 2 %, Bezugskosten pro 1 000 Stück 48,00 €.

Aufgabe 417

Das BüKo GmbH plant, einen neuen Aktenschrank ins Sortiment aufzunehmen. Sie erhält für das Produkt von drei verschiedenen Großhändlern die folgenden drei Angebote:

Angebot 1: Listenpreis 65,00 €, Rabatt 15 % bei einer Mindestabnahme von 200 Stück, Skonto 3 %, Bezugskosten 110,00 € je 100 Stück.

Angebot 2: Listenpreis 75,30 €, Rabatt 30 % bei einer Mindestabnahme von 300 Stück, ansonsten 20 %, Skonto 2 %, Lieferung frei Haus.

Angebot 3: Listenpreis 68,00 €, Rabatt 20 % bei einer Mindestabnahme von 50 Stück, Skonto 3 %, Lieferung frei Haus.

a) Welches Angebot ist das günstigste, wenn die BüKo GmbH 400 Stück der Ware benötigt?
b) Welches Angebot käme zum Zuge, wenn die BüKo GmbH nur 200 Stück benötigen würde?
c) Angenommen, das Unternehmen benötigte 200 Stück, aber der günstigste Lieferant kann nicht liefern. Auf welches Angebot müsste das Unternehmen dann zurückgreifen?

Aufgabe 418

Der Einkaufspreis eines Schreibtisches beträgt 135,00 €. Der Großhändler belastet die BüKo GmbH mit 7,50 € Bezugskosten. Wie viel Prozent beträgt der Handlungskostenzuschlag, wenn der Artikel mit 5 % Gewinn zu 179,55 € angeboten werden soll?

Aufgabe 419

Aus dem ERP-System erhalten Sie die folgende Tabelle zur Auswertung.

Aufwendungen für Waren	463 824,00 €
Personalkosten	98 782,00 €
Mietaufwendungen	36 600,00 €
Werbeaufwendungen	10 135,00 €
Gewerbesteuer	2 980,00 €
Beiträge	6 812,00 €
Zinsaufwendungen	14 985,00 €
sonstige Aufwendungen	24 869,00 €
Selbstkosten	658 987,00 €
Gewinn	
Nettoumsatzerlöse	
Umsatzsteuer (19 %)	
Bruttoumsatzerlöse	913 985,00 €

a) Wie viel Prozent beträgt der Anteil der Personalkosten an den Handlungskosten? (Runden Sie das Ergebnis auf eine Nachkommastelle.)

b) Wie hoch ist der Gewinn?

Aufgabe 420

Der Bezugspreis einer Hängeregistratur beträgt 496,00 € je Stück. Bei einem mit 45,00 € je Einheit angesetzten Gewinn sowie einkalkulierten Verkaufszuschlägen von 5 % Kundenskonto und 12,5 % Kundenrabatt ergibt sich ein Listenverkaufspreis von netto 800,00 €.

Wie viel Prozent beträgt der Handlungskostenzuschlag?

Aufgabe 421

Der Bezugspreis für einen Schreibtisch beträgt 120,00 €. Der Schreibtisch wird zu einem Bruttoverkaufspreis von 198,00 € angeboten. Ermitteln Sie den Kalkulationszuschlag für diesen Artikel.

Aufgabe 422

Wie hoch ist der Bezugspreis ohne Umsatzsteuer, wenn vom Lieferant 12,5 % Rabatt und 2,5 % Skonto gewährt werden, 20,00 € Bezugskosten anfallen und der Listeneinkaufspreis 3 420,00 € netto beträgt?

Aufgabe 423

Welche Angabe bleibt beim Angebotsvergleich unberücksichtigt?

(1) die Umsatzsteuer

(2) die Kosten für die Be- und Entladung

(3) die Kosten für die Anfuhr der Ware durch die Spedition

(4) die Zölle

(5) die Transportversicherung für den Wareneinkauf

Aufgabe 424

Im Angebot eines Lieferers lesen wir:

„Die Lieferung erfolgt frei Haus, die Zahlung sofort netto."

In unserer Kalkulation ermitteln wir folgende Werte:

Listeneinkaufspreis: 400,00 €

Bezugspreis: 300,00 €

Nettoverkaufspreis: 633,66 €

Wie viel Prozent beträgt der Einkaufsrabatt?

Aufgabe 425

Die Kosten- und Leistungsrechnung eines Betriebes weist folgende Zahlen aus:

Wareneinsatz: 700 000,00 €

Handlungskosten: 179 200,00 €

Selbstkosten: 879 200,00 €

Wie viel Prozent beträgt der Handlungskostenzuschlag?

Aufgaben 426

Die Firma Hartl & Partner OHG, eine Geschäftspartnerin der BüKo GmbH, weist folgende Zahlen am Ende des laufenden Geschäftsjahres aus:

- *Kosten: 1 345 655,35 €, neutrale Aufwendungen: 577 878,33 €*
- *Leistungen: 1 228 938,40 €, neutrale Erträge: 628 500,11 €*

a) Berechnen Sie das Gesamtergebnis.

b) Berechnen Sie das Betriebsergebnis.

c) Berechnen Sie das neutrale Ergebnis.

Aufgabe 427

Welche der folgenden Kosten der BüKo GmbH gehört zu den „kalkulatorischen Kosten"?

(1) Eingangsfrachten

(2) Ausgangsfrachten

(3) Mietwert der eigenen Geschäftsräume

(4) Aufwendungen für Rohstoffe

(5) Privatverbrauch von Waren

Aufgabe 428

Die BüKo GmbH muss monatlich einen bestimmten Betrag für ihre Lagermiete aufbringen. Um welche Kostenart handelt es sich?

(1) proportionale Kosten
(2) Einzelkosten
(3) neutrale Kosten
(4) degressive Kosten
(5) fixe Kosten

Aufgabe 429

Welche zwei der folgenden Aussagen zum Betriebsabrechnungsbogen (BAB) sind zutreffend?

(1) Im BAB werden ausschließlich direkt zurechenbare Gemeinkosten aufgeführt.
(2) Im BAB werden ausschließlich indirekte Gemeinkosten verarbeitet.
(3) Der Anstieg der Materialgemeinkosten kann auf den Anstieg der Rohstoffpreise zurückzuführen sein.
(4) Die in der Fertigung gezahlten Gehälter sind den Verwaltungsgemeinkosten zuzuordnen.
(5) Die Fertigungsgemeinkosten beinhalten auch die für die Fertigungsmaschinen gezahlte Vorsteuer.
(6) Der BAB dient der Ermittlung der Zuschlagssätze für die Preiskalkulation.
(7) Die Vertriebsgemeinkosten nehmen zu, wenn die Rohstoffkosten steigen.

Situation zu den Aufgaben 430 – 432

Als Mitarbeiter/-in der Abteilung Kostenrechnung der BüKo GmbH werden Sie beauftragt, eine Abgrenzungsrechnung vorzunehmen.

Rechnungskreis I			Rechnungskreis II					
Erfolgsbereich der Geschäftsbuchführung (GB) (Erfolgsrechnung)			Abgrenzungsbereich (Abgrenzungsrechnung)				KLR-Bereich (Betriebsergebnisrechnung)	
Aufwands- und Ertragsarten der Klassen 5, 6 und 7			Unternehmensbez., betriebsfremde Abgrenzungen (Kto.-Gruppe 90)		Kostenrechnerische Korrekturen (Kto.-Gruppe 91)		Kosten- und Leistungsarten (Kto.-Gruppe 92)	
Kto. Nr.	Aufwendungen	Erträge	Aufwendungen	Erträge	betriebsbezog. Aufw. lt. GB	verrechnete Kosten lt. KLR	Kosten	Leistungen
	A	B	C	D	E	F	G	H

Aufgabe 430

In der Abteilung Kostenrechnung der BüKo GmbH wird eine Abgrenzungsrechnung vorgenommen. Welche der folgenden Aussagen trifft als Begründung für die Durchführung einer Abgrenzungsrechnung nicht zu?

(1) Die Ergebnistabelle weist u. a. das Gesamtergebnis und das Betriebsergebnis aus.

(2) Die Zahlen der Finanzbuchhaltung spiegeln nur unzureichend die betriebliche Situation wider. Die Ergebnistabelle liefert dagegen genauere betriebliche Zahlen.

(3) Die Abgrenzungsrechnung filtert die neutralen Aufwendungen und Erträge aus den gesamten Aufwendungen und Erträgen heraus.

(4) Die Ergebnistabelle ermöglicht eine genauere Aussage über die Kosten und Leistungen einer Periode als die Gewinn- und Verlustrechnung.

(5) Die Abgrenzungsrechnung dient allein der Abgrenzung betriebsfremder Aufwendungen und Erträge.

Aufgabe 431

Wie wird das Konto „6800 Büromaterial" in der Ergebnistabelle erfasst?

(1) nur in der Spalte A
(2) in den Spalten A und C
(3) in den Spalten A und E
(4) in den Spalten A und G
(5) in den Spalten E und G

Aufgabe 432

Wie wird das Konto „5480 Erträge aus der Auflösung von Rückstellungen“ erfasst?

(1) nur in der Spalte B
(2) in den Spalten B und D
(3) in den Spalten B und E
(4) in den Spalten B und F
(5) in den Spalten B und H

Aufgabe 433

Im nächsten Schritt wird in der BüKo GmbH eine Kostenstellenrechnung durchgeführt. Welche zwei der folgenden Aussagen zum Betriebsabrechnungsbogen (BAB) sind zutreffend?

(1) Bestimmte Kosten lassen sich den betrieblichen Produkten direkt zuordnen und tauchen deshalb im Betriebsabrechnungsbogen nicht auf.
(2) Das Betriebsergebnis wird im Betriebsabrechnungsbogen ermittelt.
(3) Der Betriebsabrechnungsbogen ist das Bindeglied zwischen der Finanzbuchhaltung und der Kostenartenrechnung.
(4) Mithilfe des Betriebsabrechnungsbogens lassen sich die für die Kostenträgerrechnung notwendigen Zuschlagssätze ermitteln.
(5) Im Betriebsabrechnungsbogen werden die Gemeinkosten auf die Kostenstellen verteilt.
(6) Im Betriebsabrechnungsbogen wird der wirtschaftliche Erfolg des Unternehmens ermittelt.
(7) Der Betriebsabrechnungsbogen ist Voraussetzung, um eine Deckungsbeitragsrechnung durchführen zu können.

Situation zu den Aufgaben 434 – 440

Ihr Vorgesetzter übergibt Ihnen eine Reihe von Daten. Er bittet Sie, die Zahlen unter kostenrechnerischer Sicht auszuwerten.

Aufgabe 434

Die BüKo GmbH hat für das erste Quartal d. J. für eine Schreibtischlampe folgende Daten ermittelt:

Absatzmenge: 600 Stück

Gesamtkosten: 10 500,00 €

Fixkosten: 2 850,00 €

Nettoverkaufspreis: 24,00 €/Stück

Ermitteln Sie

a) die variablen Kosten je Stück,

b) den Deckungsbeitrag je Stück,

c) die Gewinnschwelle (Break-even-Point) in Stück.

Aufgabe 435

Ihr Vorgesetzter legt Ihnen einen Kostenverlauf für die Herstellung eines Büroschranks (siehe abgebildete Tabelle) vor mit den Worten: „Jetzt sehen Sie sich einmal diesen ungewöhnlichen Kostenverlauf an!“

m	K_v	$k_v = K_v : m$
100	12 000	120
200	26 000	130
300	42 000	140
400	60 000	150
500	80 000	160

Welcher Kostenverlauf ergibt sich hier für die variablen Gesamtkosten?

(1) Sie bleiben konstant.

(2) Sie steigen überproportional.

(3) Sie steigen unterproportional.

(4) Sie steigen proportional.

(5) Sie verlaufen degressiv.

Aufgabe 436

Für die Herstellung des Schreibtisches „Smart Solution" liegt Ihnen die abgebildete Grafik zur Kostensituation vor.

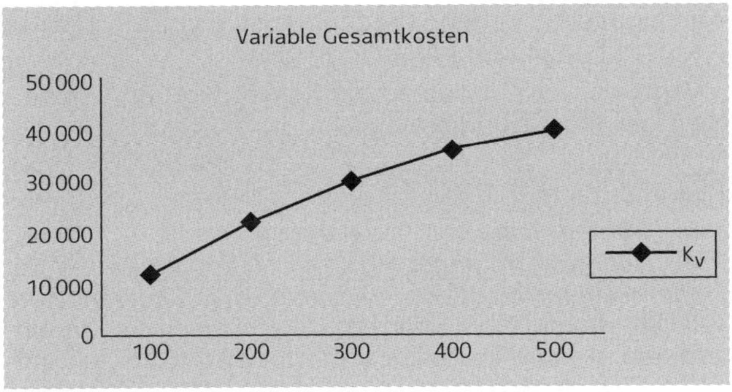

Welcher Kostenverlauf ergibt sich für die variablen Stückkosten?

(1) Sie bleiben konstant.

(2) Sie verlaufen degressiv.

(3) Sie verlaufen progressiv.

(4) Sie verlaufen proportional.

(5) Sie sind fix.

Aufgabe 437

Stellen Sie fest, bei welchem Verkaufspreis für den Schreibtisch „Smart Solution" die kurzfristige Preisuntergrenze liegt.

(1) Es ist der Verkaufspreis in Höhe der variablen Stückkosten.

(2) Es ist der Verkaufspreis in Höhe der fixen Stückkosten.

(3) Es ist der Verkaufspreis in Höhe der gesamten Stückkosten.

(4) Es ist der Verkaufspreis in Höhe der Stückkosten zuzüglich eines Aufschlags, der Ersatzinvestitionen ermöglicht.

(5) Es ist der Verkaufspreis, der außer der Kostendeckung eine angemessene Gewinnerzielung ermöglicht.

Aufgabe 438

Bei welchem Verkaufspreis für den Schreibtisch „Smart Solution" liegt die langfristige Preisuntergrenze?

(1) Es ist der Verkaufspreis in Höhe der variablen Stückkosten.

(2) Es ist der Verkaufspreis in Höhe der fixen Stückkosten.

(3) Es ist der Verkaufspreis in Höhe der gesamten Stückkosten.

(4) Es ist der Verkaufspreis in Höhe der Stückkosten zuzüglich eines Aufschlags, der Ersatzinvestitionen ermöglicht.

(5) Es ist der Verkaufspreis, der außer der Kostendeckung eine angemessene Gewinnerzielung ermöglicht.

Aufgabe 439

Der BüKo GmbH werden Schreibtischstühle zum Listeneinkaufspreis von 385,00 € als Handelsware angeboten. Der Lieferant gewährt der BüKo GmbH einen Liefererrabatt von 40 % und einen Liefererskonto von 3 %. Zu welchem Verkaufspreis kann das Unternehmen die Schreibtischstühle anbieten, wenn es mit 4,93 € Bezugskosten, 25 % Handlungskosten, 5 % Gewinn, 5 % Vertreterprovision, 2 % Kundenskonto und 25 % Kundenrabatt kalkuliert?

Stellen Sie das Kalkulationsschema vollständig dar.

Aufgabe 440

Ein Händler kalkuliert mit 50 % Handlungskosten, 10 % Gewinn, 20 % Kundenrabatt und 2 % Kundenskonto.

Berechnen Sie den Kalkulationsfaktor, den Kalkulationszuschlag und die Handelsspanne.

Situation zu den Aufgaben 441 – 442

In der BüKo GmbH soll eine Abgrenzungsrechnung vorgenommen werden.

Rechnungskreis I			Rechnungskreis II					
Erfolgsbereich der Geschäftsbuchführung (GB) (Erfolgsrechnung)			Abgrenzungsbereich (Abgrenzungsrechnung)				KLR-Bereich (Betriebsergebnisrechnung)	
Aufwands- und Ertragsarten der Klassen 5, 6 und 7			Unternehmensbez., betriebsfremde Abgrenzungen (Kto.-Gruppe 90)		Kostenrechnerische Korrekturen (Kto.-Gruppe 91)		Kosten- und Leistungsarten (Kto.-Gruppe 92)	
Kto. Nr.	Aufwendungen	Erträge	Aufwendungen	Erträge	betriebsbez. Aufw. lt. GB	verrechnete Kosten lt. KLR	Kosten	Leistungen
	A	B	C	D	E	F	G	H

Aufgabe 441

Kennzeichnen Sie mithilfe der vorstehenden Tabelle durch die Vergabe der Ziffern 1 bis 5 die Reihenfolge der Arbeitsschritte bei der Erstellung einer tabellarischen Abgrenzungsrechnung.

☐ Vornahme der kostenrechnerischen Korrekturen

☐ Zuordnung der neutralen Aufwendungen und Erträge zum Abgrenzungsbereich und der betrieblichen Aufwendungen und Erträge zum Kosten- und Leistungsbereich

☐ Kontrolle der Ergebnisse durch Aufstellen der Gleichung: Gesamtergebnis = Betriebsergebnis + Ergebnis aus der unternehmensbezogenen Abgrenzung + Ergebnis aus den kostenrechnerischen Korrekturen

☐ Berechnung der Ergebnisse im Erfolgsbereich der Geschäftsbuchhaltung, im Abgrenzungsbereich, im Bereich kostenrechnerische Korrekturen und im Kosten- und Leistungsbereich

☐ Übertragung der Salden der Erfolgskonten aus der GuV in die Ergebnistabelle

Aufgabe 442

Wie wird das Konto „5600 Erträge aus anderen Finanzanlagen“ erfasst?

(1) nur in der Spalte B

(2) in den Spalten B und D

(3) in den Spalten B und E

(4) in den Spalten B und F

(5) in den Spalten B und H

Aufgabe 443

Warum führt die BüKo GmbH einen Betriebsabrechnungsbogen (BAB)?

(1) um den Preis für ein Produkt zu kalkulieren

(2) um die Richtigkeit der Lohnabrechnung nachzuweisen

(3) um die Gemeinkosten auf die Kostenstellen zu verteilen

(4) um die Rentabilität des Betriebes zu ermitteln

(5) um die Einzelkosten zu ermitteln

Aufgabe 444

Welche Kostenart zählt in der Kosten- und Leistungsrechnung zu den Einzelkosten?

(1) Rohstoffverbrauch

(2) Gehälter der Angestellten

(3) Bürokosten

(4) Abschreibungen auf Maschinen

(5) Kosten der Hausverwaltung

Aufgabe 445

Ordnen Sie aus den fünf Kostenbegriffen jeweils den zutreffenden Begriff den genannten Erklärungen zu.

(1) progressive Kosten

(2) Gemeinkosten

(3) fixe Kosten

(4) degressive Kosten

(5) Einzelkosten

☐ einem Kostenträger direkt zurechenbare Kosten

☐ Bei zunehmender Ausbringung steigen sie langsamer an als der Beschäftigungsgrad.

☐ Die Höhe der Kosten ist von der Menge der hergestellten Erzeugnisse unabhängig.

Aufgabe 446

Ermitteln Sie aus den folgenden Zahlenwerten die Herstellkosten der Rechnungsperiode.

Ist-Kosten:

Fertigungsmaterial	220 000,00 €
+ Materialgemeinkosten (10 %)	?
Fertigungslöhne	110 000,00 €
+ Fertigungsgemeinkosten (10 %)	?
+ Sondereinzelkosten der Fertigung	8 100,00 €

Aufgabe 447

Nennen Sie zwei konkrete Beispiele für eine allgemeine Kostenstelle.

Situation zu den Aufgaben 448 – 450

Das Controlling der BüKo GmbH analysiert die folgenden Zahlen zur Produktion des Regalsystem „Maximizer“ (siehe Tabelle). Die Geschäftsführung erwartet eine verkürzte Zusammenfassung der Zahlen. Sie werden beauftragt, die entsprechenden Berechnungen vorzunehmen.

Ausbringungsmenge (Stück)	Fixe Kosten (€)	Variable Kosten (€)	Gesamtkosten (€)	Erlöse (€)	Gewinn/ Verlust (€)
0	23000,00	0,00	23000,00	0,00	–23000,00
100	23000,00	6000,00	29000,00	11500,00	–17500,00
200	23000,00	12000,00	35000,00	23000,00	–12000,00
300	23000,00	18000,00	41000,00	34500,00	–6500,00
400	23000,00	24000,00	47000,00	46000,00	–1000,00
500	23000,00	30000,00	53000,00	57500,00	4500,00
600	23000,00	36000,00	59000,00	69000,00	10000,00
700	23000,00	42000,00	65000,00	80500,00	15500,00
800	23000,00	48000,00	71000,00	92000,00	21000,00
900	23000,00	54000,00	77000,00	103500,00	26500,00
1000	23000,00	60000,00	83000,00	115000,00	32000,00

Aufgabe 448

Berechnen Sie die variablen Stückkosten in Euro.

Aufgabe 449

Berechnen Sie den Deckungsbeitrag je Stück in Euro.

Aufgabe 450

Berechnen Sie die Stückzahl, bei der die Gewinnschwelle (Break-even-Point) liegt (auf volle Stückzahl aufgerundet).

Situation zu den Aufgaben 451 – 452

Für einen Auftrag der BüKo GmbH wurden 3200,00 € für Fertigungsmaterial verbraucht. Die Lohnkosten schlüsseln sich wie folgt auf:

250 Stunden zu je 16,00 €/Stunde

100 Stunden zu je 12,50 €/Stunde

90 Stunden zu je 14,00 €/Stunde

Darüber hinaus sind folgende Rechengrößen zu berücksichtigen:

Materialgemeinkostenzuschlag: 48 %

Fertigungsgemeinkostenzuschlag: 160 %

Sondereinzelkosten der Fertigung: 260,00 €

Sondereinzelkosten des Vertriebs: 80,00 €

Verwaltungs- und Vertriebsgemeinkostenzuschlag: 26 %

Aufgabe 451

Berechnen Sie die Herstellkosten.

Aufgabe 452

Berechnen Sie die Selbstkosten.

Aufgabe 453

Erklären Sie den Unterschied zwischen Einzel- und Gemeinkosten.

Aufgabe 454

Als Mitarbeiter/-in der Abteilung Kostenrechnung/Controlling sollen Sie die Abgrenzungsrechnung vorbereiten. Entscheiden Sie für die folgenden Geschäftsvorgänge, ob es sich um Kosten, Leistungen, neutrale Aufwendungen oder neutrale Erträge handelt, indem Sie die entsprechenden Kreuze in der vorliegenden Tabelle setzen.

Nr.	Geschäftsfälle	Kosten	Leistungen	Neutrale Aufwendungen	Neutrale Erträge
1.	Miete für eine gemietete Produktionshalle				
2.	Vierteljahreszahlung der Grundsteuer für das Betriebsgebäude				
3.	Bestandserhöhung bei den Vorräten an unfertigen Erzeugnissen				

4.	Zahlung von Weihnachtsgeld an die Arbeitnehmenden				
5.	Erträge aus dem Verkauf von Wertpapieren				
6.	Jahresbeitrag für den „Verein der Freunde und Förderer des Richard-Wagner-Gymnasiums"				
7.	Schadenersatzleistung der Feuerversicherung für Brandschäden im Lager				
8.	Abschreibungen				

Situation zu den Aufgaben 455 – 456

Sie erhalten als Mitarbeiter/-in der Abteilung Kostenrechnung von der Geschäftsbuchführung folgende Zahlen:

- Fertigungsmaterial: 120 000,00 €
- Fertigungslöhne: 100 000,00 €
- Hilfslöhne: 48 000,00 €
- Energieverbrauch: 40 000,00 €
- Gebühren und Steuern: 20 000,00 €
- Abschreibungen: 82 000,00 €
- Fremdleistungen für die Kostenstelle des Betriebs: 22 000,00 €

Aufgabe 455

Errechnen Sie, wie hoch die Fertigungsgemeinkosten in Euro sind, wenn 50 000,00 € der angegebenen Gemeinkosten auf Verwaltung und Vertrieb entfallen und der Materialgemeinkostenzuschlag 10 % beträgt.

Aufgabe 456

Errechnen Sie die Höhe des Fertigungsgemeinkostenzuschlagssatzes (in Prozent) auf der Grundlage der vorstehend angegebenen Zahlen.

Aufgabe 457

In der Vorkalkulation der BüKo GmbH wurde bei einem Auftrag mit 43 800,00 € Fertigungsmaterial gerechnet. Bei der Abwicklung des Auftrags wurden 42 600,00 € Fertigungsmaterial verbraucht.

Ermitteln Sie, wie hoch die Abweichung bei den Materialgemeinkosten ist, wenn mit einem Materialgemeinkostenzuschlag von 6,5 % kalkuliert wurde.

Aufgabe 458

Warum werden in Betrieben Betriebsabrechnungsbögen (BAB) geführt?

(1) um Unterlagen für die Divisionskalkulation zu haben

(2) um die Richtigkeit der Lohnabrechnung nachzuweisen

(3) um Gemeinkosten auf die Kostenstellen zu verteilen

(4) um die Rentabilität des Betriebs zu ermitteln

(5) um die Einzelkosten zu ermitteln

Aufgabe 459

Welche Aufgabe hat die Kosten- und Leistungsrechnung?

(1) Sie stellt die Ausgaben und Einnahmen gegenüber.

(2) Sie muss den Stand des Vermögens und der Schulden feststellen.

(3) Sie soll das Betriebsergebnis ermitteln.

(4) Sie stellt die Daten für die Rechnungsprüfung bereit.

(5) Sie hat den Erfolg des Unternehmens zu ermitteln.

Aufgabe 460

Wie erklären Sie den Zusammenhang zwischen Kosten und Aufwendungen?

(1) Unter Kosten versteht man die betriebsnotwendigen Aufwendungen zum Erbringen von Leistungen.

(2) Alle Aufwendungen sind Kosten.

(3) Kosten entstehen für das gesamte Unternehmen, Aufwendungen für den Betrieb.

(4) Den Begriff Kosten verwendet man vorwiegend in der Erfolgsrechnung, den Begriff Aufwand im Zahlungsverkehr.

(5) Betriebsfremde Aufwendungen sind Zusatzkosten.

5. Statistik

Aufgabe 461

Beschreiben Sie die Kernaufgabe der Statistik.

Aufgabe 462

Die Darstellung und Aufbereitung des betrieblichen Zahlenmaterials erfolgen in der Statistik durch Tabellen und Diagramme, die mithilfe eines Tabellenkalkulationsprogramms (z. B. Excel) erstellt werden.

Welche vier grundsätzliche Diagrammarten lassen sich unterscheiden?

Aufgabe 463

Sie haben die Aufgabe, die Kasse Ihres Werkverkaufs zu überprüfen.

ABTEILUNGSSTATISTIK KASSE VOM 31.08.20....					Datum: 31.08.20... Zeit: 20:35:26 Kasse 024-001
SSE: 220 T/R PZ	**Kunden**	**USt**	**EINNAHMEN**	**WARENRÜCKGABE**	**EINNAHMEN abzgl. Warenrückgabe**
	1	19,00	127,94	0,00	127,94
	1	19,00	48,27	0,00	48,27
	2	19,00	87,12	0,00	87,12
	1	19,00	92,58	19,95	A
	1	19,00	B	29,95	104,63

a) Ermitteln Sie die fehlende Position A.

b) Ermitteln Sie die fehlende Position B.

Aufgabe 464

Der BüKo GmbH liegen folgende Daten einer Absatzstatistik vor:

Jahr 1:

Verkauf: 4 587 Stück

Umsatz: 41 191,26 €

Jahr 2:

Verkauf: 5 123 Stück

Umsatz: 50 973,85 €

Um wie viel Prozent ist der Absatz im 2. Jahr im Vergleich zum Vorjahr gestiegen? (Runden Sie das Ergebnis auf eine Nachkommastelle.)

Aufgabe 465

Ihnen liegt die folgende Umsatzstatistik vor.

Ermitteln Sie den durchschnittlichen Umsatz je Mitarbeiter/-in.

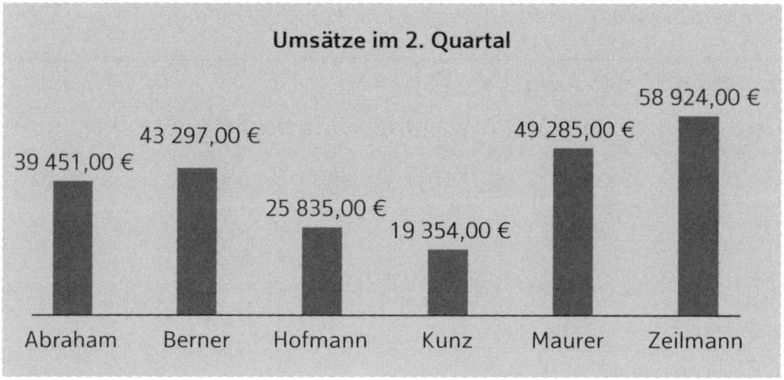

Aufgabe 466

Der BüKo GmbH liegen folgende Daten einer Absatzstatistik vor:

Jahr 1:

Verkauf: 11 453 Stück

Gesamtumsatz: 285 752,35 €

Jahr 2:

Verkauf: 15 063 Stück

Gesamtumsatz: 451 136,85 €

Um wie viel Prozent ist der Stückpreis im zweiten Jahr im Vergleich zum Vorjahr gestiegen? (Runden Sie das Ergebnis auf eine Nachkommastelle.)

6. Controlling

Aufgabe 467

Definieren Sie den Begriff Controlling und erläutern Sie vier Aufgaben von Controlling.

Aufgabe 468

Welche Instrumente kommen im Controlling zum Einsatz. Nennen und erläutern Sie vier Beispiele.

Aufgabe 469

Nennen Sie vier Anwendungsbereiche von Controlling.

Situation zu den Aufgaben 470 – 472

Über die Strobel OHG, ein Konkurrenzunternehmen der BüKo GmbH, liegen folgende Zahlen vor:

- Umsatzerlöse: 60 Mio. €
- Aufwendungen: 59 Mio. €
- Fremdkapitalzinssatz: 8 %
- Eigenkapital: 5 Mio. €
- Fremdkapital: 25 Mio. €

Aufgabe 470

Wie viel Prozent beträgt die Gesamtkapitalrentabilität?

Aufgabe 471

Wie viel Prozent beträgt die Eigenkapitalrentabilität?

Aufgabe 472

Wie viel Prozent beträgt die Umsatzrentabilität?

Aufgabe 473

Ordnen Sie jeder Kennziffer zum Jahresabschluss eine Aussage zu.

Kennziffern zum Jahresabschluss:

☐ Deckungsgrad I

☐ Liquidität ersten Grades

☐ Umsatzrentabilität

(1) Gibt an, welchen Anteil das Eigenkapital am Gesamtkapital hat.

(2) Zeigt, in welcher Höhe flüssige Mittel reichen, um die kurzfristigen Verbindlichkeiten zu decken.

(3) Drückt das Verhältnis zwischen Kosten und Leistungen aus.

(4) Zeigt, in welcher Höhe das Anlagevermögen durch das Eigenkapital finanziert ist.

(5) Stellt die Forderungen den kurzfristigen Verbindlichkeiten gegenüber.

(6) Zeigt den Gewinn als prozentualen Anteil des Umsatzes.

(7) Gibt Auskunft über die Verzinsung des Kapitals.

Aufgabe 474

Bei jeder Investition eines Unternehmens stellt sich die Frage, ob sich diese Maßnahme „rentiert" hat. Welche der folgenden Aussagen zum Begriff „Rentabilität" ist zutreffend?

(1) Unter Rentabilität versteht man den Ressourceneinsatz, der zum größtmöglichen Umsatz führt.

(2) Untere Rentabilität versteht man den Gewinn, der nach Abzug aller Kosten und Steuern im Unternehmen verbleibt.

(3) Unter Rentabilität versteht man den Gewinn, der vor Abzug der Steuern im Unternehmen verbleibt.

(4) Unter Rentabilität versteht man den Gewinn, der mit den minimalsten Kosten erwirtschaftet wurde.

(5) Unter Rentabilität versteht man das Verhältnis zwischen dem eingesetzten Kapital und dem dadurch erzielten Gewinn.

Aufgabe 475

Durch welche der folgenden Maßnahmen kann die BüKo GmbH eine Steigerung ihrer Arbeitsproduktivität erreichen?

(1) Einführung einer zusätzlichen Nachtschicht

(2) Mehrarbeit in Form von Überstunden

(3) Erhöhung der Löhne bei proportionaler Erhöhung der Arbeitszeit

(4) Reduktion des Produktionsvolumens durch Verkürzung der Arbeitszeit

(5) Erhöhung der Produktionsmenge je geleistete Arbeitsstunde

---

Situation zu den Aufgaben 476 – 480

Die BüKo GmbH denkt darüber nach, intensivere Geschäftsbeziehungen mit der Bürowelt GmbH einzugehen. Dazu sollen die folgenden Bilanzdaten der Bürowelt GmbH analysiert werden.

Aktiva **Bilanz der Bürowelt GmbH zum 31.12.20..** **Passiva**

Aktiva		Passiva	
I. Anlagevermögen		I. Eigenkapital	
1. Gebäude	569 700,00 €	II. Fremdkapital	
2. Maschinen	159 500,00 €	1. Bankverbindlichkeiten	532 250,00 €
3. Fuhrpark	160 400,00 €	2. Verbindlichkeiten a. LL.	552 900,00 €
4. BGA	187 000,00 €		
II. Umlaufvermögen			
1. Roh-, Hilfs- und Betriebsstoffe	132 250,00 €		
2. Eigene Erzeugnisse	196 850,00 €		
3. Handelswaren	206 220,00 €		
4. Forderungen a. LL.	127 015,00 €		
5. Kassenbestand	593,00 €		
6. Bankguthaben	5 697,00 €		

Aufgabe 476

Berechnen Sie die Bilanzsumme.

Aufgabe 477

Ermitteln Sie die Höhe des Eigenkapitals.

Aufgabe 478

Berechnen Sie die Eigenkapitalquote.

Aufgabe 479

Berechnen Sie die Anlagenintensität (= Quote des Anlagevermögens).

Aufgabe 480

Berechnen Sie die Forderungsquote.

D

INFORMATION, KOMMUNIKATION UND ARBEITSTECHNIKEN

1. Informationsverarbeitung

Aufgabe 481

Nennen Sie vier Hilfsmittel, die Sie für die Terminplanung und -überwachung einsetzen können.

Aufgabe 482

Im Rahmen der Terminplanung kommt auch die „ALPEN-Methode“ zum Einsatz. Erläutern Sie die Vorgehensweise, die bei der Anwendung dieser Methode vorgeschlagen wird.

Aufgabe 483

Was versteht man unter dem Pareto-Prinzip?

Aufgabe 484

Das „Eisenhower“-Prinzip unterscheidet im Zeitmanagement zwischen A-, B- und C-Aufgaben und wird daher auch ABC-Analyse genannt. Wodurch unterscheiden sich diese Aufgabentypen voneinander und wie ist mit ihnen sinnvollerweise umzugehen?

Aufgabe 485

Welche Aufgabe hat der betriebliche Datenschutz und was versteht man unter dem Datengeheimnis?

Aufgabe 486

Die meisten Daten, mit denen die Personalabteilung arbeitet, sind auch digital gespeichert. Nennen und erläutern Sie vier Maßnahmen, die bei der Organisation der elektronischen und automatisierten Datenverarbeitung getroffen werden müssen, um den Datenschutz zu gewährleisten.

2. Kommunikation und Kooperation

Aufgabe 487

Gelungene Kommunikation lebt davon, dass sich die Kommunikationspartner auch hin und wieder ein offenes Feedback geben. Beim Geben und Empfangen von Feedback ist allerdings eine Reihe von Regeln zu beachten. Nennen Sie jeweils vier Feedbackregeln für die Feedbackgebenden und die Feedbacknehmenden.

Aufgabe 488

Wodurch unterscheidet sich der kooperative vom autoritären Führungsstil?

Geben Sie jeweils drei Chancen und drei Gefahren dieser beiden Führungsstile.

Aufgabe 489

In der BüKo GmbH wird in der Regel in Teams zusammengearbeitet. Die erfolgreiche Teamentwicklung hat daher einen hohen Stellenwert für den Erfolg des Unternehmens.

a) Erläutern Sie die vier typischen Phasen der Teamentwicklung.

b) Formulieren Sie fünf Regeln für eine erfolgreiche Teamarbeit.

Aufgabe 490

Sie haben die Aufgabe, eine Präsentation Ihres Teams vor der Geschäftsleitung vorzubereiten. Nennen Sie fünf Regeln für eine gelungene Präsentation.

Aufgabe 491

Sowohl innerhalb der Teams der BüKo GmbH als auch im Umgang mit Lieferanten und Kunden können Konflikte auftreten, mit denen professionell umgegangen werden muss. Stellen Sie vier Regeln für das erfolgreiche Führen von Konfliktgesprächen auf und erläutern Sie diese jeweils mit konkreten Formulierungen.

Aufgabe 492

Als Mitarbeiter/-in der BüKo GmbH sind Sie derzeit im Callcenter eingesetzt. Dort haben Sie die Aufgabe, eingehende Kundenanrufe kundenorientiert abzuwickeln. Die Gespräche werden zu Trainingszwecken punktuell aufgezeichnet.

a) Sie werden mit den folgenden drei Aussagen konfrontiert, die Sie in unterschiedlichen Kundengesprächen getätigt haben. Suchen Sie jeweils nach einer kundenorientierten Alternativformulierung zu den folgenden Aussagen:

„Ich kann Ihnen da nicht weiterhelfen."

„Das fällt nicht in meinen Zuständigkeitsbereich."

„Das habe ich Ihnen doch gerade ausführlich erklärt."

b) Ein Kunde äußert sich am Telefon wie folgt: „Bisher habe ich immer nur einen Rabatt von 5 % bekommen. Sie sehen ja an meinen Bestellungen, dass ich ein guter Kunde bin." Analysieren Sie diese Aussage nach dem „Vier-Seiten-Modell" von Schulz von Thun.

c) Die BüKo GmbH plant, den Umgang mit Kundenbeschwerden zu professionalisieren. Erläutern Sie ein Argument, das dafürspricht, ein Beschwerdemanagement einzuführen.

d) Für die Entwicklung einer neuen Marketingstrategie wird in der BüKo GmbH ein Projektteam gebildet. Nennen Sie drei Vorteile, die die Arbeit im Team für die Lösung dieser Aufgabenstellung bringt.

Aufgabe 493

Als Mitarbeiter/-in der BüKo GmbH führen Sie häufig Gespräche mit Kunden. Sie verfolgen das Ziel, in diesen Gesprächen erfolgreich und kundenorientiert zu kommunizieren.

a) In der Gesprächsführung spielen neben den verbalen Elementen auch am Telefon nonverbale Elemente eine wichtige Rolle. Nennen Sie drei auditive und drei visuelle nonverbale Elemente der Kommunikation.

b) Um eine positive Beziehung zum Gesprächspartner aufzubauen, sollte man durch aktives Zuhören wirkliches Interesse signalisieren und Verständnis für seine Position deutlich machen. Nennen Sie drei Merkmale für das aktive Zuhören.

c) Zur Professionalisierung des Beschwerdemanagements wird in der BüKo GmbH ein Projektteam gebildet. Erläutern Sie drei Voraussetzungen für eine erfolgreiche Teamarbeit.

Aufgabe 494

Ein Kunde der BüKo GmbH reklamiert bei Ihnen einen Hängeregisterschrank, der nur noch schwer zu öffnen ist. Er hat den Artikel vor acht Wochen gekauft und legt die entsprechende Rechnung und den Zahlungsbeleg vor.

a) Der Kunde ist sichtlich ungehalten darüber, dass der Hängeregisterschrank bereits nach so kurzer Zeit nicht mehr funktioniert, und äußert Ihnen gegenüber lautstark seinen Unmut. Schildern Sie drei mögliche Verhaltensweisen, wie Sie auf die Beschwerde des Kunden angemessen reagieren können.

b) Im Zuge des Gesprächs äußert der aufgebrachte Kunde den erkennbar ironisch gemeinten Satz:

„Qualität wird bei der BüKo ja offensichtlich ganz großgeschrieben!"

Nach dem Kommunikationsmodell von Schulz von Thun beinhaltet jede kommunizierte Botschaft vier verschiedene Aspekte. Benennen Sie die vier Aspekte einer Nachricht und erläutern Sie diese anhand der Äußerung des Kunden.

c) Wie lösen Sie die vorliegende Situation, wenn Sie kundenorientiert vorgehen?

Aufgabe 495

Sie sind in der BüKo GmbH derzeit im Callcenter eingesetzt. Dort führen Sie ein Verkaufsgespräch mit dem Kunden Peter Schneider, der darüber nachdenkt, einen Schreibtisch zu kaufen.

a) Erläutern Sie drei Elemente der Stimmführung, auf die Sie beim Gespräch mit Kundinnen/Kunden achten sollten.

b) Im Laufe des Verkaufsgesprächs fragt Herr Schneider nach dem Preis. Worauf müssen Sie achten, wenn Sie diese Frage verkaufsfördernd beantworten wollen?

c) Im Zuge eines Verkaufsgesprächs bringt ein Kunde den folgenden Einwand vor: „Diesen Schreibtisch bekomme ich bei der Konkurrenz deutlich günstiger." Formulieren Sie Ihre Reaktion auf diesen Kundeneinwand. Setzen Sie dabei die Ja-aber-Methode ein.

Aufgabe 496

Welche der folgenden Aussagen ist keine Grundregel für eine erfolgreiche Teamarbeit?

(1) Die Ziele der Teamarbeit und die Vorgehensweise werden gemeinsam festgelegt.

(2) Die zu bewältigenden Aufgaben werden fair auf alle Teammitglieder verteilt.

(3) Jedes Teammitglied hält sich an getroffene Absprachen.

(4) Jedes Teammitglied übernimmt Verantwortung für das Erreichen der angestrebten Ziele.

(5) Treten im Team Meinungsverschiedenheiten und Spannungen auf, müssen einzelne Teammitglieder aus dem Team entfernt werden.

3. Projektmanagement

Aufgabe 497

Ein Projekt wird definiert als Vorhaben, das durch die Einmaligkeit seiner Bedingungen gekennzeichnet ist. Dabei gilt es, teilweise konkurrierende Projektziele in Einklang zu bringen. In diesem Zusammenhang ist auch vom „Goldenen Dreieck" bzw. vom „Magischen Dreieck" des Projektmanagements die Rede. Erläutern Sie, was darunter zu verstehen ist.

Aufgabe 498

Im Projektmanagement kommen eine Vielzahl von Projektmanagement-Techniken zum Einsatz. Erläutern Sie kurz, inwiefern die folgenden Instrumente einen Beitrag für ein erfolgreiches Projektmanagement leisten können.

a) Projektstrukturplan

b) Risikoanalyse

c) Netzplantechnik

d) Balkendiagramm (Gantt-Diagramm)

e) Kanban-Board

Aufgabe 499

Der Geschäftsführer der BüKo GmbH äußert sich in einer Besprechung wie folgt: „Für die erfolgreiche Umsetzung unserer Projekte ist ein professionelles Projektcontrolling das A und O." Definieren Sie den Begriff Projektcontrolling und nennen Sie fünf Aufgabenbereiche des Projektcontrollings.

4. Qualitätsmanagement

Situation zu den Aufgaben 500 – 505

Sie werden von der Geschäftsführung der BüKo GmbH beauftragt, das Qualitätsmanagement der BüKo GmbH einer kritischen Überprüfung zu unterziehen und ggf. Verbesserungen vorzuschlagen. Zunächst versuchen Sie, sich einen Überblick über die Grundbegriffe des Qualitätsmanagements zu verschaffen.

Aufgabe 500

Wie lautet die grundsätzliche Leitfrage des Qualitätsmanagements?

Aufgabe 501

Nennen Sie die vier grundlegenden Schritte bei der Umsetzung eines Qualitätsmanagement-Konzepts.

Aufgabe 502

Ihr Geschäftsführer gibt Ihnen noch den Hinweis: „Schauen Sie sich unbedingt auch einmal an, ob es für uns Sinn macht, KVP einzuführen." Was meint er damit?

Aufgabe 503

Welche Bedeutung hat die Zertifizierung für das Qualitätsmanagement?

Aufgabe 504

Was ist unter „Total Quality Management" (TQM) zu verstehen?

Aufgabe 505

Für Unternehmen wird es immer wichtiger, anpassungsfähig zu sein und Veränderungsprozesse schnell umzusetzen. Dies erreichen sie durch ein erfolgreiches Veränderungsmanagement (Change Management). Wodurch unterscheidet sich das virale Change Management vom traditionellen Change Management?

Situation zu den Aufgaben 506 – 507

In der BüKo GmbH beschweren sich vermehrt Kundinnen/Kunden über die eingeschränkte Funktionsfähigkeit der Schubladen des Schreibtisches „Smart Solution". Besonders verärgert waren die Kunden allerdings darüber, dass die Reklamationen nicht zeitnah bearbeitet wurden. Zu diesem Zwecke wird nun ein Projektteam gebildet, das die Aufgabe hat, den Geschäftsprozess der Bearbeitung von Reklamationen zu verbessern. Sie werden gebeten, in diesem Projektteam mitzuarbeiten.

Aufgabe 506

Der Verbesserungsprozess innerhalb der BüKo GmbH erfordert ein systematisches Vorgehen. Planen Sie Ihr Vorgehen und bringen Sie dazu die Schritte dieses Prozesses in die richtige Reihenfolge, indem Sie die Ziffern 1 bis 5 in die Kästchen neben den Prozessschritten eintragen.

☐ Einführung eines neuen Arbeitsablaufs nach einer Testphase

☐ Ist-Aufnahme des Bearbeitungsprozesses von Reklamationen

☐ Kontrolle des neuen Arbeitsablaufes

☐ Analyse des Bearbeitungsprozesses von Reklamationen

☐ Erstellung eines Soll-Vorschlags zur Bearbeitung von Reklamationen

Aufgabe 507

Die Reklamationen werden in der BüKo GmbH in einer Abteilung mit drei Mitarbeitenden bearbeitet. Zur Erfassung des derzeitigen Bearbeitungsprozesses (Ist-Aufnahme) werden verschiedene Methoden diskutiert. Welche Methode ist in diesem Fall zweckmäßig?

(1) schriftliche Kundenbefragung

(2) Interview der Mitarbeitenden

(3) Dauerbeobachtung

(4) Multi-Moment-Aufnahme

(5) Panel

E

LÖSUNGEN

Teil A Wirtschafts- und Sozialkunde – LÖSUNGEN

Aufg. 1	3
Aufg. 2	3
Aufg. 3	4
Aufg. 4	2
Aufg. 5	1
Aufg. 6	4
Aufg. 7	4
Aufg. 8	4, 5, 7
Aufg. 9	5
Aufg. 10	2
Aufg. 11	4
Aufg. 12	3
Aufg. 13	14, 6, 11, 8, 9
Aufg. 14	4
Aufg. 15	2
Aufg. 16	3, 3, 2
Aufg. 17	2, 4
Aufg. 18	4
Aufg. 19	3
Aufg. 20	5
Aufg. 21	2
Aufg. 22	4
Aufg. 23	3
Aufg. 24	3
Aufg. 25	2
Aufg. 26	4

Aufg. 27	2
Aufg. 28	2
Aufg. 29	1
Aufg. 30	5
Aufg. 31	2
Aufg. 32	3
Aufg. 33	4
Aufg. 34	3
Aufg. 35	4
Aufg. 36	3
Aufg. 37	1, 2, 4
Aufg. 38	3
Aufg. 39	4
Aufg. 40	2
Aufg. 41	4
Aufg. 42	4
Aufg. 43	5
Aufg. 44	4
Aufg. 45	2
Aufg. 46	1
Aufg. 47	5, 7
Aufg. 48	4
Aufg. 49	4
Aufg. 50	4
Aufg. 51	4
Aufg. 52	5
Aufg. 53	3
Aufg. 54	1
Aufg. 55	5
Aufg. 56	3
Aufg. 57	2
Aufg. 58	4
Aufg. 59	4
Aufg. 60	3

Aufg. 61	3
Aufg. 62	4
Aufg. 63	2
Aufg. 64	3
Aufg. 65	3
Aufg. 66	2
Aufg. 67	1
Aufg. 68	1
Aufg. 69	3
Aufg. 70	3
Aufg. 71	4
Aufg. 72	4
Aufg. 73	4, 5
Aufg. 74	1, 4
Aufg. 75	4
Aufg. 76	4
Aufg. 77	3
Aufg. 78	3
Aufg. 79	1
Aufg. 80	5
Aufg. 81	3
Aufg. 82	2
Aufg. 83	1
Aufg. 84	2
Aufg. 85	5
Aufg. 86	3
Aufg. 87	4
Aufg. 88	4
Aufg. 89	4
Aufg. 90	4
Aufg. 91	3
Aufg. 92	4
Aufg. 93	3, 5, 6
Aufg. 94	1

Aufg. 95	1
Aufg. 96	5
Aufg. 97	4
Aufg. 98	4, 4, 2, 3, 1
Aufg. 99	3
Aufg. 100	5
Aufg. 101	3, 5
Aufg. 102	a) → Durchsicht des bisherigen Schriftverkehrs mit der SKG GmbH & Co. KG → Klärung der Ursache, warum die Ware nicht rechtzeitig geliefert wurde → Prüfen, wo sich die noch nicht gelieferten Bürostühle derzeit befinden → Prüfen der sofortigen Lieferbereitschaft → Prüfen, ob die Bürostühle anderweitig verkauft werden könnten b) → verbindliches Angebot und Bestellung → Bestellung (ohne vorheriges Angebot) und Lieferung → Lieferung (ohne vorherige Bestellung) und Annahme der Ware c) → Verschulden: Diese Voraussetzung ist beim Gattungskauf zu unterstellen. Das Gegenteil müsste vom Lieferanten nachgewiesen werden. → Nachholung möglich: Der Lieferant ist in der Lage, die Lieferung der Regalteile auch zu einem späteren Zeitpunkt durchzuführen, da es sich um einen Gattungskauf handelt. → Fälligkeit: Die Lieferung hätte bis Ende Mai erfolgen müssen. Die E-Mail stammt vom Juni. Die Lieferung ist also fällig. → Mahnung: Hier nicht notwendig, da der Lieferzeitpunkt „kalendermäßig bestimmt" ist (Lieferung „bis Ende Mai"). Fazit: Die BüKo GmbH befindet sich im Lieferungsverzug (Nicht-rechtzeitig-Lieferung).

d)

Der Liefertermin Ende Mai ist ein „kalendermäßig bestimmtes" Datum. Die BüKo GmbH befindet sich auch ohne vorherige Mahnung ab dem 1. Juni in Verzug. Die SKG GmbH & Co. KG kann aber nur vom Vertrag zurücktreten, wenn sie vorher eine angemessene Nachfrist zur Lieferung setzt. Diese Nachfrist wurde nicht gesetzt. Dadurch entfällt das Recht sowohl auf Rücktritt vom Kaufvertrag als auch für den Deckungskauf. Rein rechtlich kann die BüKo GmbH die Bürostühle sofort liefern, da der Kaufvertrag noch gilt.

e)

Lösungsvariante 1:

- → Entschuldigung beim Kunden
- → Hinweis darauf, dass ein Rücktritt vom Kaufvertrag wegen fehlender Nachfristsetzung rein rechtlich nicht möglich ist
- → Verzicht auf Lieferung aus Kulanzgründen

Begründung:

- → Der Kunde soll durch die Kulanz zufriedengestellt werden.
- → Die Bürostühle lassen sich anderweitig verkaufen, sodass sich der wirtschaftliche Schaden in Grenzen hält.

Lösungsvariante 2:

- → Entschuldigung beim Kunden
- → Hinweis darauf, dass ein Rücktritt vom Kaufvertrag wegen fehlender Nachfristsetzung rein rechtlich nicht möglich ist
- → sofortige Lieferung am nächsten Werktag

Begründung:

- → Die Bürostühle wurden auftragsbezogen für den Kunden beschafft und ließen sich nur schwer anderweitig verkaufen.
- → Kundenbeziehungen waren bisher schon problematisch, ein eventueller Verlust des Kunden wird daher in Kauf genommen.

	f) ⇢ Ohne das Setzen einer Nachfrist: Bestehen auf Erfüllung des Vertrages + Schadenersatz des Verzögerungsschadens ⇢ Mit angemessener Nachfrist und Androhung von Rücktritt vom Kaufvertrag: Rücktritt vom Kaufvertrag + Schadenersatz statt der Leistung
Aufg. 103	3
Aufg. 104	a) Hier: Mangel im Hinblick auf die objektiven Anforderungen (gewöhnliche Verwendung) Andere Mängelarten: Mängel im Hinblick auf die subjektiven Anforderungen (vereinbarte Beschaffenheit einer Kaufsache) ⇢ mangelhafte Montageanleitung („Ikea-Klausel") b) Der Mangel ist unverzüglich zu rügen. Beim zweiseitigen Handelskauf (Kauf unter Kaufleuten) gilt die Pflicht, offene Mängel unverzüglich zu rügen. c) Vorrangiges Recht: Recht auf Nacherfüllung, d. h. Nachbesserung oder Neulieferung d) Nachrangige Rechte (nach Setzen einer angemessenen Nachfrist) ⇢ Rücktritt vom Vertrag (nicht bei geringfügigen Mängeln) ⇢ Minderung (= Preisnachlass) + evtl. Schadenersatz neben der Leistung ⇢ Schadenersatz statt Leistung in Verbindung mit dem Rücktritt vom Vertrag (nur, wenn Verschulden vorliegt, nicht bei geringfügigen Mängeln) ⇢ Ersatz vergeblicher Aufwendungen (nur wenn Verschulden vorliegt, nicht bei geringfügigen Mängeln)
Aufg. 105	a) Debitoren: Kunden Kreditoren: Lieferanten

b)

⇢ Bonität der Kundin prüfen (da Neukunde)

⇢ Lieferfähigkeit bzw. Produktionskapazität klären

⇢ frühestmöglichen Liefertermin ermitteln

⇢ Zahlungsbedingungen klären (z. B. Höhe des Mengenrabatts, Skonto, Zahlungsziel)

⇢ Lieferbedingungen klären (z. B. Lieferung „frei Haus")

c)

⇢ genaue Produktbezeichnung

⇢ Menge

⇢ Preis und Preisnachlässe (Rabatt, Skonto, Bonus)

⇢ Lieferzeit

⇢ Verpackungskosten

⇢ Zahlungsbedingungen

⇢ Beförderungsbedingungen

⇢ Erfüllungsort

⇢ Gerichtsstand

d)

Durch eine Freizeichnungsklausel kann die Bindung an das Angebot ganz oder teilweise ausgeschlossen werden.

Beispiele:

⇢ „unverbindliches Angebot"

⇢ „freibleibendes Angebot"

⇢ „ohne Obligo"

⇢ „solange der Vorrat reicht"

⇢ „Preis freibleibend"

e)

AGB steht für „Allgemeine Geschäftsbedingungen". Es handelt sich dabei um vorformulierte Vertragsbedingungen, die eine Vertragspartei (der Verwender) der anderen Vertragspartei bei Abschluss eines Vertrages stellt.

f)

Alle Streitigkeiten bezüglich der Vertragserfüllung müssen in Bayreuth verhandelt werden.

	g) Bedeutung „frei Haus“: Der Lieferer trägt die gesamten Transportkosten bis zum Empfänger der Ware. h) Gesetzliche Regelung Lieferung (Leistungsort): Leistungsort ist der Ort des Schuldners, d. h., der Käufer ist verpflichtet, die Ware beim Verkäufer abzuholen („Holschuld“) → § 269 BGB. Gesetzliche Regelung Zahlung (Zahlungsort): Der Käufer hat das Geld auf eigene Gefahr und Kosten dem Verkäufer an seinen Wohnsitz zu übermitteln („Schickschuld“) → § 270 BGB. Gesetzliche Regelung zur Leistungszeit: Sowohl Lieferung als auch Zahlung kann sofort verlangt werden → § 271 BGB.
Aufg. 106	a) 17.03.20.. b) 01.04.20.. c) – Rücktritt vom Kaufvertrag – Schadenersatz statt der Leistung d) – Bestehen auf Einhaltung des Kaufvertrags – Schadenersatz neben der Leistung (Verzögerungsschaden) e) Der Verkäufer sichert sich das Eigentum an der verkauften Ware bis zur vollständigen Bezahlung des vereinbarten Kaufpreises. f) 13.04.20..
Aufg. 107	2
Aufg. 108	1
Aufg. 109	2
Aufg. 110	1
Aufg. 111	3
Aufg. 112	4
Aufg. 113	4
Aufg, 114	2
Aufg. 115	4
Aufg. 116	4

Aufg. 117	2
Aufg. 118	1
Aufg. 119	1
Aufg. 120	3
Aufg. 121	4
Aufg. 122	2
Aufg. 123	2
Aufg. 124	4
Aufg. 125	3
Aufg. 126	4
Aufg. 127	1
Aufg. 128	5
Aufg. 129	3
Aufg. 130	3
Aufg. 131	3
Aufg. 132	5
Aufg. 133	2
Aufg. 134	3
Aufg, 135	3
Aufg. 136	1
Aufg. 137	3
Aufg. 138	3
Aufg. 139	1
Aufg. 140	4
Aufg, 141	3
Aufg. 142	3
Aufg. 143	4
Aufg. 144	5
Aufg. 145	3
Aufg. 146	3
Aufg, 147	5
Aufg. 148	4
Aufg. 149	3
Aufg. 150	4

Aufg. 151	1
Aufg. 152	5
Aufg. 153	2
Aufg. 154	3
Aufg, 155	4
Aufg. 156	5
Aufg. 157	3, 5
Aufg. 158	3
Aufg, 159	5
Aufg. 160	4
Aufg. 161	2
Aufg. 162	3
Aufg. 163	3
Aufg. 164	3
Aufg. 165	5
Aufg. 166	3
Aufg. 167	5
Aufg, 168	3
Aufg. 169	5
Aufg. 170	5
Aufg. 171	3
Aufg, 172	3
Aufg. 173	2
Aufg. 174	2, 4, 1, 3, 5
Aufg. 175	2
Aufg. 176	5
Aufg. 177	3
Aufg. 178	4
Aufg. 179	4
Aufg. 180	4
Aufg. 181	4
Aufg. 182	2
Aufg. 183	1
Aufg. 184	1

Aufg. 185	3
Aufg. 186	2
Aufg. 187	2
Aufg. 188	2
Aufg. 189	2
Aufg. 190	4
Aufg. 191	3
Aufg. 192	5
Aufg. 193	4
Aufg. 194	1, 5
Aufg. 195	4
Aufg. 196	2, 5
Aufg. 197	3

Teil B Geschäftsprozesse – LÖSUNGEN

Aufg. 198	z. B. → Wie sind die Aufgaben gegliedert? → Welche Stellen sollen gebildet werden? → Wer kann wem Weisungen erteilen? → Wie ist die Unternehmenshierarchie aufgebaut? → Organigramm
Aufg. 199	→ Einkaufen von Waren → Lagern der Ware → Verkaufen der Ware
Aufg. 200	→ produktbezogene Abteilungsgliederung (Objektprinzip): Es entstehen Abteilungen nach Warengruppen, z. B. Abteilungen Bürotechnik, Büroeinrichtung, Verbrauch, Organisation. → verrichtungsorientierte Abteilungsgliederung (Funktionsprinzip): Die Abteilungsbildung folgt nach Art der zu verrichtenden Tätigkeit, z. B. Abteilung Einkauf, Lagerhaltung, Verkauf, Rechnungswesen.

Aufg. 201	Einliniensystem: Für jede Stelle gibt es nur eine übergeordnete Stelle, die Weisungen erteilt. Eine untergeordnete Stelle gibt Meldungen/Vorschläge nur an die unmittelbar übergeordnete Stelle. Mehrliniensystem: Mindestens eine untergeordnete Stelle erhält Weisungen von mehreren übergeordneten Stellen.
Aufg. 202	Vorteile: → Kurze Informationswege erhöhen die Flexibilität. → Durch den Einblick in mehrere Bereiche haben die Vorgesetzten große Sachkenntnis. → Der Einsatz der Mitarbeitenden ist flexibler und die personellen Kapazitäten können so besser genutzt werden. Nachteile: → Die Überschneidung von Anweisungen kann zu Überlastung der Mitarbeitenden führen. → Es kann zu Koordinierungsproblemen kommen. → Es besteht die Gefahr von Kompetenzstreitigkeiten zwischen Vorgesetzten.
Aufg. 203	Stabsstellen → sind nicht weisungsberechtigt, → haben eine beratende Funktion, → sind meist von Experten besetzt, → sind Hilfsstellen der Instanzen und bereiten die Entscheidungen der Instanzen vor.
Aufg. 204	Hauptziele: → optimale Auslastung der Kapazitäten (Arbeitskräfte und Betriebsmittel) → Minimierung der Durchlaufzeiten (= Zeit zur Abwicklung der Arbeitsprozesse) Dilemma der Ablauforganisation: Es ergeben sich Zielkonflikte bei dem Versuch, beide Ziele gleichzeitig zu erreichen.

Aufg. 205	5
Aufg. 206	3
Aufg. 207	1
Aufg. 208	5
Aufg. 209	5
Aufg. 210	4
Aufg. 211	4
Aufg. 212	5, 1, 3
Aufg. 213	3

Aufg. 214

a) z. B.

- --> Welche Menge soll bestellt werden?
- --> Zu welchem Preis soll bestellt werden?
- --> Wann soll bestellt werden?
- --> Wo (sprich: bei welcher Lieferfirma) soll bestellt werden?
- --> Welchen qualitativen Anforderungen soll die bestellte Ware entsprechen?

b) Bezugskalkulation für das Angebol der Smart Office Solutions GmbH

	pro Stück	für Gesamtmenge (10 Stück)
Listeneinkaufspreis	550,00	5 500,00
– Liefererrabatt (5 %)	27,50	275,00
= Zieleinkaufspreis	522,50	5 225,00
– Liefererskonto (2 %)	10,45	104,50
= Bareinkaufspreis	512,05	5 120,50
+ Bezugskosten	8,00	80,00
= Bezugspreis	520,05	5 200,50

c) Bezugskalkulation für das Angebot 2 der Büromöbel Hofmann GmbH

	pro Stück	für Gesamtmenge (10 Stück)
Listeneinkaufspreis	500,00	5000,00
– Liefererrabatt (20 %)	100,00	1000,00
= Zieleinkaufspreis	400,00	4000,00
– Liefererskonto (3 %)	12,00	120,00
= Bareinkaufspreis	388,00	3880,00
+ Bezugskosten (Verp.+ Fracht)	19,00	190,00
= Bezugspreis	407,00	4070,00

Bezugskalkulation für das Angebot 3 der BMF Büromöbel KG

	pro Stück	für Gesamtmenge (10 Stück)
Listeneinkaufspreis	550,00	5500,00
– Liefererrabatt (20 %)	82,50	825,50
= Zieleinkaufspreis	467,50	4675,00
– Liefererskonto (2 %)	9,35	93,50
= Bareinkaufspreis	458,15	4581,50
+ Bezugskosten	0,00	0,00
= Bezugspreis	458,15	4581,50

Bei Berücksichtigung aller Entscheidungskriterien fallen insbesondere die bisherigen Erfahrungen mit den Lieferfirmen ins Gewicht. Während mit der Smart Office Solutions GmbH noch keinerlei Erfahrungen vorliegen, gab es mit der Büromöbel Hofmann GmbH (Angebot 2) immer wieder Schwierigkeiten. Die BMF Büromöbel KG (Angebot 3) hat sich bei anderen Sportgeräten bereits als zuverlässiger Lieferant von qualitativ hochwertiger Ware gezeigt. Deshalb sollte sich die BüKo GmbH trotz des etwas höheren Bezugspreises für das Angebot der BMF Büromöbel KG entscheiden.

Aufg. 215

a)

→ Bezugsquellen ermitteln

→ Angebote bei verschiedenen potenziellen Lieferfirmen einholen

→ Angebote vergleichen

→ Ware bei ausgewählten Lieferfirmen bestellen

b)

→ Der „Mindestbestand" (auch „Sicherheitsbestand" oder „eiserner Bestand") ist der Lagerbestand, der nicht unterschritten werden darf, um die Produktion/ Erfüllung von Kundenwünschen auch in Notfällen (z. B. Lieferengpass) aufrechterhalten zu können.

→ Bei Erreichen des „Meldebestandes" durch Entnahmen aus dem Lagerbestand wird bei der automatischen Disposition eine Meldung an den Einkauf zur Auffüllung des Lagers – durch eine Bestellung – ausgelöst. Der Meldebestand bestimmt somit den fälligen Bedarfszeitpunkt.

→ Der „Höchstbestand" ist der Bestand, der maximal im Lager vorhanden sein darf, um zu hohe Kosten und eine zu hohe Kapitalbindung zu verhindern.

c) Meldebestand = (Tagesbedarf · Beschaffungszeit) + Mindestbestand Für den Kochtopf: Meldebestand = (2 · 5) + 1 = 11

d) Die Bestellung ist an keine bestimmte Form gebunden. Sie kann schriftlich, mündlich, telefonisch, per E-Mail, per Fax u. Ä. erfolgen.

e) z. B.

→ Untersuchung der Verpackung auf äußerlich erkennbare Schäden. Beschädigungen lässt man sich auf dem Warenbegleitpapier bestätigen.

→ Vergleich der Angaben in den Warenbegleitpapieren (Lieferschein, Frachtbrief) hinsichtlich der Zahl oder des Gewichts der Verpackungseinheiten, z. B. Kisten, Paletten u. Ä.

→ Bestätigung des Warenempfangs auf der Kopie des Warenbegleitpapiers

→ Auspacken bestimmter Sendungen und Vergleich der Art, der Menge und der Qualitätsangaben mit dem Lieferschein

→ Erfassung der Wareneingangsdaten (Datenabgleich zwischen der Warenannahme und der Lieferer- bzw. Bestelldatei)

Aufg. 216

a)

Bestell-häufigkeit	Bestell-menge (VE)	Durchschnittl. Lagerbestand = 1/2 Bestellmenge (in Stk.)	Lagerhal-tungskos-ten pro Jahr (in €)	Bestell-kosten pro Jahr (in €)	Gesamt-kosten pro Jahn (in €)
1	1 000	500	750,00	60,00	810,00
2	500	250	375,00	120,00	495,00
4	250	125	187,50	240,00	427,50
8	125	62,5	93,75	480,00	573,75
10	100	50	75,00	600,00	675,00

Die optimale Bestellmenge liegt bei 250 Stück, da hier die Summe aus Lagerkosten und Beschaffungskosten am niedrigsten ist.

b) Hohe Bestellmengen ermöglichen niedrige Bestellkosten, da sich der Verwaltungsaufwand reduziert und höhere Rabatte ausgehandelt werden können. Gleichzeitig führen hohe Bestellmengen auch zu hohen Lagerbeständen und damit hohen Lagerkosten. Bei niedrigen Bestellmengen ist es genau umgekehrt. Daher wird die optimale Bestellmenge ermittelt, indem die Summe aus Bestellkosten und Lagerkosten minimiert wird.

c) Artikeldatei:

z. B.

→ Qualität

→ Preis

→ Lieferzeit

Lieferantendatei:

z. B.

→ Lieferungsbedingungen

→ Zahlungsbedingungen

→ Garantien

Aufg. 217	a)	
	Listenpreis	500,00 €
	– Liefererrabatt (10 % von LP)	50,00 €
	= Zieleinkaufspreis	450,00 €
	– Liefererskonto (2 % vom ZEP)	9,00 €
	= Bareinkaufspreis	441,00 €
	+ Bezugskosten	39,00 €
	= Bezugspreis (= Einstandspreis)	480,00 €

b) z. B.

- → Zahlungsbedingungen
- → Lieferzeit
- → Qualität
- → Serviceleistungen (z. B. Ersatzteillieferung, Wartungsvertrag)
- → technische Ausstattung
- → Gewährleistung

c) Bestellrhythmusverfahren: Die Bestellung erfolgt in regelmäßigen Zeitabständen, ein annähernd konstant bleibender Absatz wird unterstellt.

Bestellpunktverfahren: Die Bestellung erfolgt immer dann, wenn ein vorher festgelegter Meldebestand erreicht ist.

Vorteile des Bestellpunktverfahrens:

- → im Vergleich zum Bestellrhythmusverfahren nur sehr niedriger Sicherheitsbestand notwendig
- → höhere Sicherheit bei schwankendem Verbrauch
- → größere Flexibilität ermöglicht niedrigere Lagerbestände und damit niedrigere Lagerkosten (insb. weniger gebundenes Kapital)

d) z. B.

„freibleibendes Angebot"

„unverbindliches Angebot"

„solange der Vorrat reicht"

„Angebot gilt nur bis zum 25.01."

„Wir bieten Ihnen unverbindlich an ..."

Aufg. 218

„Renner": Artikel, die sich am besten verkaufen, also „rennen"

„Penner": Artikel, die sich am schlechtesten verkaufen und wie Blei im Lager liegen, also „pennen"

a) Betrachtung der Absatzmengen (Spalte Monatsabsatz)
„Renner": Artikelnummer 8793 und 4789
„Penner": Artikelnummer 7403 und 4260

b) Betrachtung des Umsatzes (Spalte Monatsumsatz)
„Renner": Artikelnummer 4789 und 4681
„Penner": Artikelnummer 8793 und 7403

c) Betrachtung des Rohgewinns (Spalte Rohgewinn)
„Renner": Artikelnummer 4789 und 4681
„Penner": Artikelnummer 8793 und 4214

d) Rohgewinn = Bruttoverkaufspreis – Einstandspreis (brutto)
Reingewinn = Barverkaufspreis (netto) – Selbstkostenpreis

e) Meldebestand = Sicherheitsbestand + (Tagesumsatz · Lieferzeit) = 10 + (3 · 10) = 40

f) Artikelnummer 4260
Bestand: 32; Monatsabsatz: 10

g)

$$\underline{\text{Kalkulationszuschlag}} \text{ in } \% = \frac{(\text{BVP}^1 - \text{EP}) \cdot 100}{\text{EP}}$$

Artikelnummer 4214:

$$\frac{(29{,}90 - 18{,}90) \cdot 100}{18{,}90} = 58{,}20\ \%$$

Artikelnummer 4789:

$$\frac{(69{,}90\ 38{,}50) \cdot 100}{38{,}50} = 81{,}56\ \%$$

Artikelnummer 8213:

$$\frac{(59{,}00\ 39{,}90) \cdot 100}{39{,}90} = 47{,}87\ \%$$

$$\underline{\text{Handelsspanne}} \text{ in } \% = \frac{(\text{NVP} - \text{EP}) \cdot 100}{\text{NVP}}$$

	Artikelnummer 4214: $NVP = \frac{BVP \cdot 100}{119} = \frac{29{,}90 \cdot 100}{119} = 25{,}13$ $\frac{(25{,}13 - 18{,}90) \cdot 100}{25{,}13} = \underline{24{,}79\ \%}$ Artikelnummer 4789: $NVP = \frac{BVP \cdot 100}{119} = \frac{69{,}90 \cdot 100}{119} = 58{,}74$ $\frac{(58{,}74 - 38{,}50) \cdot 100}{58{,}74} = \underline{34{,}46\ \%}$ Artikelnummer 8213: $NVP = \frac{BVP \cdot 100}{119} = \frac{59{,}00 \cdot 100}{119} = 49{,}58$ $\frac{(49{,}58 - 39{,}90) \cdot 100}{49{,}58} = \underline{19{,}52\ \%}$ h) Effiziente Lagerung der Produkte (gruppenweise und griffbereit): Beispielsweise werden häufig benötigte Artikel „vorn" eingelagert, damit man einen schnellen Zugriff darauf hat.
Aufg. 219	a) Bezugskalkulation für das Angebot 1 der Bürowelt Haller GmbH Listeneinkaufspreis 150,00 – Liefererrabatt (10 %) 15,00 = Zieleinkaufspreis 135,00 – Liefererskonto (2 %) 2,70 = Bareinkaufspreis 132,30 + Bezugskosten 5,00 = Bezugspreis 137,30

[1] Im Einzelhandel wird der Kalkulationszuschlag mit dem BVP berechnet, im Großhandel mit dem NVP.

	Bezugskalkulation für das Angebot 2 der Dorner Büroausstattung KG Listeneinkaufspreis 145,00 – Liefererrabatt (0 %) 0,00 = Zieleinkaufspreis 145,00 – Liefererskonto (2 %) 2,90 = Bareinkaufspreis 142,10 + Bezugskosten 9,00 = Bezugspreis 151,10 b) z. B. → Qualität → Zahlungsbedingungen (z. B. Zahlungsziel) → Lieferbedingungen (z. B. Lieferzeit) → Kundendienst → Zuverlässigkeit → Branchenimage c) Differenzkalkulation Listeneinkaufspreis 50,00 – Liefererrabatt (15 %) 7,50 = Zieleinkaufspreis 42,50 – Liefererskonto (3 %) 1,28 = Bareinkaufspreis 41,22 + Bezugskosten 1,00 = **Bezugspreis** **42,22** + Handlungskosten (50 %) 21,11 = Selbstkostenpreis 63,33 + **Gewinn (16,9 %)** **10,71** = Nettoverkaufspreis 74,04 + 19 % Umsatzsteuer 14,06 Bruttoverkaufspreis 88,10
Aufg. 220	z. B. → zeitnahe Ermittlung der Bewegungsdaten von Rohstoffen, halbfertigen und fertigen Erzeugnissen sowie Handelswaren

	--> Sicherung eines bedarfsgerechten Dispositions- und Bestellwesens --> Ermittlung und Fortschreibung der Warenbestandsdaten --> empfängerorientierte Aufbereitung von Warenwirtschafts- und Produktionsdaten (z. B. Wareneingangsstatistik, Lagerstatistik, Fertigungsstatistik, Absatzstatistik) --> Überwachung der Auftragsabwicklung – Controlling
Aufg. 221	5
Aufg. 222	3
Aufg. 223	9,75 € Lösungsweg: $(1\,100 \cdot 30) \cdot 0{,}9 = 29\,700{,}00$ $29\,700{,}00 \cdot 0{,}98 = 29\,106{,}00$ $29\,106{,}00 + (48{,}00 \cdot 3) = 29\,250{,}00$ $29\,250{,}00 : 3\,000 = 9{,}75$
Aufg. 224	3
Aufg. 225	a) --> Besuch von Messen --> Internetauftritte potenzieller Lieferantinnen/Lieferanten --> Fachzeitschriften --> Markt- und Börsenberichte --> Nutzung der Kontakte von Handelsvertreterinnen/Handelsvertretern --> Einschalten von Einkaufsagenturen --> Kontaktieren der relevanten Handelskammern --> Wirtschaftsberichte der entsprechenden Verbände b) Dual-Sourcing-Strategie (=Doppelquellenbeschaffung): Eine Beschafferin/ein Beschaffer bestellt identische Ressourcen bei zwei voneinander unabhängigen Lieferfirmen. So kann zwischen mehreren Einkaufsquellen gewählt und Bedarfe flexibler geordert werden.

Vorteile	Nachteile
• mehr Liefersicherheit • stärkere Position bei Verhandlungen • Innovationsdruck bei den Lieferantinnen/Lieferanten • flexible Mengenverteilung • bessere Risikoverteilung	• höherer Bestellaufwand • höhere Transaktionskosten • mehr Kommunikationsaufwand • schwierigere Kontrolle

c)

→ Wechselkursrisiko (z. B. Differenzen zwischen Bestellwert und Rechnungswert durch die Schwankungen auf dem Devisenmarkt)

→ Politische Risiken (z. B. Ausfuhr- oder Einfuhrverbote oder -beschränkungen)

→ Transportrisiken (z. B. Beschädigung von Ware aufgrund längerer Transportwege)

→ Verzögerungen der Lieferzeiten durch weite Transportwege

d)

$30\,000 + 10\,x = 2\,000 + 50\,x$

$28\,000 = 40\,x$

$x = 28\,000 / 40$

$x = 700$ Stück

Bei einem jährlichen Bedarf von 700 Stück sind Eigenfertigung und Fremdbezug mit den gleichen Kosten verbunden. Ab 701 Stück ist die Eigenfertigung günstiger.

e)

Die ABC-Analyse ist ein Verfahren, Schwerpunkte bei den zu beschaffenden Materialien zu erkennen. Hier werden die zugekauften Teile hinsichtlich ihres Wertanteils am Gesamtbeschaffungswert in die Kategorien A, B und C eingeteilt.

Materialien der A-Gruppe haben den höchsten Wertanteil und kumuliert einen Anteil von etwa 65 – 80 % des Gesamtwertes.

Die Materialien der B-Gruppe haben einen Anteil von etwa 15 – 20 % des Gesamtwertes.

Die Materialien der C-Gruppe haben den geringsten Wertanteil (etwa 5 – 10 % vom Gesamtwert)

Aufg. 226	Einzelfertigung → auftragsorientierte Fertigung → Herstellung von Einzelstücken → Einsatz von Universalmaschinen → Qualifikationsniveau: Facharbeiter → hohe Flexibilität gegenüber Marktschwankungen → hohe Stückkosten → Organisation: Baustellenfertigung oder Werkstattfertigung Beispiele: Schiffe, Brücken, Flugzeuge
Aufg. 227	Serienfertigung → programm- und auftragsorientierte Fertigung → Fertigung in Klein- und Großserien → Herstellung gleicher Produkte innerhalb einer Serie → Herstellung verschiedener Produktarten → Einsatz von Universal- und Spezialmaschinen → Qualifikationsniveau: Facharbeiter und angelernte → Arbeiter → erhebliche Umrüstkosten bei Serienwechsel → Organisation: Werkstattfertigung, Gruppenfertigung, Fließfertigung Beispiele: Pkw, Möbel, Fernseher
Aufg. 228	Massenfertigung: → Herstellung gleicher Produkte in sehr großen Mengen für den „anonymen" Markt → weitgehend automatisierte Fertigung → Qualifikationsniveau: angelernte Arbeitskräfte → sehr niedrige Stückkosten → Organisation: Fließfertigung Beispiele: Büroklammern, Gummibärchen, Schrauben
Aufg. 229	Werkstättenfertigung: → Zusammenfassung von Maschinen und Arbeitskräften mit gleichartigen Arbeitsverrichtungen in Werkstätten (z. B. Bohrerei, Gießerei, Sägerei, Stanzerei)

	--> sinnvoll, wenn eine Anordnung der Maschinen nach dem Arbeitsablauf und eine zeitliche Abstimmung der einzelnen Arbeitsverrichtungen aufeinander möglich sind, weil die Zahl der Erzeugnisse mit unterschiedlichem Fertigungsgang sehr groß ist --> Einsatz von Universalmaschinen und qualifizierten Fachkräften Vorteile (im Vergleich zur Fließfertigung) --> Sonderwünsche einzelner Kunden problemlos erfüllbar --> hohe Anpassungsfähigkeit bei Veränderungen der Fertigung --> abwechslungsreiche Tätigkeiten für Mitarbeitende Nachteile (im Vergleich zur Fließfertigung) --> hoher Planungsaufwand --> hohe Lohnkosten (Fachkräfte) --> hohe Lagerkosten durch die notwendigen Zwischenlager --> längere Transportwege im Fertigungsablauf --> langsamere Durchlaufzeiten
Aufg. 230	Reihenfertigung (auch Linienfertigung) --> Anordnung der Maschinen nach Produktionsablauf --> stets gleiche Reihenfolge des Produktionsablaufs --> Zwischenlager zwischen den einzelnen Maschinen dienen als Puffer. --> Fertigungsfluss ohne zeitliche Taktung --> Einsatz von Spezialmaschinen und angelernten Arbeitskräften möglich Vorteile (im Vergleich mit der Werkstättenfertigung) --> geringerer Planungsaufwand --> kürzere Transportwege --> schnellere Durchlaufzeiten --> niedrigere Lohnkosten (durch den Einsatz von angelernten Arbeitskräften) --> Einsatz von leistungsfähigen Spezialmaschinen --> übersichtlicherer Produktionsablauf

	Vorteile (im Vergleich mit der Werkstättenfertigung) ⇢ geringere Flexibilität bei Sonderwünschen ⇢ weniger abwechslungsreiche Tätigkeiten für Mitarbeitende
Aufg. 231	Fließfertigung ⇢ Anordnung der Maschinen nach Produktionsablauf ⇢ stets gleiche Reihenfolge des Produktionsablaufs ⇢ Transport über Fließbänder ⇢ keine Puffer, pausenlose Produktion ⇢ exakte zeitliche Taktung des Arbeitsablaufs ⇢ Einsatz von ungelernten Arbeitskräften möglich Vorteile (im Vergleich mit der Reihenfertigung) ⇢ keine Zwischenlagerkosten ⇢ kürzere Durchlaufzeiten, da exakte zeitliche Bindung ⇢ höherer Spezialisierungsgrad (→ Leistungssteigerung) Nachteile (im Vergleich mit der Reihenfertigung) ⇢ Arbeitskräfte können ihr Arbeitstempo nicht selbst bestimmen. ⇢ Produktionsstopp bei Störungen ⇢ hoher Kapitaleinsatz → hohe Zinsbelastung (Fixkosten) → hohes Unternehmerrisiko → lohnt nur bei Massenproduktion
Aufg. 232	Ein „Los“ beinhaltet die Anzahl der Fertigungseinheiten für einen Fertigungsgang ohne Umrüstung der Maschinen. Einflussgrößen auf die Losgröße: *Beschäftigung:* Je besser die Auftragslage und je höher die Beschäftigung, desto kleiner wird die Losgröße sein, um die Kapazität für weitere Aufträge freizuhalten. Bei einem Auftragstief dagegen wird auf Lager produziert, um Leerkosten zu vermeiden. Die Losgröße wird dann also höher angesetzt. *Verfügbare Zeit:* Je kürzer die gewünschte Durchlaufzeit sein soll, desto kleiner ist die Losgröße. *Rüstkosten:* Je aufwendiger die Umrüstung, desto größer sind die Lose. *Gängigkeit des Erzeugnisses:* Je gängiger ein Erzeugnis (z. B. jederzeit absetzbarer Standardartikel), desto größer sind die Lose.

Lagerfähigkeit: Je schlechter die Lagerfähigkeit der Erzeugnisse, desto kleiner ist die Losgröße.
Kapitalbindung: Je höher die Kapitalbindung der Werkstücke, desto kleiner werden die Lose gewählt, um die Kapitalbindung (Lagerzinsen) zu minimieren.
Geplanter Jahresbedarf: Je größer der geplante Jahresbedarf, desto größer sind die Lose.

Aufg. 233

Die „optimale Losgröße" ist die Fertigungsmenge, bei der die Summe aus Rüst- und Lagerkosten in einem bestimmten Fertigungszeitraum ein Minimum bildet.

Aufg. 234

Losgröße (Stück)	Rüstkosten (in €)	Ø Lagerbestand (in Stück)	Lagerkosten (in €)	Gesamtkosten (in €)
12 000	12 000,00	***6 000***	***66 000,00***	***78 000,00***
10 000	14 000,00	***5 000***	***55 000,00***	***69 000,00***
8 000	18 000,00	***4 000***	***44 000,00***	***62 000,00***
6 000	24 000,00	***3 000***	***33 000,00***	***57 000,00***
5 000	28 800,00	***2 500***	***27 500,00***	***56 300,00***
4 000	36 000,00	***2 000***	***22 000,00***	***58 000,00***
3 000	48 000,00	***1 500***	***16 500,00***	***64 500,00***

a) Optimale Losgröße: 5 000 Stück

b)

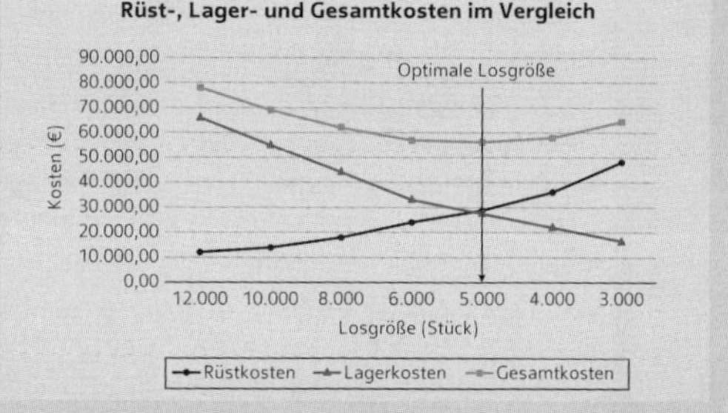

c) Die Rüstkosten pro Stück fallen, die Lagerkosten pro Stück bleiben konstant.

Aufg. 235	a) 1 x B1 = 8 x E4 3 x B2 = 12 x E4 1 x B3 = 4 x E4 Bedarf je Container = 24 x E4 Gesamtbedarf = 30 x 24 x E4 = 720 x E4 b) Mengenstückliste: Listet die für das Produkt benötigte Mengen direkt auf (inkl. Baugruppen). Strukturstückliste: Gibt den Aufbau des Produkts wieder. Baukastenstückliste: Jeweils nur eine Ebene der Produktstruktur wird betrachtet. c) $T = t_r + t_e \cdot m$ T = 480 Min. + 175 Min. · 30 = 5.730 Min. T = 95,5 h d) 95,5 h / 7,5 h/Tag = 12,73 Arbeitstage Wenn der Auftrag am 17.12. ausgeliefert werden sein soll, muss er am 13.12. fertiggestellt werden. Es muss also spätestens am 30.11. mit der Fertigung dieses Auftrags begonnen werden.
Aufg. 236	a) Durch die parallele Fertigung verringert sich die Durchlaufzeit für die Schreitische. b) (siehe Tabelle unten)

Reihenfertigung	Fließbandfertigung
keine unmittelbare zeitliche Taktung zwischen den einzelnen Arbeitsplätzen	feste zeitliche Taktung
im Regelfall Pufferlager zwischen den Arbeitsplätzen möglich	im Regelfall keine Puffermöglichkeiten vor und nach den Arbeitsplätzen

Vorteile der Fließbandfertigung aus Sicht des Unternehmens:

→ kürzere Durchlaufzeiten

→ höherer Automatisierungsgrad

→ niedrigeres Qualifikationsniveau der Mitarbeitenden notwendig → geringere Personalkosten

	→ geringere Stückkosten → niedrigere Angebotspreise → bessere Chancen im Wettbewerb c) → Lesen der Einstellanweisung der Sägemaschine → Einstellen der Sägeanweisungen → Überprüfung der Arbeitssicherheitsvorrichtungen an der Sägemaschine → Ölen der Sägemaschine → Einweisung der Mitarbeitenden am Arbeitsplatz → Musterteil sägen und Qualität überprüfen
Aufg. 237	→ technische Probleme an den Maschinen, deren Beheben Zeit gekostet hat → neue Mitarbeitende, die noch Einarbeitungszeit benötigen und daher länger gebraucht haben → Anfertigung falscher Zuschnitte → Produktion von Ausschuss → Fehler in der vorgegebenen Bearbeitungszeit
Aufg. 238	a) Optimale Losgröße = $\sqrt{\frac{200 \cdot \text{Jahresbedarf} \cdot \text{Loswechselkosten}}{\text{Herstellkosten} \cdot (\text{Lagerkostensatz} + \text{Lagerzinssatz})}}$ 203/9 = $\sqrt{\frac{200 \cdot 12000 \cdot 1440}{48 \cdot 18}} = \sqrt{\frac{3456000000}{864}} = \sqrt{4000000} = 2000$ Stück 206/8 = $\sqrt{\frac{200 \cdot 36000 \cdot 1485}{66 \cdot 18}} = \sqrt{\frac{10692000000}{1188}} = \sqrt{9000000} = 3000$ Stück 207/3 = $\sqrt{\frac{200 \cdot 24000 \cdot 607{,}50}{50 \cdot 18}} = \sqrt{\frac{2916000000}{900}} = \sqrt{3240000} = 1800$ Stück Nur beim Modell 267–206/8, also dem Drehstuhl „Comfort“, wurde die optimale Losgröße aufgelegt. b) **Einflussgrößen auf die auflagenfixen Kosten bzw. Loswechselkosten:** → Kostenfaktor für die Stillstandszeiten der Maschine während der Rüstzeit → Bring- oder Holsystem bei der Materialbereitstellung

	--> Art der Maschinenbelegung, z. B. Anwendung der Rüstzeitregel --> Beschaffenheit der Werkzeuge, z. B. ob Standardwerkzeuge, Sonderwerkzeuge oder Verschleißwerkzeuge benötigt werden **Einflussgrößen auf die auflagenvariablen Kosten:** --> Lagerkosten --> Umfang der Kapitalbindung in den Werkstücken --> Zinssatz c) --> fehlende Lagerkapazitäten und eine beschränkte Liquidität --> begrenzte Lagerfähigkeit des Produktes (z. B. durch schnelle Verderblichkeit) --> Fertigungsengpässe (d. h., einzelne Aufträge dürfen ein bestimmtes Maschinensystem nicht zu lange belegen) --> Eilaufträge verbunden mit einem Lossplitting zur Verkürzung der Durchlaufzeit --> Produktion auf Lager zur Überbrückung eines Auftragstiefs
Aufg. 239	Unter einem **Lossplitting** versteht man eine Losteilung. Zum Beispiel wird ein Auftrag über 200 Schreibtische in zwei Lose zu je 100 Schreibtischen geteilt. Die Lose werden parallel gefertigt. Hierdurch verkürzt man die Durchlaufzeit, die Rüstkosten sind jedoch doppelt so hoch. Eine solche Maßnahme kann zweckmäßig sein, wenn eine schnellere Durchlaufzeit notwendig ist, also z. B. wenn es sich um einen eiligen Kundenauftrag handelt, bei dem der Preis nicht die entscheidende Rolle spielt, oder aber bei einer Terminverzögerung eine erhebliche Konventionalstrafe zu erwarten ist. Unter einer **Losraffung** versteht man eine Zusammenlegung verschiedener Einzelaufträge zu einem Fertigungsauftrag. Eine solche Maßnahme ist sinnvoll, wenn der Rüstaufwand sehr hoch ist. Werden beispielsweise die drei Aufträge zu einem Fertigungsauftrag zusammengefasst, reduziert dies zwar den Rüstaufwand, es entstehen für die Einzelaufträge bis zur Zusammenfassung aber in der Regel auch gewisse Liegezeiten, d. h., die Durchlaufzeit erhöht sich.

Aufg. 240	a) --> veraltete Maschinen, bei denen häufige Reparaturen anfallen --> zu hohe Kosten durch Stillstand und Nachbearbeitungen wegen zu hoher Fehlerquote --> aufgrund des technischen Fortschritts stehen modernere Herstellungsverfahren zur Verfügung --> Bearbeitungszeit ist zu lang --> es fehlen Zusatzprogramme für schnellere Fertigung b) Arbeitsproduktivität = Output / Input vor der Rationalisierung: 62 500 Stk. / 1 920 Std. = 32,55 Stk. / Std. nach der Rationalisierung: 62 500 Stk. · 1,12 / 920 Std. = 36,5 Stk. / Std. c) Rationalisierungsziele: --> Verkürzung der Durchlaufzeiten: bessere Abstimmung der einzelnen Arbeitsschritte --> Verringerung der Fertigungsbreite: Die Anzahl der Modelle und Modellvarianten wird reduziert und es wird verstärkt mit Standardteilen gearbeitet. --> Outsourcing von Arbeitsschritten: z. B. Schreibtischplatten werden schon auf die richtigen Maße zugeschnitten von der Schreinerei angeliefert.
Aufg. 241	--> Kann die Produktion in China die gleiche Qualität gewährleisten wie die Produktion in Deutschland? --> Sind die Lieferungen auch bei Sondereinflüssen (z. B. weltweiten Pandemien wie Corona) gewährleistet? --> Wie hoch ist die Kostenersparnis bei Berücksichtigung der Transportkosten? --> Geht der Büko GmbH evtl. wertvolles Know-how verloren, wenn bestimmte Teile nicht mehr selbst hergestellt werden?
Aufg. 242	--> erhöhte Materialkosten --> erhöhte Fertigungskosten (durch notwendige Fertigung zusätzlicher Teile)

	--> Kapazitätsprobleme (Maschinen sind länger ausgelastet als geplant) --> Längere Fertigungszeit führt evtl. zu Problemen mit der Einhaltung von Lieferterminen
Aufg. 243	Vorteile der 100%-Kontrolle: --> garantierte Fehlervermeidung --> Vermeidung von Reklamationen --> Vermeidung von Fehlerfolgekosten --> Zusicherung hoher Qualität für Kundinnen/Kunden --> höhere Kundenzufriedenheit, Vermeidung von Kundenverlust --> Imageverbesserung Nachteile der 100%-Kontrolle: --> höherer Personalaufwand --> höherer Zeitaufwand für die Auftragsabwicklung --> höhere Prüfkosten/Kosten für die Qualitätskontrolle --> höhere Kosten → höhere Preise notwendig → ggf. Verschlechterung der Wettbewerbssituation
Aufg. 244	--> Reifungsfunktion: notwendige Bearbeitung oder Ausreifung während der Lagerzeit --> Zeitüberbrückungsfunktion: zeitlicher Ausgleich zwischen stoßweiser Anlieferung und Produktions- bzw. Verkaufsbedarf --> Sicherheitsfunktion: Absicherung einer reibungslosen Produktion bzw. eines reibungslosen Verkaufs bei (vorübergehenden) Beschaffungsschwierigkeiten durch Anlegung eiserner Bestände für wichtige Güter --> Preisausgleichsfunktion: Ausgleich von größeren Preisschwankungen --> Kostensenkungsfunktion: Ausnutzen der Vorteile des Großeinkaufs
Aufg. 245	--> Veralterung der Ware durch technischen Fortschritt --> Änderungen der Kundenwünsche --> Schwund infolge von Verderb, Ablauf des Verfallsdatums, Verdunsten, Vertrocknen, Diebstahl --> Preisschwankungen beim Wareneinkauf

Aufg. 246	Mindestbestand: → ist eine eiserne Reserve, die im normalen Geschäftsablauf nicht angegriffen werden soll → dient der Sicherung der Verkaufsbereitschaft bei unerwarteten Fallen wie Streiks, unvorhergesehener Nachfrage, Lieferstörungen Meldebestand: → Wird dieser Bestand erreicht, muss das Unternehmen nachbestellen, damit der Mindestbestand bei normaler Nachfrage nicht angegriffen werden muss. → Meldebestand = (Tagesabsatz · Lieferzeit) + Mindestbestand
Aufg. 247	→ Zinsen für das in den Lagerbeständen gebundene Kapital → Prämien für Versicherung der Lagerbestände → Wertverluste durch Schwund, Diebstahl, Verderb → Lagermiete → Reparaturen → Energiekosten (Strom und Heizung) → Abschreibungen auf Lagergebäude und Lagereinrichtungen → Zinsen für das in Lagerräume und Lagerausstattung investierte Kapital → Löhne und Gehälter der Lagermitarbeitenden → Büromaterial → EDV-Ausstattung
Aufg. 248	$\varnothing \text{ Lagerbestand} = \frac{\text{Jahresanfangsbest.} + 12 \text{ Monatsendbest.}}{13}$ $\text{Umschlagshäufigkeit} = \frac{\text{Jahresabsatz}}{\text{durchschnittlicher Lagerbestand}}$

	$\text{durchschnittliche Lagerdauer} = \frac{360}{\text{Umschlagshäufigkeit}}$ $\text{Lagerzinssatz} = \frac{\text{Jahreszinssatz} \cdot \varnothing \text{ Lagerdauer}}{360}$ $\text{Lagerzinsen} = \frac{\varnothing \text{ Lagerbestand in Euro} \cdot \text{Lagerzinssatz}}{100}$
Aufg. 249	a) 588 000,00 € geplanter Wareneinsatz (= Bruttolimit) = Nettoumsatz – Handelsspanne = 980 000,00 – 40 % · 980 000,00 = 588 000,00 b) 196 000,00 € durchschnittlicher Lagerbestand = $\frac{\text{Geplanter Wareneinsatz}}{\text{Umschlagshäufigkeit}} = \frac{588\,000{,}00\text{ €}}{3} = 196\,000{,}00\text{ €}$ c) 252 000,00 € Durchschnittlicher Lagerbestand = $\frac{(\text{Anfangsbestand} + \text{Endbestand})}{2}$ Endbestand = durchschnittlicher Lagerbestand · 2 – Anfangsbestand = 196 000,00 € · 2 – 140 000,00 € = 252 000,00 € d) 112 000,00 € Endbestand – Anfangsbestand = 252 000,00 € – 140 000,00 € = 112 000,00 € (Mehrbestand) e) Hohe Kosten durch → gebundenes Kapital im Lager (Lagerzinsen) → Lagerräume (z. B. Abschreibungen für Lagereinrichtung, Versicherung, Miete) → Lagerverwaltung (z. B. Personalkosten, Kosten für Organisationsmittel) → Schwund oder Verderb von Lagervorräten f) z. B. → vergessene Dateneingabe beim Wareneingang/Retouren/Entnahme

	⇢ fehlerhafte Dateneingabe beim Wareneingang/ Retouren/Entnahme ⇢ Diebstahl
Aufg. 250	Zwei Bedingungen: ⇢ Minimierung der Lagerkosten ⇢ Sicherung der Lieferbereitschaft Besondere Schwierigkeit: Beide Bedingungen stehen in einem Zielkonflikt.
Aufg. 251	In den Lagerbeständen ist das Kapital gebunden und bringt keine Zinsen. Würde das Geld auf der Bank liegen, könnte es Zinsen erwirtschaften.
Aufg. 252	5
Aufg. 253	2
Aufg. 254	3
Aufg. 255	a) $12\,000 + 25\,x = 50\,x$; $12\,000 = 25\,x$; $x = 12\,000 / 25$ $x = 480\ m^2$ Bei einem jährlichen Bedarf von 480 m^2 sind die Kosten für die Eigenlagerung und die Fremdlagerung gleich hoch. Man nennt diese Lagerfläche auch die kritische Lagerfläche bzw. kritische Lagermenge. b) Bei 40 Artikeln zu je 10 m^2 werden 400 m^2 Lagerfläche benötigt. Da diese Fläche unterhalb der kritischen Lagerfläche von 480 m^2 liegt, wäre rein rechnerisch die Fremdlagerung wirtschaftlicher. Allerdings hat die BüKo möglicherweise noch freie Lagerkapazitäten, die sonst ungenutzt blieben. Außerdem erhöht sich die eigene Flexibilität, wenn das eigene Lager genutzt wird. Insofern kann diese Entscheidung nicht allein unter Kostengesichtspunkten getroffen werden, sondern alle anderen Argumente müssen auch miteinbezogen werden.
Aufg. 256	a) Marktforschung: systematische Marktuntersuchung mit wissenschaftlichen Methoden zur Beschaffung von bestimmten Informationen über den Markt (insb. z. B. über das Nachfrageverhalten, die Wettbewerber, die Kaufkraft)

Marktanalyse: einmalige Untersuchung des Marktes zu einem bestimmten Zeitpunkt im Hinblick auf bestimmte, bedeutsame Veränderungen (z. B. Kaufverhalten, Preisempfindlichkeit, Struktur der Kundschaft, Umsatzpotenzial)

Marktbeobachtung: fortlaufende Beobachtung des Marktes und seiner Veränderungen über einen bestimmten, meist längeren Zeitraum (z. B. Beobachtung des Kaufverhaltens einer bestimmten Gruppe von Personen über einen längeren Zeitraum)

Markterkundung: unsystematische Durchleuchtung des Marktes durch Sammeln von Informationen (z. B. aus Kundengesprächen, von Reisenden- und Vertreterberichten, von Messebesuchen, aus Prospektmaterial sowie Artikeln in Fachzeitschriften und im Wirtschaftsteil der Zeitungen u. Ä.)

b) Primärforschung: Informationen der Marktforschung werden einmalig oder periodisch wiederkehrend neu erhoben (z. B. mittels schriftlicher Befragung).

Sekundärforschung: systematische Erfassung und Analyse von bereits vorhandenen Daten (Desk Research)

Zwei Vorteile der Primärforschung gegenüber der Sekundärforschung:

z. B.

→ Die Datenerhebung ist auf die betriebseigenen Bedürfnisse zugeschnitten.

→ Man ist nicht auf Fremdmaterial angewiesen (Fehlerquelle!).

→ Die neu erhobenen Daten sind aktueller.

c) z. B.

→ offene Fragen: Fragen, die in einem frei formulierten Text in Stichpunkten oder ganzen Sätzen beantwortet werden sollten (z. B. „Was bedeutet für Sie gute Qualität?").

→ geschlossene Fragen: Fragen, die die Antwortmöglichkeit einschränken bzw. vorgeben (Multiple Choice)

→ rhetorische Fragen: Fragen, die sich von selbst beantworten. Sie werden als stilistisches Mittel eingesetzt, um zusätzliches Interesse zu schaffen oder Einwände vorwegzunehmen (z. B. „Würden Sie beim gleichen Preis das qualitativ hochwertigere Produkt vorziehen?").

	→ Suggestivfragen: Fragen, die das Ziel einer bewussten Beeinflussung des Gesprächspartners haben (z. B. „Wollen Sie eigentlich Ihre Servicequalität verbessern?") → Alternativfragen: Fragen mit lediglich zwei Antwortalternativen (Ja oder Nein, entweder ... oder) → Selektivfragen: Fragen mit mehreren Auswahlmöglichkeiten → Beurteilungsfragen: Fragen, die eine Bewertung/ Einschätzung erfordern (z. B. auf einer Skala von −3 bis +3) d) z. B. → Welches Material würden Sie für Ihren Schreibtisch bevorzugen? → Über welche Ausstattungsmerkmale sollte Ihr Schreibtisch verfügen? → Welchen Betrag würden Sie maximal für Ihren Schreibtisch ausgeben? → Welche Farbe wünschen Sie sich für Ihren Schreibtisch? → Welche Form sollte Ihr Schreibtisch haben? → Welche Produkteigenschaften sind für Sie beim Kauf eines Schreibtisches ausschlaggebend? → Welches Zubehör benötigen Sie für Ihren Schreibtisch? e) Daten sind nur dann repräsentativ, wenn die untersuchte Stichprobe hinsichtlich der wichtigen Merkmale ein Abbild der Zielgruppe darstellt. Nur wenn die erhobenen Daten repräsentativ sind, ist die Marktforschung aussagekräftig.
Aufg. 257	a) Marktanalyse: Untersuchung des Marktes zu einem bestimmten Zeitpunkt Marktbeobachtung: Verfolgung der Marktentwicklungen über einen längeren Zeitraum b) z. B. → Kundenansprüche → Kaufmotive der Kunden → Preisvorstellungen der Kunden → Struktur der potenziellen Nachfragenden (Einkommen, Alter, Geschlecht, Bildung usw.)

- → Marketingstrategie der Konkurrenzunternehmen
- → Marktvolumen

c) z. B.

- → neue Ideen
- → keine Betriebsblindheit
- → hohe Fachkompetenz
- → große Erfahrung
- → fehlende personelle Ressourcen im eigenen Unternehmen

d) z. B.

- → Werbeziel: Was will man mit der Werbeaktion erreichen?
- → Werbeetat: Wie viel Geld steht für die Werbung zur Verfügung?
- → Zielgruppe: Welcher Kundenkreis soll angesprochen werden?
- → Werbeobjekt: Für welches Produkt soll geworben werden?
- → Werbemittel: Mit welchen Mitteln (verkörperten Werbebotschaften wie Social Media Marketing, Anzeigen, Fernsehspots, Flugblätter, Prospekte, Plakate, Warenproben usw.) soll geworben werden?
- → Werbeträger: Über welche Medien (z. B. Internetplattformen, Social Media, Zeitungen, Zeitschriften, Fernseher, Hörfunk, Litfaßsäulen, Messen) soll die Werbung übermittelt werden?
- → Streugebiet: In welchem Gebiet soll geworben werden?
- → Streuzeit: Zu welchen Terminen und wie lange soll geworben werden?
- → Werbeerfolgskontrolle: Wie viel zusätzlicher Umsatz steht welchen Kosten gegenüber? Wichtig hierbei: Auch der außerökonomische und nicht messbare Werbeerfolg wie etwa Imagegewinn u. Ä. ist zu berücksichtigen

e) z. B.

- → Umsatzveränderung
- → Absatzveränderung
- → zusätzlicher Umsatz/Werbekosten
- → Abverkaufsquote

	→ Kundenfrequenz → Werberendite f) Es ist schwer festzustellen, ob der zusätzliche Umsatz wirklich ausschließlich auf die Werbeaktion zurückzuführen ist oder ob nicht auch andere Variablen ursächlich waren (z. B. allgemeine wirtschaftliche Entwicklung, Verhalten eines Mitbewerbers, saisonale Schwankungen). Darüber hinaus kann die Werbeaktion auch Effekte gebracht haben, die sich nicht unmittelbar in den Zahlen niederschlagen (z. B. allgemeiner Imageeffekt).
Aufg. 258	a) → Der Markt schrumpft und der Umsatzrückgang kann auch durch gezielte Marketingmaßnahmen nicht abgefangen werden. → Das Produkt verliert Marktanteile. → Das Produkt erwirtschaftet keine Gewinne mehr, sondern produziert stetig wachsende Verluste. b) Cash Cows: Marktanteil hoch, Marktwachstum niedrig Poor Dogs: Marktanteil niedrig, Marktwachstum niedrig c) → Elimination des Produktes: Das Produkt wird aus dem Sortiment entnommen. → Relaunch (Rekonsolidierung) des Produktes: Das Produkt wird erheblich modifiziert und neu positioniert. Zielsetzung dieser Maßnahme ist, dass das Produkt einen weiteren Produktlebenszyklus durchläuft. d) → Einführungsphase → Wachstumsphase → Reifephase → Sättigungsphase
Aufg. 259	a) → Preis- und Konditionenpolitik: Festlegung der Preise und Preisstrategien sowie der Zahlungsbedingungen → Produkt- und Sortimentspolitik: alle Gestaltungsmöglichkeiten, was das eigentliche Produkt und die Zusammenstellung des Sortiments angeht (z. B. Qualität, Verpackung, Service)

	--→ Distributionspolitik: Entscheidung bezüglich der Absatzwege, Vertriebssysteme und Absatzorgane --→ Kommunikationspolitik: alle Maßnahmen, die die Kommunikation mit dem Kunden und der Öffentlichkeit betreffen (Werbung, Public Relations, Sales Promotion) b) --→ Produktinnovation --→ Produktvariation --→ Produktgestaltung --→ Produktdifferenzierung --→ Produktelimination c) Kommunikationspolitik: --→ Werbung --→ Public Relation (Öffentlichkeitsarbeit) --→ Sales Promotion (Verkaufsförderung) Distributionspolitik: --→ Absatzwege (direkter oder indirekter Absatz) --→ Absatzformen (Nutzung von unternehmenseigenen oder unternehmensfremden Verkaufsorganen) --→ Absatzsysteme (zentraler oder dezentraler Absatz) --→ E-Commerce
Aufg. 260	a) 1 040 St. (560 + 480) b) 1 144 000,00 € (1 040 · 1 100)
Aufg. 261	3
Aufg. 262	a) 85 % $\frac{1700 \cdot 100}{2000}$ NR: 600 + 400 + 200 + 500 = 1.700 b) 207,65 € $\frac{117000 + 88000 + 48000 + 100000}{600 + 400 + 200 + 500}$

c) 3,68 %

$$\frac{100\,000}{500} = 200; \frac{207{,}65 - 200{,}00}{207{,}65}$$

Aufg. 263

Die Rechnung geht nach Norwegen, also in ein Land außerhalb der EU (sog. Drittländer). Beim Export wird die Umsatzsteuer grundsätzlich im Zielland erhoben und daher auf der Ausgangsrechnung nicht ausgewiesen. Die Ausfuhr in Drittländer ist einschließlich aller Nebenkosten (z. B. Verpackungen und Frachten) in Deutschland von der Umsatzsteuer befreit. Um Umsatzsteuerbetrug zu verhindern ist die Ausfuhr in ein Drittland durch einen internationalen Frachtbrief oder eine Grenzübertrittsbescheinigung des Zolls zu dokumentieren.

Aufg. 264

Risiken im Exportgeschäft	Abhilfe
1. **Abnahmerisiko** Bei Annahmeverzug muss Einlagerung, Notverkauf oder Rücktransport veranlasst werden.	Abnahmeversprechen durch eine Bank der Importeurin/des Importeurs im Rahmen eines Akkreditivs
2. **Zahlungsrisiko/Kreditrisiko** Hat die Importeurin/der Importeur die Ware ohne Zahlung in den Händen, so ist eine Eintreibung der Forderung oft sehr schwierig.	• Zahlung Zug um Zug, d. h. bei Übergabe von Warendokumenten • Akkreditiv
3. **Transportrisiko** erhöhte Gefahren durch lange Wege, Umladen, unsachgemäße Zwischenlagerung, Beschädigung, Diebstahl	Transportversicherung
4. **Politisches Risiko** Zahlungsverbot für Importeurin/Importeur durch Krieg, Revolution, Devisenbeschränkung, Wechselkursverfall	• Exportbürgschaften • Einfuhrgenehmigungen des Importlandes
5. **Währungsrisiko** Wechselkursschwankungen	• Fakturierung in Euro • Wechselkurssicherung bei Banken

Aufg. 265

a)
Der Begriff „*Incoterms*" steht für *International Commercial Terms*. Es handelt sich um international einheitlich geregelte Handelsklauseln, die als Vertragsformeln bei Import- und Exportgeschäften Verwendung finden. Durch die Standardisierung der Regelungen zur Lieferung und dem Gefahrenübergang erleichtern sie die Vertragsgestaltung im internationalen Warenverkehr.

b)

Incoterms ® 2020

Incoterms® 2020 für alle Transportarten, auch für den Schiffstransport		
Term	**Pflichten des Käufers (Übernahme/ Risikoübergang)**	**Pflichten des Verkäufers (Lieferung/ Risikoübergang)**
EXW (Ex works/ab Werk)	Käufer übernimmt ab dem „zur Verfugung stellen" am vereinbarten Ort, zum Ende des vereinbarten Zeitraums oder zum vereinbarten Zeitpunkt	zurVerfügung stellen am vereinbarten Ort, zum vereinbarten Zeitraum oder Zeitpunkt
FCA, Ort des Verkäufers (Free carrier/frei Frachtführer)	Käufer übernimmt ab dem Zeitpunkt der Lieferung (siehe Verkäufer) die Transportgefahr, und zwar zu m Ende des vereinbarten Zeitraums bzw. zum vereinbarten Zeitpunkt	zum vereinbarten Zeitraum oder Zeitpunkt auf das abholende Fahrzeug beladen
FCA, anderer Ort (Free carrier/frei Frachtführer)		zum vereinbarten Zeitraum oder Zeitpunkt am vereinbarten Ort beim Frachtführer entladebereit zur Verfügung stellen
CPT (Carriage paid to .../ frachtfrei)	Käufer trägt die Transportgefahr ab der Übergabe an den Frachtführer durch den Verkäufer	bei Übergabe an den ersten (fremden) Frachtführer
CIP (Carriage and insurance paid to .../frachtfrei versichert)		
DAP (Delivered at place/ geliefert benannter Ort)	Käufer trägt d ie Transportgefahr ab dem Zeitpunkt der Lieferung am vereinbarten Bestimmungsort, entladebereit	am vereinbarten Bestimmungsort **entladebereit** zur Verfügung stellen
DPU (Delivered at place, unloaded/geliefert benannter Ort. entladen)	Käufer trägt die Transportgefahr ab dem Zeitpunkt der Lieferung am vereinbarten Bestimmungsort, entladen	am vereinbarten Bestimmungsort **entladen** zur Verfügung stellen
DDP (Deliveryduty paid/ Geliefert verzollt und versteuert)	Käufer trägt die Transportgefahr ab dem Zeitpunkt der Lieferung am vereinbarten Bestimmungsort, entladebereit	am vereinbarten Bestimmungsort **entladebereit** zur Verfügung stellen

Incoterms® 2020 für alle Transportarten, auch für den Schiffstransport		
Term	**Pflichten des Käufers (Übernahme/ Risikoübergang)**	**Pflichten des Verkäufers (Lieferung/ Risikoübergang)**
FOB (Free on board/frei an Bord)	Käufer übernimmt die Transportgefahr ab der Lieferung im Versendehafen, beladen an Bord des Schiffs	die Lieferung zum vereinbarten Zeitraum oder Zeitpunkt an Bord des vom Käufer besorgten Schiffs verbringen
CFR (Cost and freight/ Kosten und Fracht)		
CIF (Cost, insurance and freight/Kosten, Versicherung und Fracht)		

Aufg. 266

Ein Akkreditiv (Dokumentenakkreditiv) ist die Verpflichtung der Bank der Importeurin/des Importeurs, gegen Übergabe der Dokumente unbedingt Zahlung zu leisten.

Akkreditiv

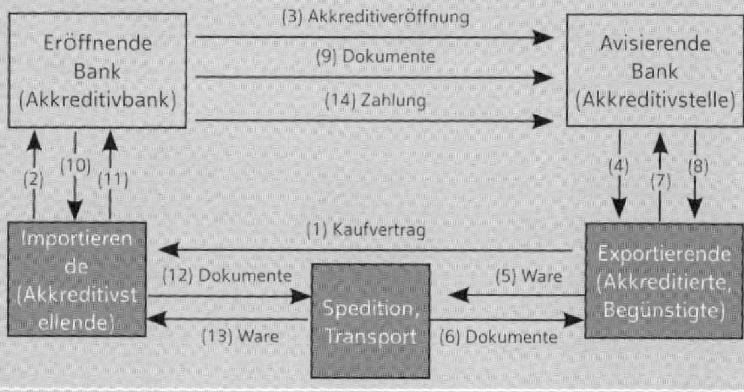

Aufg. 267

a)

Handlungsreisende (Außendienst)	Handelsvertreter/-innen
• fest angestellte Mitarbeitende • voller Arbeitnehmerrechte (Urlaubsanspruch, Kündigungsschutz, Lohnfortzahlung im Krankheitsfall) • erhalten Fixum + Provision • verkaufen nur Produkte der BüKo GmbH • als Mitarbeitende des Unternehmens sehr gute Kenntnisse unserer Produkte	• selbständige Kaufleute • leichte Kündigung, keine Kosten für Urlaub und Lohnfortzahlung im Krankheitsfall • erhalten nur Provision, kein Fixum → keine Verkaufserfolge, keine Bezahlung • sind nicht an Produkte eines Unternehmens gebunden • spezielle Kontakte bringen evtl. den Zugang zu neuen Märkten, die der BüKo GmbH bisher noch verschlossen sind

b) mathematische (rechnerische) Lösung:

$$20\,000 + 0{,}04\,x = 0{,}09\,x \qquad x = \text{gesuchter Umsatz}$$
$$0{,}05\,x = 20\,000 \qquad \text{(kritischer Umsatzwert)}$$
$$x = 400\,000$$

Beim erwarteten Monatsumsatz von durchschnittlich 500 000 € ist somit der Einsatz der **Handlungsreisenden** kostengünstiger. Die **Handlungsreisenden** würden bei diesem Umsatz 40 000 € kosten (20 000 € Fixum + 20 000 € Provision 4 % von 500 000 €), während beim Einsatz der **Handelsvertretenden** 45 000 € (9 % Provision von 500 000 €) aufgewendet werden müssten.

c)

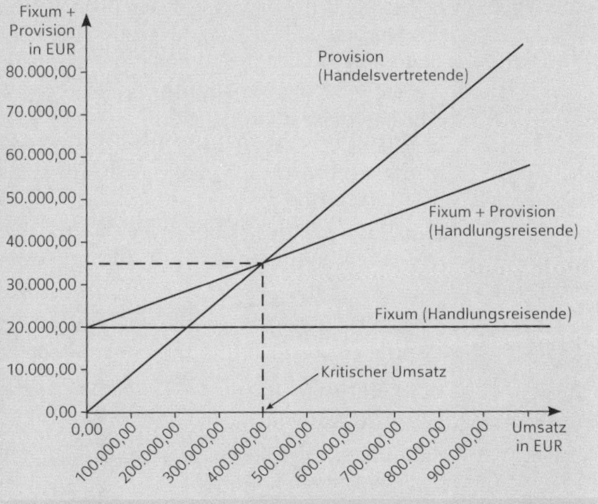

d) Gründe für die Einstellung von **Handlungsreisenden** können sein:

- Als weisungsgebundene Angestellte stehen die Handlungsreisenden dem Betrieb ständig zur Verfügung.
- Im Rahmen ihres Arbeitsvertrags können die Reisenden bedarfsgerecht und zielgerichtet eingesetzt werden.

	Gründe für den Einsatz von **Handelsvertretenden** können sein: ⇢ Handelsvertretende sind selbstständige Kaufleute und deshalb u. U. mehr an ihrer Tätigkeit interessiert als Angestellte. ⇢ Die Kündigung eines Agenturvertrags ist mit weniger Schwierigkeiten verbunden als die Kündigung eines Arbeitsverhältnisses (z. B. kein Kündigungsschutzgesetz, keine Tarifverträge, kein Mitspracherecht des Betriebsrats).
Aufg. 268	Unter E-Commerce versteht man die elektronische Abwicklung von Geschäften über das Internet. Onlineshops sind eine spezielle Form des Versandhandels. Endverbraucherinnen/Endverbraucher können dabei das Waren- und Dienstleistungsangebot des Onlinehandels nutzen. Formen des E-Commerce: Business-to-Consumer (B2C) ⇨ Geschäftsbeziehung zwischen Unternehmen und Endverbraucherinnen/Endverbrauchern Business-to-Business (B2B) ⇨ Geschäftsbeziehung zwischen Unternehmen (z. B. zu Lieferantinnen/Lieferanten)
Aufg. 269	⇢ schneller Einkauf, 24 Stunden am Tag ⇢ örtliche und zeitliche Ungebundenheit ⇢ bequeme Warenauswahl von zu Hause aus ⇢ große Warenauswahl ⇢ vielfaltige Vergleichsmöglichkeiten und hohe Übersichtlichkeit beim Sortiment ⇢ Preistransparenz ⇢ oft günstigere Preise als im stationären Handel ⇢ Kosten- und Zeitersparnis ⇢ mehr Informationen ⇢ Rückgaberecht
Aufg. 270	⇢ Erschließung zusätzlicher Absatzmöglichkeiten ⇢ schnelle Abwicklung von Kundenbestellungen ⇢ Kundenprofile zur gezielten Gestaltung von Marketingmaßnahmen und für zielgruppenspezifische Onlineangebote

	→ geringere Kosten u. a. für Personal, Lager, Verkaufsräume → Kostensenkungen durch einen hohen Grad an Automatisierung → Einsparpotenziale beim Einkauf durch hohe Markttransparenz → flexiblere und schnellere Reaktion auf Marktveränderungen → vielfaltige Möglichkeiten der Kommunikation mit den Kundinnen/Kunden, z. B. durch Social Media
Aufg. 271	Impressumspflicht: Anbieterkennzeichnung nach dem Telemediengesetz → gilt für alle Anbieterinnen/Anbieter von Websites → angegeben werden müssen: Vor- und Zuname der Anbieterin/des Anbieters, Firma, postalische Anschrift, E-Mail/Telefonnummer/Faxnummer, Rechtsform und Vertretungsberechtigte, Umsatzsteuer-Identifikationsnummer, Registereintrag, Link mit Hinweis auf die Möglichkeit einer Onlinestreitbeilegung
Aufg. 272	Button-Losung: Besondere Informationspflicht auf der Bestellseite. Aus Gründen des Verbraucherschutzes muss der Bestellbutton gut lesbar und rechtlich einwandfrei beschriftet sein. Möglich sind Kennzeichnungen wie „zahlungspflichtig bestellen“ oder „kaufen“. Wesentliche Produkteigenschaften, Preis und Versandkosten sind den Kundinnen/Kunden unmittelbar vor der Bestellung klar und verständlich anzuzeigen.
Aufg. 273	z. B. → Websitemarketing → Suchmaschinenoptimierung → Bannerwerbung → E-Mail-Newsletter-Marketing → Affiliate-Marketing → Social-Media-Marketing → Zusammenarbeit mit Influencern

Aufg. 274	Beim Affiliate-Marketing bieten die Werbetreibenden anderen Unternehmen Werbemöglichkeiten auf ihrer Seite. Dadurch soll die Zielgruppe des werbetreibenden Unternehmens direkt über die Partnerseite angesprochen werden. Die Websitebetreibenden erhalten im Gegenzug eine Provision. Die BüKo GmbH könnte also versuchen auf einschlägigen Websites einen Affiliate-Link zum eigenen Onlineshop zu platzieren.
Aufg. 275	→ Impressionen: Anzahl der Sichtkontakte mit einer Website oder Werbeanzeigen im Internet → Click-through-rate (CTR): Anzahl der Klicks auf die angezeigte Anzeige in Relation zu den Impressionen → Visits: Anzahl der Besuche einer Website innerhalb einer bestimmten Zeiteinheit, z. B. Seitenaufrufe pro Tag/Woche/Monat → Seitenaufrufe pro Besucherin/Besucher: Sie zeigen die Aufrufe einer bestimmten Website innerhalb eines Internetauftritts. → Absprungrate: Sie informiert über das Besuchsverhalten auf einer Website und erfasst den Anteil der Besuchenden mit nur einem einzigen Seitenaufruf. → Conversion-Rate: Sie zeigt die Anzahl der Website-Besuchenden, die eine gewünschte Transaktion durchgeführt haben, z. B. Newsletter-Abo, Bestellung. → Verweildauer: Die Aufenthaltszeit gibt Hinweise auf die Qualität einer Website. → Rate der wiederkehrenden Besuchenden: Sie verweist auf interessante Inhalte und Attraktivität einer Website. → Anzahl der Abonnentinnen/Abonnenten: Sie zeigt, wie viele Menschen mit den Onlinemarketing-Maßnahmen erreicht werden. → Bestellungen pro Besucherin/Besucher: Diese Kennzahl misst die durchschnittliche Anzahl von Bestellungen pro Besucherin/Besucher einer Website.

Aufg. 276

- Sofortüberweisung: Eine Sofortüberweisung funktioniert ohne zusätzliches Konto und ohne Registrierung. Die Zahlung erfolgt schneller als bei Vorauskasse oder Banküberweisung. Die Kunden erhalten so schneller die Ware. Kaufende füllen auf der Website ein Überweisungsformular aus. Abgeschickt wird die Überweisung nach Eintippen der PIN und einer TAN. Die Händlerin/der Händler erhält eine Bestätigung, dass das Geld verschickt wurde. Aber die Nutzerin/der Nutzer muss PIN und TAN auf der bankfremden Seite „sofortueberweisung.de" angeben.
- PayPal: Kaufende hinterlegen bei der Registrierung ihre Bank- oder Kreditkartendaten einmalig beim Bezahlsystem PayPal und müssen diese künftig beim Onlineeinkauf nicht mehr angeben. Die fälligen Beträge ruft PayPal vom Kundenkonto ab und überweist diese auf das Konto der jeweiligen Händlerin/des jeweiligen Händlers. Bei Rücksendungen erhalten die Kunden den Kaufpreis in der Regel bei PayPal gutgeschrieben. Dieses Guthaben können Kunden entweder für den nächsten Einkauf bei PayPal aufbewahren oder gebührenfrei auf ihr Bankkonto zurücküberweisen lassen.
- Amazon Payments: Amazon-Kunden können dieses Bezahlsystem auch bei anderen Onlinehändlerinnen/Onlinehändlern nutzen, wenn diese am Amazon-Bezahlsystem teilnehmen. Die Zahlung wird also über das Zahlungssystem von Amazon abgewickelt. Amazon-Kunden haben die Sicherheit, mit einer bekannten Zahlungsvariante bezahlen zu können.
- Paydirekt: Hierbei handelt es sich um ein Onlinebezahlverfahren deutscher Kreditinstitute. Kundinnen/Kunden benötigen ein Girokonto bei einem Kreditinstitut sowie einen Onlinebanking-Zugang. Die Zahlung wird direkt ohne Drittanbieter über das Girokonto der Kaufenden abgewickelt und an das Konto der Händlerin/des Händlers gesendet. Die Onlinehändlerin/der Onlinehändler erhält keine Kontoinformationen. Bei Kontodeckung erhält die Händlerin/der Händler nach der Eingabe eine sofortige Bestätigung der Zahlung und kann die Ware verschicken. Die Kaufenden sehen die Abbuchungen auf ihrem Kontoauszug, im Onlinebanking und der paydirekt-App.

	→ Prepaidkarten: Mit Guthabenkarten ist die Zahlung ohne die Angabe sensibler Daten möglich. Es handelt sich um Karten, auf denen ein Guthaben gespeichert ist. Kundinnen/Kunden können Prepaidkarten in einer Vielzahl von Ladengeschäften erwerben. Die Bezahlung eines Onlineeinkaufs erfolgt über die Eingabe der auf der Karte aufgedruckten PIN. → Mobile Payment: Bei dieser Zahlungsform nutzten Zahlungspflichtige ihr Smartphone oder Tablet für Einkäufe in Ladengeschäften sowie im Internet. Die Kundinnen/Kunden scannen beim Einkauf den QR-Code einer Ware, wählen Anzahl und Produktvariation und akzeptieren die AGB der Händlerin/des Händlers. Anschließend geben sie für den Kauf ihre persönliche PIN für diesen Einkaufsvorgang ein.
Aufg. 277	a) 15.04. d. J. b) Vorteile: → größere Auswahl → bessere Qualifikation → Neue/-r Mitarbeitende bringt neue Ideen ein. → „Betriebsblindheit“ kann überwunden werden. → keine neue freie Stelle durch Umsetzung einer/eines Mitarbeitenden u. a. Nachteile: → höhere Kosten → Einarbeitungszeit notwendig → höheres Risiko einer Fehlbesetzung → Einzelne Mitarbeitende fühlen sich übergangen. → führt ggf. allgemein zu Unzufriedenheit und sinkender Motivation bei eigenen Mitarbeitenden wegen fehlender Karriereperspektiven u. a.

	c) Eine Stellenanzeige dient als Instrument der externen Personalbeschaffung. Klassischerweise wird in einem Printmedium (z. B. lokale Tageszeitung) – heute immer häufiger in einem Online-Medium (z. B. Stellenbörse im Internet) – eine Anzeige geschaltet, in der das Unternehmen und die Anforderungen an die Stelle beschrieben und potenzielle Kandidatinnen/Kandidaten zur Bewerbung aufgefordert werden. Eine Stellenbeschreibung dient der internen detaillierten Beschreibung der Stelle. Sie dient der/dem Stelleninhabenden und ihren/seinen Vorgesetzten zur Orientierung und kann auch als Informationsgrundlage für eine interne oder externe Stellenausschreibung herangezogen werden. d) z. B. → Lebenslauf → Arbeitszeugnisse → Berufsabschlusszeugnisse → Schulzeugnisse → Weiterbildungszertifikate → sonstige Zusatzqualifikationen e) Assessment-Center: Bewerbende sollen in ausgewählten Übungen unter Beobachtung die simulierten Probleme ihrer zukünftigen Stelle lösen. Mögliche stellenbezogene Übungen: → Rollenspiel: Verhalten in bestimmten Situationen (z. B. Simulation von Verhandlungen mit Lieferanten) → Stresssituationen: Verhalten in Ausnahmesituationen → Präsentationsaufgaben: Wissen und Präsentation des Wissens → Geschäftsessen: Manieren usw. → Fragebögen, Gruppendiskussion, Interview
Aufg. 278	a) Steuerklasse II b) → Lohnsteuer Finanzamt → Kirchensteuer Finanzamt → Solidaritätszuschlag Finanzamt

	→ Rentenversicherung gesetzliche Krankenversicherung → Arbeitslosenversicherung gesetzliche Krankenversicherung → Kranken- und Pflegeversicherung gesetzliche Krankenversicherung c) z. B. → Aus- und Fortbildungskosten → Fahrtkostenzuschuss → Kantinenzuschuss → Urlaubsgeld → Weihnachtsgeld d) Die ersten sechs Wochen lang ist die BüKo GmbH zur Lohnfortzahlung im Krankheitsfall verpflichtet. Danach zahlt die Krankenversicherung von Frau Höhn Krankengeld (mind. 70 % vom Bruttoeinkommen). e) z. B. → Arbeitsplatzgestaltung → Möglichkeiten schaffen, eigene Ideen umzusetzen → Aufstiegsmöglichkeiten → Prämienzahlungen → Gewinnbeteiligung → betriebliche Altersvorsorge f) Datensicherung: Daten werden vor Beschädigung, Verlust oder unberechtigtem Zugriff geschützt. Datenschutz: Personenbezogene Daten werden vor unberechtigtem Zugriff geschützt. Gerade in der Personalabteilung werden besonders viele personenbezogene Daten verarbeitet.
Aufg. 279	a) Als Mitarbeiterfluktuation bezeichnet man den Anteil der freiwilligen dauerhaften Abgänge von Mitarbeitenden an der durchschnittlichen Gesamtanzahl der Beschäftigten einer Periode. b) z. B. → Kündigung von Mitarbeitenden aufgrund von Unzufriedenheit → Eintritt in den Ruhestand

	--› Mutterschutz/Elternzeit --› langwierige Erkrankungen/Frühverrentungen/Tod von Mitarbeitenden --› Nichtübernahme von Auszubildenden --› Wechsel von höher qualifizierten Mitarbeitenden in andere Abteilungen c) Netto-Personalbedarf = Geplanter Personalbestand – aktueller Personalbestand + Summe der Abgänge – Summe der Zugänge d) z. B. --› interne Stellenausschreibung --› Stellenanzeige in Tageszeitung --› Agentur für Arbeit --› Jobbörse (Internet) --› Zeitarbeitsunternehmen e) z. B. --› Öffnungszeiten des Warenhauses --› Kundenfrequenz/benötigtes Personal im Laufe des Arbeitstages --› tarifliche Regelungen (z. B. Wochenarbeitszeit) --› Arbeitnehmerschutzgesetze (z. B. Jugendarbeitsschutzgesetz) --› Urlaubsplanung --› Qualifikationen der einzuplanenden Mitarbeitenden
Aufg. 280	a) z. B. --› Fachkompetenz --› Qualität der Erledigung von Aufgaben --› Arbeitstempo --› fristgerechte Erledigung von Arbeitsaufträgen --› Einhaltung von Qualitätsstandards --› Teamfähigkeit --› Umsatzzahlen --› Reklamationsquote

b) z. B.

- Beurteilungsergebnisse können als Grundlage für die Personaleinsatzplanung dienen.
- Potenziale der Mitarbeitenden werden frühzeitig und vollständig erfasst und können so besser ausgeschöpft werden.
- Personalentwicklungsmaßnahmen und Fortbildungsaktivitäten können gezielter durchgeführt werden.
- Beurteilungsergebnisse ermöglichen eine leistungsbezogene Vergütung.
- Mitarbeitende bekommen Feedback für ihre Arbeit und wissen, wie sie von Vorgesetzten gesehen werden.
- Mitarbeitermotivation kann durch Leistungsanreize gefördert werden.

c) z. B.

- sich ausreichend Zeit nehmen
- keine Störungen/Unterbrechungen von außen zulassen
- Mitarbeitende ausreden lassen
- wertschätzend mit Mitarbeitenden umgehen
- konkretes Gesprächsergebnis anstreben
- gemeinsam festgelegte Ziele schriftlich fixieren

Aufg. 281

a) 3,45

$$\frac{\text{Summe der zwölf durchschnittlichen Monatskrankenstände}}{12}$$

$$= \frac{41{,}4}{12} = 3{,}45$$

b) Der Krankenstand war im Januar auf recht hohem Niveau (5,8 %) und sank dann kontinuierlich bis zum August (1,6 %). Ab August war dann wieder ein kontinuierlicher Anstieg zu verzeichnen. Mögliche Ursache für den Anstieg in den Wintermonaten sind Erkältungskrankheiten. Auch die Urlaubszeit in den Sommermonaten kann eine Rolle spielen. Weiterhin ist zu untersuchen, wie die Arbeitsbelastung der BüKo GmbH auf die einzelnen Monate des Jahres verteilt war, um mögliche Zusammenhänge mit dem Krankenstand identifizieren zu können.

	c) z. B. → besondere körperliche Belastungen am Arbeitsplatz → besondere psychische Belastungen am Arbeitsplatz → schlechtes Betriebsklima → Hohe Arbeitsverdichtung führt zur Überforderung der Mitarbeitenden. → schlechte Verteilung der Arbeitsbelastung → Organisatorische Mängel führen zu unnötiger Arbeitsbelastung. → Mobbing → schwache Mitarbeitermotivation bis hin zur inneren Kündigung d) z. B. → Etablierung einer wertschätzenden Unternehmenskultur (um psychischen Erkrankungen vorzubeugen) → Anbieten von Fortbildungen, die der Gesundheitsvorsorge dienen (z. B. Entspannungstechniken) → Sicherstellung einer ausreichenden Personalversorgung, um die Überlastung einzelner Mitarbeitender zu vermeiden → vertrauensvolle Zusammenarbeit der Geschäftsleitung mit dem Betriebsrat → Einhaltung der Arbeitsschutzbestimmungen
Aufg. 282	a) Aufgabe: Datenschutzbeauftragte haben die Aufgabe, für die Einhaltung der Datenschutzgesetze zu sorgen. b) Rechtsstellung: Datenschutzbeauftragte sind im Rahmen der Ausübung ihrer Funktion frei von der Weisung der Geschäftsführung.
Aufg. 283	a) 1 b) 3 c) 6
Aufg. 284	4
Aufg. 285	3

Aufg. 286

a)

Weitere Anforderungen an Bewerbende, z. B.:

- mittlere Reife oder Abitur
- abgeschlossene kaufmännische Berufsausbildung
- fundierte EDV-Kenntnisse (z. B. Office-Paket, SAP)
- gute Ausdrucksfähigkeit
- gute Umgangsformen
- sicheres Auftreten
- Belastbarkeit
- Führerschein Klasse B
- Berufserfahrung
- Englischkenntnisse
- Verkaufstalent

b) Fehler:

- „Stellenbeschreibung“ statt „Stellenausschreibung“
- Die zu besetzende Stelle ist männlich, weiblich und divers zu bezeichnen (Reisende m/w/d).
- Die Altersgrenze 30 Jahre bedeutet Altersdiskriminierung und ist deshalb nicht zulässig.
- Einreichen der Unterlagen bis zum 1. Oktober, obwohl die Stelle am 1. Oktober bereits besetzt sein soll
- Vertragsabschlüsse im Namen der BüKo GmbH, nicht im eigenen Namen
- fehlende Jahreszahl beim Besetzungsdatum

c)

Als Mitarbeiterfluktuation bezeichnet man den Anteil der dauerhaften Abgänge von Mitarbeitenden an der durchschnittlichen Gesamtanzahl der Beschäftigten einer Periode.

d)

- Kündigung von Mitarbeitenden aufgrund von Unzufriedenheit
- Eintritt in den Ruhestand
- Mutterschutz/Elternzeit
- Tod einer/eines Mitarbeitenden

- Nichtübernahme von Auszubildenden
- Wechsel von höher qualifizierten Mitarbeitenden in andere Abteilungen

e)

Netto-Personalbedarf = geplanter Personalbestand – aktueller Personalbestand + Summe der Abgänge – Summe der Zugänge

f)

Demografische Entwicklung: Anteil der älteren Bevölkerung wächst, Anteil der jüngeren Bevölkerung schrumpft, immer weniger Schul- und Hochschulabsolventen, Mangel an qualifizierten Arbeitskräften

Gegenmaßnahmen:

- Analyse der Altersstruktur der BüKo GmbH als Grundlage für eine strategische Personalplanung
- Positionierung als attraktiver Arbeitgeber für Schulabsolventinnen/Schulabsolventen (Ausbildungsmarketing)
- Schaffung attraktiver Einstiegsmöglichkeiten für Hochschulabsolventinnen/Hochschulabsolventen (Hochschulmarketing)
- Forcierung der Ausbildungsaktivitäten
- Reduzierung der Mitarbeiterfluktuation durch Schaffung einer attraktiven Arbeitsumgebung (z. B. gezielte Personalentwicklung)
- Schaffung familienfreundlicher Arbeitsbedingungen (flexible Arbeitszeiten, Arbeitszeitkonten, Teilzeit- und Telearbeitsplätze, schnelle Reintegration nach der Elternzeit, betriebliche Kinderbetreuung/Betriebskindergarten)
- gesundheitsförderliche Arbeitsbedingungen, um Frühverrentungen zu vermeiden

g)

- Anzeige im Internet schalten (Webseite, Stellenbörse)
- Schalten einer Stellenanzeige
- Zusammenarbeit mit der Agentur für Arbeit
- Einschalten eines Personalberaters/Personalvermittlers
- gezielt potenzielle Bewerbende ansprechen aufgrund eines Profils in einer Jobbörse (z. B. Xing, LinkedIn)

Aufg. 287	3, 1, 2, 5, 4
Aufg. 288	5
Aufg. 289	3
Aufg. 290	3
Aufg. 291	1
Aufg. 292	4
Aufg. 293	2
Aufg. 294	a) z. B. → Mitarbeitende werden durch Aufstiegschancen motiviert. → Das Risiko der Fehlbesetzung ist gering, da die/der Mitarbeitende bekannt ist. → Die/der Mitarbeitende besitzt Betriebskenntnisse und kennt die Unternehmenskultur. → Die freie Stelle kann schnell besetzt werden. → Die Beschaffungskosten sind geringer als bei externer Besetzung. b) z. B. → berufliche Qualifikation (z. B. abgeschlossene Berufsausbildung) → einschlägige Berufserfahrung, die durch Arbeitszeugnisse belegt werden kann → einschlägige Weiterbildungszertifikate → spezielle für die Stelle erforderliche Qualifikationsnachweise (z. B. Erste-Hilfe-Kurs) c) z. B. → Vorauswahl nach festgelegten Kriterien → Zwischenbescheid versenden → Analyse und Auswertung der Bewerbungsunterlagen → Versendung von Einladungen zu Vorstellungsgesprächen oder Videokonferenz entsprechend der Vorauswahl → Absagen an nicht eingeladene Bewerbende versenden → Durchführung der Bewerbungsgespräche → Auswertung der Bewerbungsgespräche → Entscheidung für eine/n bestimmte/n Bewerbende/-n → Informieren des Betriebsrates

	d) --> Analyse der Art, Häufigkeit und Schwere der vermeidbaren Arbeitsunfälle --> Analyse der Ursachen für Arbeitsplatzunfälle, Arbeitswegeunfälle und ggf. auch Berufskrankheiten --> Kontrolle des Vorhandenseins und der Funktionstüchtigkeit von Schutzeinrichtungen --> Entwicklung eines konkreten Maßnahmenkatalogs zur Erhöhung der Arbeitssicherheit --> Beantragung und Beschaffung von sinnvollen zusätzlichen Schutzeinrichtungen --> Präsenz vor Ort zeigen, aufklären --> Durchführung von Mitarbeiterschulungen zum Thema Arbeitssicherheit
Aufg. 295	a) Neubedarf: Welche Mitarbeitende für neue Aufgaben sind notwendig? Zusatzbedarf: Wie viele zusätzliche Mitarbeitende sind für bestehende Mitarbeitende erforderlich? Ersatzbedarf: Welcher „natürliche“ Besetzungsbedarf ergibt sich aus der voraussichtlichen Fluktuation der Arbeitnehmer? b) z. B. --> Erzeugnisart --> Herstellmenge --> technische Entwicklung --> Geschäftsstrategie --> durchschnittliche Leistung der Arbeitskräfte --> Rationalisierungsmaßnahmen --> Fehlzeiten und Fluktuation c) Gesamtzeitbedarf Regalsystem „New Order“: 25 Std./St. · 500 St./Monat = 12 500 Std./Monat Gesamtzeitbedarf Regalsystem „Tower“: 30 Std./St. · 150 St./Monat = 4 500 Std./Monat

	Personalbedarf Regalsystem „New Order“: 25 · 500/150 = 83,33 + 10 % = 83,33 + 8,33 = 91,66 Mitarbeitende Personalbedarf Regalsystem „Tower“: 30 · 150/150 = 30 + 10 % = 30 + 3 = 33 Mitarbeitende Gesamtpersonalbedarf: 91,66 + 33 = 124,66 ≈ 125 Mitarbeitende d) Antwort 1
Aufg. 296	3
Aufg. 297	3, 1, 5
Aufg. 298	1
Aufg. 299	4
Aufg. 300	5
Aufg. 301	4
Aufg. 302	4
Aufg. 303	a) 7 Lösungsweg: 140 · 5 % = 140 · 0,05 b) 720,00 € Lösungsweg, 3 · 100/140 = 2,1 % → 180,00 · 4
Aufg. 304	a) 2, 5 b) 4
Aufg. 305	Ausbildung: berufliche Erstausbildung im dualen System (Betrieb und Berufsschule) Weiterbildung: Anpassungsweiterbildung, Aufstiegsweiterbildung, Umschulung Laufbahnplanung: sinnvoll, wenn höhere Positionen nicht durch außerbetriebliche Bewerbende, sondern durch Betriebsangehörige besetzt werden sollen Betriebliche Beförderung: Sie liegt vor, wenn Mitarbeitende in der Unternehmenshierarchie aufgestiegen sind.
Aufg. 306	→ Lohnsteuerkarte → Sozialversicherungsnachweisheft → Nachweis über Bezüge und darauf abgeführte Beiträge zur Sozialversicherung → Arbeitsbescheinigung zur Vorlage beim Arbeitsamt (auf Verlangen der/des Arbeitnehmenden)

	--> Urlaubsbescheinigung über den erhaltenen Urlaub --> Arbeitszeugnis (auf Verlangen des AN auch ein qualifiziertes Arbeitszeugnis)
Aufg. 307	Einfaches Arbeitszeugnis: Enthält Angaben über Art und Dauer der Beschäftigung Qualifiziertes Arbeitszeugnis: Enthält zusätzliche Aussagen über die Leistungen der/des Mitarbeitenden (z. B. „[...] hat die ihm übertragenen Arbeiten stets zu unserer vollsten Zufriedenheit erledigt") und ihr/sein Verhalten (z. B. „Ihr/sein Verhalten gegenüber Mitarbeitenden und Vorgesetzten war stets tadellos.")
Aufg. 308	Außenfinanzierung: Form der Finanzierung, bei der Kapital von außen in ein Unternehmen fließt (z. B. Aufnahme eines Darlehens, Ausgabe von Aktien) Innenfinanzierung: Form der Finanzierung, bei der die Kapitalmittel durch den betrieblichen Umsetzungsprozess erschlossen werden (z. B. Einbehalten von erwirtschaftetem Gewinn) Eigenfinanzierung: Die Finanzierung erfolgt mit Eigenkapital (z. B. Einbehaltung des Gewinns, Ausgabe von Aktien). Fremdfinanzierung: Die Finanzierung erfolgt mit Fremdkapital (z. B. Darlehen).
Aufg. 309	Kontokorrentkredit: --> Kredit (Überziehung des Girokontos) kann bis zur vereinbarten Höhe beansprucht werden --> in der Regel unbefristeter Kredit --> schwankender Kreditbetrag --> relativ hoher Soll-Zinssatz --> jederzeit rückzahlbar
Aufg. 310	--> Fälligkeitsdarlehen: Tilgung Gesamtbetrag auf einmal bei Fälligkeit --> Kündigungsdarlehen: Tilgung Gesamtbetrag auf einmal nach Kündigung --> Abzahlungsdarlehen (Ratendarlehen): Tilgung in Raten --> Annuitätendarlehen: Tilgung in Annuitäten (Annuität = gleichbleibende Summe aus Zins und Tilgung, wobei Zinsanteil kontinuierlich sinkt und der Tilgungsanteil kontinuierlich steigt)

Aufg. 311	Kreditkauf → Aufnahme eines Geldkredits → Zahlung von Kreditraten bis zum Ablauf der Kreditlaufzeit → Erlangung des Eigentums am (kreditfinanzierten) Vermögensgegenstand (Abschreibungsmöglichkeiten)	Leasing → Aufnahme eines Sachkredits → Zahlung von Leasingraten (quasi wie Mietzahlung) i. d. R. Rückgabe des Leasinggegenstandes am Ende der Laufzeit → Leasinggeber bleibt während der Laufzeit Eigentümer des Vermögensgegenstandes (Abschreibungsmöglichkeiten entfallen, aber Leasinggebühren können als Aufwand gebucht werden)
Aufg. 312	5	
Aufg. 313	2	
Aufg. 314	4	
Aufg. 315	4	
Aufg. 316	3	
Aufg. 317	2	

Teil C Kaufmännische Steuerung und Kontrolle – LÖSUNGEN

Aufg. 318	Dokumentation: z. B. Erfassung von Einnahmen und Ausgaben Information: z. B. Herkunft und Höhe von Kosten Rechenschaftslegung: z. B. gegenüber Banken als Kreditgebern Kontrolle: z. B. der Kostenentwicklung in einzelnen Unternehmensbereichen Planung: z. B. Personaleinsatz, Schulungen der Mitarbeitenden
Aufg. 319	→ Finanzbuchhaltung (Buchführung) → Kosten- und Leistungsrechnung (KLR) → Statistik → Planung
Aufg. 320	<u>Internes Rechnungswesen:</u> → enthält insbesondere die Kosten- und Leistungsrechnung → dient der Planung, Steuerung und Kontrolle von Einzelhandelsbetrieben → wird in der Regel nach innerbetrieblichen Erfordernissen ausgestaltet <u>Externes Rechnungswesen:</u> → enthält die Finanzbuchhaltung einschließlich der Bilanzierung sowie der Nebenbücher (z. B. Erfassung der Wareneingänge und Warenausgänge in der Lagerkartei) und die Statistiken → dient primär der Information von Außenstehenden wie Gläubigern, Fiskus, Banken, Kunden → wird nach einheitlichen handels- und steuerrechtlichen Vorschriften ausgestaltet
Aufg. 321	100,00 €

Aufg. 322	12 Stunden $X = \frac{18\ \text{Std.} \cdot 6\ \text{MA}}{9\ \text{MA}} = 12\ \text{Std.}$
Aufg. 323	15 Stunden $X = \frac{18\ \text{Std.} \cdot 6\ \text{MA} \cdot 12500\ \text{Art.}}{9\ \text{MA} \cdot 10000\ \text{Art.}} = 15\ \text{Std.}$
Aufg. 324	58,95 € $X = \frac{67{,}95 + 58{,}95 + 49{,}95}{3} = 58{,}95$
Aufg. 325	59,15 € $X = \frac{67{,}95 \cdot 70 + 58{,}95 \cdot 95 + 49{,}95 \cdot 65}{70 + 95 + 65} = 59{,}15$
Aufg. 326	ARNER OHG: 6 · 20 000,00 € = 120 000,00 € BOHR KG: 5 · 20 000,00 € = 100 000,00 € CRW GmbH: 2 · 20 000,00 € = 40 000,00 € $1\ \text{Teil} = \frac{260\,000{,}00 \cdot 1}{13} = 20\,000{,}00\ €$
Aufg. 327	Schneider KG Erfolgsquote: 90 % $X = \frac{100 \cdot 18}{20} = 90\ \%$ Meyer GmbH Erfolgsquote: 87,5 % $X = \frac{100 \cdot 14}{16} = 87{,}5\ \%$
Aufg. 328	9000,00 € $X = \frac{45000{,}00 \cdot 20}{100} = 9000{,}00$
Aufg. 329	3400,00 € $X = \frac{850{,}00 \cdot 100}{25} = 3400{,}00$

Aufg. 330	450,00 € $X = \frac{468 \cdot 100}{104} = 450{,}00$
Aufg. 331	1 280,00 € $X = \frac{1\,254{,}40 \cdot 100}{98} = 1\,280{,}00$
Aufg. 332	198,00 € $X = \frac{180 \cdot 495{,}00}{120 + 150 + 180} = 198{,}00$
Aufg. 333	28,00 € $100{,}00 \cdot 0{,}8 = 80{,}00$ $80{,}00 \cdot 0{,}7 = 56{,}00$ $56{,}00 \cdot 0{,}5 = 28{,}00$
Aufg. 334	65,73 € $X = \frac{24{,}90 \cdot 2\,639{,}95}{1\,000} = 65{,}73$
Aufg. 335	8,97 € $X = \frac{(15 \cdot 9{,}00 + 9 \cdot 8{,}20 + 7 \cdot 9{,}90)}{(15 + 9 + 7)} = \frac{278{,}10}{31} = 8{,}97$
Aufg. 336	11,1 % $\frac{720\,120}{16} = 45\,007{,}50;$ $\frac{700\,000}{14} = 50\,000;$ $\frac{(50\,000{,}00 - 45\,007{,}50) \cdot 100}{45\,007{,}50} = 11{,}1\ \%$
Aufg. 337	540,00 € $\frac{1\,800 \cdot 30}{20 + 25 + 30 + 25} = 540{,}00$

Aufg. 338	4,0 % $\frac{11{,}9\ \text{kg} \cdot 100}{295\ \text{kg}} = 4{,}0\ \%$
Aufg. 339	31,50 € $\frac{700 \cdot 3{,}00}{(400 \cdot 2{,}00) + (600 \cdot 2{,}50) + (700 \cdot 3{,}00)} = \frac{2\,100}{4\,400} = 0{,}4773$ $66{,}00 \cdot 0{,}4773 = 31{,}50$
Aufg. 340	18,5 % $\frac{321\,296}{6} = 53\,549{,}33;$ $\frac{317\,360}{5} = 63\,472{,}00;$ $\frac{(63\,472{,}00 - 53\,549{,}33) \cdot 100}{53\,549{,}33} = 18{,}53\ \%$
Aufg. 341	28,00 € $\frac{26{,}46 \cdot 100}{100 - 5{,}5} = 28{,}00$
Aufg. 342	a) 22 Tage b) 24,54 € $= \frac{4\,723{,}40 \cdot 8{,}5 \cdot 22}{100 \cdot 360}$ c) 121,54 € $= (4\,869{,}48 - 4\,723{,}40) - 24{,}54$
Aufg. 343	3
Aufg. 344	5
Aufg. 345	33,5 % $\frac{573\,000 \cdot 100}{1\,712\,000} = 33{,}5\ \%$
Aufg. 346	46 443,00 € $25\,755 - 77\,294 + 97\,982 = 46\,443$

Aufg. 347	a) 80 845,00 € 58 500 – 67 295 + 13 495 + 76 145 = 80 845 b) 133 306,18 € (23 450 + 43 996 + 44 576) ·1,19 = 112 022 · 1,19 = 133 306,18 c) 19 280,00 € (23 450 + 43 996 + 44 576) – (6 957 + 4 940 + 80 845) = 19 280
Aufg. 348	3
Aufg. 349	4
Aufg. 350	102 539,00 € Umsatzerlöse – Summe aller Aufwendungen
Aufg. 351	5
Aufg. 352	3
Aufg. 353	EK-Quote = 16,0 % $\frac{252\,000 \cdot 100}{1\,576\,000} = 15{,}99$ FK-Quote = 84,0 % $\frac{(1\,135\,000 + 189\,000) \cdot 100}{1\,576\,000} = 84{,}01$
Aufg. 354	3
Aufg. 355	–2 415,00 € Umsatzerlöse – Summe aller Aufwendungen
Aufg. 356	25 171,00 € 9 988 – 2 189 + 17 372 = 25 171
Aufg. 357	2 203,00 € (7 896 – 595) – (5 854 – 756) = 7 301 – 5 098 = 2 203,00
Aufg. 358	2
Aufg. 359	6080 6081 2600 an 4403
Aufg. 360	3

Aufg. 361	52,50 Lösungsweg: 35,00 + (20 % von 35,00 = 7,00) = 42,00 + (42 = 80 %; x = 20 %; $x = \frac{42 \cdot 20}{80}$ = 10,50) = 52,50
Aufg. 362	6870 2600 an 4404
Aufg. 363	143,70 Lösungsweg: $\frac{900{,}00 \cdot 19}{119}$ = 143,70
Aufg. 364	2880 an 5100 4800
Aufg. 365	2650 an 5100 4800
Aufg. 366	6800 2600 an 4405
Aufg. 367	4840 an 2800
Aufg. 368	2402 an 5100 4800
Aufg. 369	2401 an 5100 4800
Aufg. 370	6140 2600 an 4401

Aufg. 371	5101 4800 an 2401
Aufg. 372	5101 4800 an 2401
Aufg. 373	2800 an 2401
Aufg. 374	4
Aufg. 375	3
Aufg. 376	2
Aufg. 377	0860 2600 an 4402
Aufg. 378	4402 an 0860 2600 2800
Aufg. 379	599,62 € $1439{,}10 \cdot \left(\frac{7}{12}\right) = 839{,}48$ (Afa 1. Jahr); $1\,439{,}10 - 839{,}48 = 599{,}62$
Aufg. 380	6520 an 0860
Aufg. 381	2650 an 2880
Aufg. 382	6420 an 2800
Aufg. 383	2

Aufg. 384	6030 2600 an 4407
Aufg. 385	4
Aufg. 386	6000 2600 an 4408
Aufg. 387	6001 2600 an 4409
Aufg. 388	4408 an 2800 6002 2600
Aufg. 389	3 940,05 = (3 777,30 · 0,98) + 238,30
Aufg. 390	4840 an 2800
Aufg. 391	4
Aufg. 392	6080 2600 an 4405
Aufg. 393	6081 2600 an 4401
Aufg. 394	am 23.09.: 4405 an 2800 6082 2600 am 26.09.: 4401 an 2800

Aufg. 395	87,53 € $= (89{,}00 \cdot 0{,}97) + \frac{24{,}00}{20}$
Aufg. 396	2402 an 5100 4800
Aufg. 397	2800 5101 4800 an 2402
Aufg. 398	70,20 $= 35{,}10 \cdot 2$
Aufg. 399	83,54 $= 119\,\% \cdot 70{,}20$
Aufg. 400	3001 an 5421 4800
Aufg. 401	3
Aufg. 402	12 $= 232 - 175 + 130 - 90 - 85$
Aufg. 403	1 150 000 $= 8\,600\,000 - 7\,800\,000 + 400\,000 - 50\,000$
Aufg. 404	2403 an 5000 4800
Aufg. 405	5001 4800 an 2403
Aufg. 406	6821 an 2880
Aufg. 407	4, 3, 5, 2, 1, 6 (Hinweis: 4 und 5 können in der Reihenfolge auch getauscht werden)

Aufg. 408	6080 6081 2600 an 4403
Aufg. 409	5
Aufg. 410	1 824,56 € 1 861,80 · 0,98 = 1 824,56
Aufg. 411	480,00 € 500,00 – 50,00 = 450,00 – 9,00 = 441,00 + 39,00 = 480,00
Aufg. 412	Angebot 4
Aufg. 413	719,71 € 500,00 – 50,00 = 450,00 – 9,00 = 441,00 € + 39,00 = 480,00 + 80,00 = 560,00 + 44,80 = 604,80 + 114,91 € = 719,71
Aufg. 414	a) 9 Stück 4 – 3 + 9 – 1 = 9 b) 629,10 € Ergebnis d. Aufgabe a) · 69,90 = 9 · 69,90 = 629,10 c) 118,83 € 69,90 · 1,7 = 118,83 d) 14,35 € $\frac{89{,}90 \cdot 100}{119} = 75{,}55$ (Nettopreis) 89,90 – 75,55 = 14,35 e) 80,16 % $\frac{(89{,}90 - 49{,}90) \cdot 100}{49{,}90} = 80.16\ \%$
Aufg. 415	1
Aufg. 416	9,75 (1 100 · 30) · 0,9 = 29 700,00; 29 700,00 · 0,98 = 29 106,00; 29 106,00 + (48,00 · 3) = 29 250,00; 29 250,00 : 3 000 = 9,75

Aufg. 417	a) 2 Bezugspreis pro Stück = 75,30 · 0,7 = 52,71 · 0,98 = 51,66 b) 3 Bezugspreis pro Stück = 68,00 · 0,8 = 54,40 · 0,97 = 52,77 c) 1 Bezugspreis pro Stück = 65,00 · 0,85 = 55,25 · 0,97 = 53,59 + 1,10 = 54,69
Aufg. 418	20,0 % 135,00 + 7,50 = 142,50 $\frac{179{,}55 \cdot 100}{105} = 171{,}00$ $\frac{(171{,}00 - 142{,}50) \cdot 100}{142{,}50} = 20{,}0$
Aufg. 419	a) 50,6 % $\frac{98\,782 \cdot 100}{658\,987 - 463\,824} = 50{,}6\ \%$ b) 109 067,62 € $\frac{913\,985 \cdot 100}{119} = 768\,054{,}62 - 658\,987{,}00$
Aufg. 420	25 % Zielverkaufspreis: 800 · 0,875 = 700; Barverkaufspreis: 700 · 0,95 = 665; Selbstkosten: 665 – 45 = 620; $\frac{(620 - 496) \cdot 100}{496} = 25\ \%$
Aufg. 421	65 % $\frac{198{,}00 \cdot 100}{120{,}00} - 100 = 65\ \%$
Aufg. 422	2 937,69 Zieleinkaufspreis: 3 420 · 0,875 = 2 992,50; Bareinkaufspreis: 2 992,50 · 0,975 = 2 917,69; Bezugspreis: 2 917,69 + 20,00 = 2 937,69

Aufg. 423	1
Aufg. 424	25 % $\frac{(400 - 300) \cdot 100}{400} = 25$
Aufg. 425	25,6 % $\frac{179\,200 \cdot 100}{700\,000} = 25{,}6$
Aufg. 426	a) –66 095,17 = 1 228 938,40 + 628 500,11 – 1 345 655,35– 577 878,33 b) –116 716,95 = 1 228 938,40 – 1 345 655,35 c) +50 621,78 = 628 500,11 – 577 878,33
Aufg. 427	3
Aufg. 428	5
Aufg. 429	3, 6
Aufg. 430	5
Aufg. 431	4
Aufg. 432	4
Aufg. 433	4, 5
Aufg. 434	a) 12,75 € $= \frac{10\,500 - 2\,850}{600}$ b) 11,25 € = 24,00 – 12,75 c) 253,33 Stück $= \frac{2\,850}{11{,}25}$
Aufg. 435	2
Aufg. 436	2
Aufg. 437	1
Aufg. 438	3

Aufg. 439

Listeneinkaufspreis	385,00	100 %	
– Lieferrabatt	154,00	40 %	
Zieleinkaufspreis	231,00	60 %	100 %
– Liefererskonto	6,93		3 %
Bareinkaufspreis	224,07		97 %
+ Bezugskosten	4,93		
Bezugspreis	229,00	100 %	
+ Handlungskosten	57,25	25 %	
Selbstkosten	286,25	125 %	100 %
+ Gewinn	14,31		5 %
Barverkaufspreis	300,56	93 %	105 %
+ Kundenskonto	6,46	2 %	
+ Vertreterprovision	16,16	5 %	
Zieleinkaufspreis	323,18	100 %	75 %
+ Kundenrabatt	107,73		25 %
Listenverkaufspreis (netto)	**430,91**		100 %

Aufg. 440

Bezugspreis (Annahme)	100,00		100 %
+ Handlungskosten	50,00		50 %
Selbstkosten	150,00	100 %	150 %
+ Gewinn	15,00	10 %	
Barverkaufspreis	165,00	110 %	98 %
+ Kundenskonto	3,37		2 %
Zielverkaufspreis	168,37	80 %	100 %
+ Kundenrabatt	42,09	20 %	
Listenverkaufspreis netto	210,46	100 %	

Kalkulationszuschlag =

$$\frac{(\text{Listenverkaufspreis} - \text{Bezugspreis}) \cdot 100\,\%}{\text{Bezugspreis}}$$

$$= \frac{(210{,}46 - 100{,}00) \cdot 100\,\%}{100} = \mathbf{110{,}46\,\%}$$

$$\textbf{Kalkulationsfaktor} = \frac{\text{Listenverkaufspreis}}{\text{Bezugspreis}} = \frac{210{,}46}{100} = \mathbf{2{,}1046}$$

	Handelsspanne $= \frac{\text{Nettoverkaufspreis} - \text{Einstandspreis} \cdot 100\,\%}{\text{Nettoverkaufspreis}}$ $= \frac{(210{,}46 - 100{,}00) \cdot 100\,\%}{210{,}46}$ $=$ **52,49 %**
Aufg. 441	3, 2, 5, 4, 1
Aufg. 442	2
Aufg. 443	3
Aufg. 444	1
Aufg. 445	5, 4, 3
Aufg. 446	371 100,00 € MGK = 10 % · 220 000 = 22 000; FGK = 10 % · 110 000 = 11 000; 220 000 + 22 000 + 110 000 + 11 000 + 8 100 = 371 000
Aufg. 447	Z. B. Betriebsfeuerwehr, Werksschutz, Kantine, Werksarzt
Aufg. 448	60,00 $\frac{\text{gesamte variable Kosten}}{\text{Menge}} = \frac{6000}{100}$
Aufg. 449	55,00 $\text{Marktpreis je Stück} = \frac{\text{Umsatz}}{\text{abgesetzte Menge}} = \frac{11\,500}{100} = 115{,}00$ $db = p - k_v = 115{,}00 - 60{,}00 = 55{,}00$
Aufg. 450	418,18 → gerundet: 419 Stück $\text{Lösungsweg: BEP} = \frac{\text{Fixkosten}}{db} = \frac{23\,000{,}00}{55{,}00}$
Aufg. 451	21 922,00 3 200 (FM) + 1 536,00 (48 % MGK) + 6 510,00 (FL) + 10 416,00 (160 % FGK) + 260,00 (SEK Fertigung) NR: FL = 250 · 16,00 + 100 · 12,50 + 90 · 14,00 = 6 510,00

Aufg. 452

27 701,72

21 922,00 + 5 699,72 (26 % VwGK/VtGK) + 80,00 (SEK Vertrieb)

Aufg. 453

Einzelkosten sind dem Kostenträger direkt zurechenbar, Gemeinkosten nur über Zuschlagssätze.

Aufg. 454

Nr.	Geschäftsfälle	Kosten	Leis-tungen	Neutrals Aufwen-dungen	Neutrale Erträge
1.	Miete für eine gemietete Produktionshalle	X			
2.	Vierteljahreszahlung der Grundsteuer für das Betriebsgebäude	X			
3.	Bestandserhöhung bei den Vorräten an unfertigen Erzeugnissen		X		
4.	Zahlung von Weih-nachtsgeld an die Arbeitnehmenden	X			
5.	Erträge aus dem Verkauf vor Wertpapieren				X
6.	Jahresbeitrag für den „Verein der Freunde und Förderer des Richard-Wagner-Gymnasiums“			X	
7.	Schadenersatzleistung der Feuerversicherung für Brandschäden im Lager				X
8.	Abschreibungen	X			

Aufg. 455

150 000,00 €

Gemeinkosten = 48 000 + 40 000 + 20 000 + 82 000 + 22 000 = 212 000

212 000 – 50 000 (Verw. + Vertr.GK) = 162 000, davon 12 000 MGK (10 % MGK-Zuschlagssatz)

bleiben 150 000 FGK

Aufg. 456	150 % 100000 (FL) = 100 % 150000 (FGK) = x $x = \frac{150000 \cdot 100\,\%}{100000} = 150\,\%$
Aufg. 457	78,00 6,5 % von 43 800 = 2 847 6,5 % von 42 600 = 2 769 2 847 – 2 769 = 78,00
Aufg. 458	3
Aufg. 459	3
Aufg. 460	1
Aufg. 461	Die Statistik ist ein Teilbereich des betrieblichen Rechnungswesens. Ihre Aufgabe ist die Aufbereitung und übersichtliche Darstellung des aus dem Zahlenmaterial der Buchhaltung und Kosten- und Leistungsrechnung stammenden Zahlenmaterials.
Aufg. 462	Liniendiagramm., Säulendiagramm, Balkendiagramm und Kreisdiagramm
Aufg. 463	a) 72,63 € 92,58 – 19,95 = 72,63 b) 134,58 € 104,63 + 29,95 = 134,58
Aufg. 464	11,7 % $\frac{(5\,123 - 4\,587) \cdot 100}{4587}$
Aufg. 465	39357,67 € $\frac{39451 + 43297 + 25835 + 19354 + 49285 + 58924}{6}$ = 39357,67

Aufg. 466	20,0 % $\frac{285\,752{,}35}{11\,453} = 24{,}95;$ $\frac{451\,136{,}85}{15063} = 29{,}95;$ $\frac{(29{,}95 - 24{,}95) \cdot 100}{24{,}95} = 20{,}04$
Aufg. 467	Controlling ist ein Instrument, das die Unternehmensleitung in ihren Entscheidungen unterstützt. Es dient einer ergebnisorientierten Planung, Steuerung und Kontrolle des gesamten Unternehmens in all seinen Bereichen. Es ist ein: → Informationsinstrument: Beschaffung und Aufbereitung von Informationen → Planungsinstrument: Formulierung und Vorgabe von messbaren Zielen → Kontrollinstrument: Überwachung, ob die vorgegebenen Planwerte eingehalten wurden → Steuerungsinstrument: Analyse der Ursachen von Abweichungen und Vorschlage für mögliche Steuerungsmaßnahmen zur Zielerreichung Ziel des Controlling ist es, eine vorausschauende Erfolgssteuerung des Unternehmens zu ermöglichen.
Aufg. 468	→ Kennzahlensysteme: Zusammenfassung von mehreren Kennzahlen aus einem bestimmten betrieblichen Bereich, z. B. Lagerkennzahlen → Budgetierung: Vorgabe von Planzahlen (Soll-Werte) für alle betrieblichen Teilbereiche in Form von Mengengrößen (z. B. geplante Verkaufszahlen für eine Warengruppe) und von Wertgrößen (z. B. Vorgabe der Personalaufwendungen für das Lager) → Soll-Ist-Vergleiche: Vergleich der Plandaten mit den tatsächlich erwirtschafteten Daten (Ist-Werten); Analyse der Abweichungsursachen → Berichtswesen: Sammlung, Auswertung und Präsentation von betrieblichen Informationen. Das Berichtswesen liefert den Entscheidungsträgern Daten für Planung, Kontrolle und Steuerung.

Aufg. 469	→ Lagercontrolling → Beschaffungscontrolling → Absatzcontrolling → Personalcontrolling → Controlling im Finanz- und Rechnungswesen
Aufg. 470	10 % Gesamtkapitalrentabilität $= \frac{(\text{Gewinn} + \text{Fremdkapitalzins}) \cdot 100\ \%}{\text{Gesamtkapital}}$ $= \frac{(1 + 25 \cdot 0{,}08) \cdot 100\ \%}{5 + 25}$
Aufg. 471	20 % $\text{Eigenkapitalrentabilität} = \frac{\text{Gewinn} \cdot 100\ \%}{\text{Eigenkapital}} = \frac{(60 - 59) \cdot 100\ \%}{5}$
Aufg. 472	1,67 % $\text{Umsatzrentabilität} = \frac{\text{Gewinn} \cdot 100\ \%}{\text{Umsatz}} = \frac{1 \cdot 100\ \%}{60}$
Aufg. 473	4, 2, 6
Aufg. 474	5
Aufg. 475	5
Aufg. 476	1 745 225,00 €
Aufg. 477	660 075,00 € 1 745 225 – (532 250 + 552 900)
Aufg. 478	37,82 % $\frac{660\,075 \cdot 100\ \%}{1\,745\,225}$
Aufg. 479	61,69 % $\frac{(569\,700 + 159\,500 + 160\,400 + 187\,000) \cdot 100\ \%}{1\,745\,225}$
Aufg. 480	7,28 % $\frac{125\,015 \cdot 100\ \%}{1\,745\,225}$

Teil D Information, Kommunikation und Arbeitstechniken – LÖSUNGEN

Aufg. 481	→ Terminkalender (Jahres-, Monats- und Tageskalender als Wand-, Tisch- oder Taschenkalender) → Terminplaner (Jahresübersicht als Wandkalender) → Terminmappe (für jeden laufenden Monat, zur Aufbewahrung von Schriftstücken zur Wiedervorlage) → Terminkartei (für jeden Tag und Monat eine Karte) → Planungstafel (Terminübersicht über Planungsperiode mittels Magnet- oder Stecktafel) → elektronischer Terminkalender (z. B. mithilfe von Softwarelösungen wie Outlook, Google- Kalender oder MS Teams → automatische Synchronisierung)
Aufg. 482	Die „**ALPEN**"-Methode schlägt fünf Schritte zur Terminplanung (insbesondere Tagesplanung) vor: **A**ufgabe, Aktivität bzw. Termin aufschreiben (To-do-Liste) **L**änge (Zeitbedarf) der Aufgabe schätzen **P**ufferzeit für Unvorhergesehenes einplanen **E**ntscheidungen über Prioritäten, Delegationsmöglichkeiten u. Ä. treffen **N**achkontrolle, welche Aufgaben erledigt wurden bzw. auf den nächsten Tag übertragen werden müssen
Aufg. 483	Das auf den italienischen Ökonomen Vilfredo Pareto zurückzuführende Pareto-Prinzip besagt, dass mit 20 % Zeitaufwand 80 % der Ergebnisse erzielt werden können, wenn die richtigen Schwerpunkte gesetzt werden. Es ist also wichtiger, die richtige Arbeit zu tun, als irgendeine Arbeit „richtig" zu tun.
Aufg. 484	**ABC**-Analyse nach dem Eisenhower-Prinzip: **A**-Aufgaben: Diese Aufgaben sind wichtig und dringend. Sie haben höchste Priorität und sollten daher sofort erledigt werden. **B**-Aufgaben: Diese Aufgaben sind zwar nicht dringend, aber wichtig (z. B. Entwicklung einer Unternehmensstrategie). Sie sollten daher unbedingt in die To-do-Liste aufgenommen und konkret terminiert werden, damit sie nicht in Vergessenheit geraten oder ständig aufgeschoben werden.

	C-Aufgaben: Diese Aufgaben sind zwar dringend, aber nicht wirklich wichtig (z. B. Routineaufgaben im Tagesgeschäft). Hier sollte überprüft werden, ob diese Aufgaben nicht delegiert werden können, damit man sich auf die A- und B-Aufgaben konzentrieren kann.
Aufg. 485	Der betriebliche Datenschutz umfasst alle Maßnahmen von Unternehmen zum Schutz personenbezogener Daten vor Missbrauch bei Übertragung, Weitergabe und Zugriff. Datengeheimnis: Allen Personen, die Zugriff auf personenbezogene Daten haben, sind die unbefugte Nutzung und Weitergabe dieser Daten untersagt.
Aufg. 486	Zugangskontrolle: Unbefugten ist der Zugang zur EDV-Anlage zu verwehren. Abgangskontrolle: Unbefugte Entfernung von Datenträgern ist zu verhindern. Speicherkontrolle: Die unbefugte Kenntnisnahme, Eingabe, Veränderung oder Löschung ist zu verhindern. Benutzerkontrolle: Das Abrufen von Daten durch Unbefugte ist zu verhindern. Eingabekontrolle: Es muss festgestellt werden können, von wem und wann Daten eingegeben wurden. Übermittlungskontrolle: Es muss überprüft werden können, zu welchen Stellen Daten übermittelt werden können. Organisationskontrolle: Die innerbehördliche oder innerbetriebliche Organisation ist so zu gestalten, dass sie den Anforderungen des Datenschutzes gerecht wird.
Aufg. 487	Regeln für Feedbackgebende: → Vergewissern Sie sich, ob Ihr Gegenüber für ein Feedback bereit ist. → Beschreiben Sie Ihre subjektiven Wahrnehmungen konkret, nachvollziehbar und ohne Wertung als Ich-Botschaften. → Äußern Sie auch Ihre Gefühle. → Äußern Sie höflich und klar, kurz und bündig Ihre Wünsche für das Verhalten der Feedbacknehmerin/des Feedbacknehmers. → Geben Sie nur ein Feedback, wenn Ihr Gegenüber auch dazu bereit ist.

	--> Schauen Sie Ihrem Gegenüber beim Geben des Feedbacks in die Augen. --> Verletzen Sie niemals das Selbstwertgefühl der Feedbacknehmerin/des Feedbacknehmers. Regel für Feedbacknehmende: --> Hören Sie aufmerksam zu und unterbrechen Sie die Feedbackgeberin/den Feedbackgeber nicht. --> Verteidigen und rechtfertigen Sie sich nicht, sondern lassen Sie das Feedback auf sich wirken. --> Machen Sie sich – auch als Zeichen der Wertschatzung für die Feedbackgeberin/ den Feedbackgeber – Notizen, wenn das Feedback etwas ausführlicher ist. --> Fragen Sie nach, wenn Sie etwas nicht verstehen. --> Prüfen Sie, ob Sie für ein Feedback bereit sind. --> Nutzen Sie die Chance zu erfahren, wie Sie auf andere wirken. --> Seien Sie dankbar für ein Feedback. --> Sehen Sie es als Möglichkeit, sich selbst weiterzuentwickeln.
Aufg. 488	Autoritärer Führungsstil: Mitarbeitende sind Vorgesetzten untergeordnet. Die oder der Vorgesetzte ordnet an. Chancen: --> klare Entscheidungsbefugnisse --> schnelle Entscheidungen --> hohe Arbeitsproduktivität bei Routineaufgaben Gefahren: --> Fehlentscheidung aufgrund mangelnder Einbeziehung der Mitarbeitenden --> Motivationsverlust bei Mitarbeitenden aufgrund fehlender Einflussmöglichkeiten --> schlechtes Arbeitsklima durch Unzufriedenheit Kooperativer Führungsstil: Vorgesetzte und Mitarbeitende sind Partner. Die Vorgesetzte/der Vorgesetzte koordiniert. Chancen: --> sachgerechte und ausgewogene Entscheidungen --> Einflussmöglichkeiten motivieren Mitarbeitende --> gutes Arbeitsklima

	Gefahren: → langwierige Entscheidungsprozesse → qualifizierte und damit teurere Mitarbeitende Voraussetzung → Bereitschaft der Mitarbeitenden notwendig, eine höhere Verantwortung zu tragen
Aufg. 489	a) Typische Phasen der Teamentwicklung: → Orientierung („forming"): höfliches, distanziertes, unpersönliches und vorsichtiges gegenseitiges Abtasten → Konflikt („storming"): Ich-Orientierung, unterschwellige Konflikte, Rollenfindung, Cliquenbildung → Organisation („norming"): Festlegung der Rollen, Wir-Orientierung, konstruktive Kritik, Kooperation → Integration („performing"): Zusammenarbeit ist geprägt von Ideenreichtum, Hilfsbereitschaft; Team arbeitet effizient b) Regeln für eine erfolgreiche Teamarbeit: → Die Ziele der Teamarbeit und die Vorgehensweise werden gemeinsam festgelegt. → Die zu bewältigenden Aufgaben werden fair auf alle Gruppenmitglieder verteilt. → Jedes Teammitglied bringt sich aktiv und konstruktiv in die Teamarbeit ein. → Alle Teammitglieder werden laufend über den Stand der Arbeit informiert. → Jedes Teammitglied hält sich an getroffene Absprachen. → Jedes Teammitglied übernimmt Verantwortung für das Erreichen des Gruppenergebnisses. → Jedes Teammitglied bringt seine Meinung offen ein und akzeptiert die Meinung der anderen Teammitglieder. Gehen die Meinungen auseinander, versuchen alle Teammitglieder einen gemeinsamen Kompromiss zu finden. → Konstruktive Kritik ist erwünscht, wird sachlich geäußert, ohne einzelne Teammitglieder persönlich anzugreifen oder deren Selbstwertgefühl zu verletzen.

	→ Treten im Team Spannungen auf, hat die Auflösung des Konflikts Vorrang vor der zu bewerkstelligenden Arbeit (Konfliktmanagement).
Aufg. 490	→ Beginnen Sie rechtzeitig mit der Vorbereitung. Extremer Zeitdruck führt zu unnötigem Stress in der Phase der Vorbereitung. → Gehen Sie positiv mit Lampenfieber um und nutzen Sie es. Nur wenn Adrenalin uns „puscht, können wir Höchstleistungen vollbringen. Wer Lampenfieber verspürt, hat es leichter, zu überzeugen. Die besten Schauspielenden haben vor jedem Auftritt Lampenfieber. Je besser Sie vorbereitet sind, umso schneller wird sich das Lampenfieber legen, wenn Sie einmal mit der Präsentation begonnen haben. → Sprechen Sie möglichst frei. Schreiben Sie sich nur die wichtigsten Stichworte leicht lesbar und klar gegliedert auf: • Vorstellung des Themas und Einführung • Abschnitte voneinander abgrenzen, z. B. erstens, zweitens ... • Schlussteil als Zusammenfassung oder Abrundung → Ein Bild sagt mehr als tausend Worte. Wählen Sie daher zur Auflockerung geeignetes Anschauungsmaterial aus: Bilder (Fotos, Schaubilder, Grafiken, Statistiken u. Ä.). → Achten Sie auf Ihre Körpersprache. Stellen Sie sich nicht mit dem Rücken zu den Zuhörern, indem Sie Ihren Blick auf die Projektionsflache richten. Achten Sie auf eine aufrechte Körperhaltung. Die Hände sollten sich oberhalb der Gürtellinie befinden. So können Sie das Gesagte auch mit Gesten unterstützen. → Suchen Sie stets den Blickkontakt zu den Zuhörenden. → Sprechen Sie langsam und deutlich. Passen Sie die Lautstarke der Größe des Zimmers bzw. des Saales an. → Setzen Sie Ihre Sprache gezielt ein. Versuchen Sie, an wichtigen Stellen Ihres Referats Lautstärke und Sprechtempo zu verändern (Modulation und Intonation). → Streuen Sie gezielt Pausen als rhetorisches Mittel ein.

	→ Formulieren Sie in kurzen und klaren Sätzen. Versuchen Sie nicht, Ihren Dialekt zu verstecken. Eine gewisse Färbung durch den Dialekt ist bestimmt kein Nachteil. Vermeiden Sie aber zu viele umgangssprachliche Formulierungen. → Üben Sie Ihre Präsentation ein. Dies ist auch ein wirksames Mittel gegen zu viel Nervosität und Lampenfieber, wenn Sie bereits vorab das Referat mithilfe Ihrer Stichworte frei vortragen. Lassen Sie eine Stoppuhr mitlaufen, damit Sie den zeitlichen Rahmen gut ein-schätzen können.
Aufg. 491	→ Konflikt offen ansprechen (Ich-Botschaften statt Du-Botschaften: „Ich persönlich sehe das so, dass ...“; „In meiner Wahrnehmung ...“) → eigenes Ziel kommunizieren (konkret, positiv, realistisch: „Ich möchte ...“ → Sichtweise/Ziel des anderen erfragen (andere Perspektive in jedem Fall akzeptieren: „Was möchtest du?“, „Wie siehst du das?“, „Was sagst du dazu?“) → gemeinsames Ziel bzw. Kompromiss suchen → („Wie könnte ein Kompromiss zwischen uns aussehen?“, „Was verbindet uns?“, „Über welches gemeinsame Ziel sind wir uns einig?“) → Kriterien für Zielerreichung definieren („Woran werden wir erkennen, dass wir unser Ziel erreicht haben?“) → mögliche Probleme/Hindernisse ansprechen („Was könnte schiefgehen?“, „Was ist, wenn ...?) → verbindliche Vereinbarungen treffen (konkret, detailliert, messbar, zeitlich befristet)
Aufg. 492	a) Aussage: „Ich kann Ihnen da nicht weiterhelfen.“ kundenorientierte Alternative: z. B.: „Ich kann Ihnen im Moment nicht sagen, wo die Ursache für den Fehler liegt, aber ich erkundige mich gerne für Sie.“ Aussage: „Das fällt nicht in meinen Zuständigkeitsbereich.“ kundenorientierte Alternative: z. B.: „Bleiben Sie bitte am Apparat. Ich verbinde Sie gerne mit der/dem zuständigen Kollegin/Kollegen.“

Aussage: „Das habe ich Ihnen doch gerade ausführlich erklärt."
kundenorientierte Alternative: z. B.: „Ich erkläre Ihnen das auch gerne noch einmal."

b)
Analyse nach dem „Vier-Seiten-Modell" von Schulz von Thun:

Sachinhalt (Worüber wird informiert?):
„Bisher erhalte ich einen Rabatt in Höhe von 5 %."

Selbstoffenbarung (Was sagt der Sender über sich selbst aus?):
„Ich wünsche mir einen höheren Rabatt. Mit 5 % bin ich nicht zufrieden."

Beziehung (Wie steht der Sender zum Empfänger? Was hält er von ihm?):
„Ich bin ein guter Kunde. Sie sind geschäftlich von mir abhängig."

Appell (Wozu fordert der Sender den Empfänger auf?):
„Gewähren Sie mir einen höheren Rabatt!"

c)

- → Beschwerdeanlässe sind beliebte Gesprächsthemen und werden häufig einem größeren Personenkreis weitererzählt.
- → Ein Beschwerdemanagement ermöglicht eine systematische Bearbeitung von Beschwerden nach festen Regeln und verhindert damit imageschädigende Fehler im Umgang mit Kundenbeschwerden.
  u. Ä.

d)

- → Das unterschiedliche Fachwissen der verschiedenen Teammitglieder wird zusammengeführt.
- → Der gemeinsame Austausch fordert die Entwicklung kreativer Lösungen.
- → bessere gegenseitige Unterstützung der Mitarbeitenden
- → erhöhte Motivation durch Gemeinschaftsgefühl
- → Verbesserung des Betriebsklimas durch gegenseitiges Kennenlernen

Aufg. 493

a)
Nonverbale visuelle Elemente:
- → Körperhaltung
- → Gestik
- → Mimik
- → Blickkontakt
- → äußeres Erscheinungsbild

Nonverbale auditive Elemente:
- → Aussprache
- → Sprechgeschwindigkeit
- → Lautstärke
- → Stimmlage
- → Modulation/Betonung

b)
Merkmale für das „aktive Zuhören“:
- → den anderen ausreden lassen
- → schweigen (passives Zuhören)
- → durch Signale wie zustimmendes Nicken, Äußerungen wie „Aha“, „Ja“, „Richtig“, „Natürlich“ zeigen, dass man aufmerksam zuhört und den anderen versteht
- → wichtige Aussagen mit eigenen Worten zusammenfassen, um das eigene Verständnis zu überprüfen
- → Gefühle der Gesprächspartnerin/des Gesprächspartners aufnehmen und wiedergeben

c)
- → Die Ziele der Teamarbeit und die Vorgehensweise werden gemeinsam festgelegt.
- → Die zu bewältigenden Aufgaben werden fair auf alle Gruppenmitglieder verteilt.
- → Jedes Teammitglied bringt sich aktiv und konstruktiv in die Teamarbeit ein.
- → Alle Teammitglieder werden laufend über den Stand der Arbeit informiert.
- → Jedes Teammitglied hält sich an getroffene Absprachen.
- → Jedes Teammitglied übernimmt Verantwortung für das Erreichen des Gruppenergebnisses.

	--> Jedes Teammitglied bringt seine Meinung offen ein und akzeptiert die Meinung der anderen Teammitglieder. --> Gehen die Meinungen auseinander, versuchen alle Teammitglieder, einen gemeinsamen Kompromiss zu finden. --> Konstruktive Kritik ist erwünscht und wird sachlich geäußert, ohne einzelne Teammitglieder persönlich anzugreifen oder deren Selbstwertgefühl zu verletzen. --> Treten im Team Spannungen auf, hat die Auflösung des Konflikts Vorrang vor der zu bewerkstelligenden Arbeit.
Aufg. 494	a) --> den Kunden höflich und freundlich behandeln --> trotz des aggressiven Verhaltens des Kunden ruhig und sachlich bleiben --> dem Kunden die Möglichkeit geben, seine Beschwerde vorzutragen --> aufmerksam zuhören und Verständnis zeigen --> die Regeln des aktiven Zuhörens einhalten --> den Sachverhalt unvoreingenommen und sorgfältig prüfen --> sich beim Kunden entschuldigen --> gemeinsam mit dem Kunden nach einer Lösung suchen b) „Qualität wird bei der BüKo ja offensichtlich ganz großgeschrieben!“ Sachaspekt: „Die BüKo GmbH achtet nicht genug auf die Qualität der angebotenen Produkte.“ (da die Aussage ja ironisch gemeint war) Selbstoffenbarungsaspekt: „Ich bin sehr enttäuscht von der BüKo GmbH.“ Beziehungsaspekt: „Die BüKo GmbH hat mich schlecht behandelt.“ Appell: „Tun Sie etwas dafür, das wieder bei mir gutzumachen.“

	c) Wir verzichten auf unser Recht auf Nachbesserung und bieten dem Kunden zusätzlich zu einem Umtausch an, vom Kaufvertrag zurückzutreten und sein Geld für den Artikel zurückzuerhalten (Kulanz).
Aufg. 495	a) → Klang: Der Klang der Stimme sollte an den Sprechinhalt angepasst sein; warme, freundliche, teilnehmende, keine aufdringliche Sprache. → Lautstärke: mit mittlerer Lautstärke sprechen, brüllen und flüstern vermeiden → Geschwindigkeit: nicht zu schnell sprechen und auf Pausen achten → Modulation: wichtige Begriffe betonen und Monotonie in der Stimmführung vermeiden b) Der Preis sollte nicht isoliert, sondern immer in Verbindung mit Produktvorteilen bzw. zum Wert des Produkts genannt werden. c) z. B.: „Ja, damit haben Sie recht, aber wir bieten Ihnen auch noch einen kostenlosen Aufbauservice und entsorgen Ihren alten Schreibtisch kostenlos.“ (alternativ andere Serviceleistung)
Aufg. 496	5
Aufg. 497	Beim „Goldenen Dreieck“ bzw. „Magischen Dreieck“ sind die folgenden drei Projektziele gemeint: Sachziel: Was soll geplant und erreicht werden? Terminziel: Bis wann soll alles erreicht werden? Kostenziel: Was darf das Projekt kosten? Alle drei Zielgrößen beeinflussen sich gegenseitig. Sie bilden zum Teil konkurrierende Beziehungen. Daher ist es sehr schwierig, alle Ziele gleichzeitig zu erreichen. Werden in einem Projekt beispielsweise steigende Anforderungen an das Sachziel gestellt, ist in der Regel mit einer längeren Bearbeitungszeit zu rechnen. Längere Bearbeitungszeiten rufen wiederum höhere Projektkosten hervor.

Aufg. 498

a) Projektstrukturplan
Der Projektstrukturplan ist eine grafische Darstellung der groben Projektplanung. Er bietet auf einen Blick ein einfaches, übersichtliches und vollständiges Bild aller notwendigen Arbeiten, um das Projektziel zu erreichen.

b) Risikoanalyse
In der Risikoanalyse geht es darum, die Risiken eines Projekts im Hinblick auf die Eintreffwahrscheinlichkeit und die Tragweite (H = hoch, M = mittel; N = niedrig) richtig einzuschätzen und bereits vorab Maßnahmen zur Vermeidung bzw. Schadensbegrenzung festzuhalten.

c) Netzplantechnik
Die Netzplantechnik verwendet Netzpläne, die die zeitliche und kausale Verkettung von Aktionen beschreiben. Sie wird vor allem in der Terminplanung von Projekten oder Produktionsabläufen eingesetzt.

d) Balkendiagramm (Gantt-Diagramm)
Das Gantt-Diagramm ist ein nach dem Unternehmensberater Henry L. Gantt (1861–1919) benanntes Instrument der Ablauforganisation bzw. Terminplanung. Ein solcher Balkenplan kann beispielsweise für die Planung von Projekten, aber auch für die Planung von Maschinenbelegungen oder Urlaubszeiten genutzt werden. Zur Planung wird hier die zeitliche Abfolge von Aktivitäten grafisch in Form von Balken auf einer Zeitachse dargestellt.

e) Kanban-Board
Das Kanban-Board ist eine Methode aus dem agilen Projektmanagement. Es dient dazu, das Projekt in kleine Teilaufgaben zu zerlegen und alle Workflows zu visualisieren. Der konkrete Ablaufplan wird in mindestens drei Bereiche aufgegliedert, die als Felder auf dem Kanban-Board sichtbar werden
Spalte 1: zu tun („To dos“: Aufgaben, die darauf warten, bearbeitet zu werden)
Spalte 2: in Arbeit („In progress“: Aufgaben, an denen gerade gearbeitet wird)
Spalte 3: erledigt („Done“, Aufgaben, die bereits abgeschlossen wurden)

	Die einzelnen Aufgaben werden auf einzelnen, beweglichen Karten festgehalten und nach dem Pull-Prinzip dann von Spalte zu Spalte gezogen. Auch die/der aktuell Bearbeitende der Aufgabe ist sichtbar. Der Fluss (Flow) des Projekts ist damit jederzeit transparent und erleichtert so die Zusammenarbeit.
Aufg. 499	Als Projektcontrolling bezeichnet man die Steuerung und Kontrolle des Projekts, um das Erreichen der Projektziele sicherzustellen. Dies erfolgt z. B. durch Soll-Ist-Vergleiche, Feststellung von Abweichungen, Bewertung der Konsequenzen und Vorschläge von Korrekturmaßnahmen. Ein antizipierendes (= vorausschauendes, vorwegnehmendes) und reaktionsschnelles Projektcontrolling ist Voraussetzung für ein effizientes Projektmanagement. Das Projektcontrolling umfasst im Wesentlichen die folgenden Aufgabenbereiche: → Terminkontrolle → Aufwands- und Kostenkontrolle → Sachfortschrittskontrolle → Qualitätssicherung → Konfigurationsmanagement → Projektdokumentation → Projektberichterstattung
Aufg. 500	Leitfrage des Qualitätsmanagements: Wann macht wer was und wie, um die Qualität zu garantieren?
Aufg. 501	Vier Schritte: → Formulierung von Qualitätszielen → Benennung von konkreten und messbaren Qualitätskriterien → Festlegung der Maßnahmen zur Erreichung der Qualitätsziele → Qualitätskontrolle
Aufg. 502	Kontinuierlicher Verbesserungsprozess (KVP): Alle Aktivitäten zur Weiterentwicklung von Produkten und Prozessen; sämtliche Abläufe und Handlungen werden dauernd infrage gestellt und in ständigen kleinen Schritten optimiert.

Aufg. 503	Zertifizierung (z. B. nach ISO 9000 ff.): Bestätigung der Einhaltung von festgelegten Normen zur Qualitätssicherung (festgehalten im Qualitätshandbuch) in den Unternehmensabläufen durch eine/n externe/n Auditorin/Auditor (Zertifizierungsaudit).
Aufg. 504	Total Quality Management (TQM): Führungsmethode, welche die Qualität in den Mittelpunkt stellt, um die Zufriedenheit der Kundinnen/Kunden und dadurch den langfristigen Geschäftserfolg sicherstellt.
Aufg. 505	Traditionelles Change Management (Veränderungsmanagement) geht davon aus, dass die Unternehmensstruktur der „harte“, also schwer veränderbare Faktor ist, während sich die Mitarbeitenden als „weicher“ Faktor leicht anpassen. Virales Change Management sieht dagegen die Verhaltensänderung der Mitarbeitenden („behavioral change“) als entscheidenden Erfolgsfaktor für Veränderungsprozesse an. Daher werden hier die Veränderungen den Mitarbeitenden nicht mehr in erster Linie von Vorgesetzten angeordnet, sondern von Mitarbeitenden zu Mitarbeitenden („peer to peer“) weitergeben. Durch die Nutzung der informellen sozialen Netzwerke des Alltagsgeschäfts sollen sich Veränderungen in einer wesentlich größeren Geschwindigkeit (also „viral“) verbreiten.
Aufg. 506	4, 1, 5, 2, 3
Aufg. 507	2

INDUSTRIE-KONTENRAHMEN (IKR)
Auszug aus dem Kontenplan der BüKo GmbH

Kontenklasse Anlagevermögen Immaterielle Vermögensgegenstände und Sachanlagen	0

00 Ausstehende Einlagen

Immaterielle Vermögensgegenstände

02 Konzessionen, gewerbliche

Schutzrechte, Lizenzen

03 Geschäfts- oder Firmenwert

Sachanlagen

05 Grundstücke, grundstücksgleiche Rechte und Bauten einschließlich der Bauten auf fremden Grundstücken

0500 Unbebaute Grundstücke
0510 Bebaute Grundstücke
0530 Betriebsgebäude
0540 Verwaltungsgebäude
0550 Andere Bauten
0560 Grundstückseinrichtungen
0570 Gebäudeeinrichtungen
0590 Wohngebäude

07 Technische Anlagen und Maschinen

0700 Technische Anlagen und Maschinen
0740 Anlagen für Arbeitssicherheit und Umweltschutz
0750 Transportanlagen und ähnliche Betriebsvorrichtungen
0760 Verpackungsanlagen und -maschinen
0770 Sonstige Anlagen und Maschinen
0790 Sammelposten Anlagen und Maschinen (Wirtschaftsgüter ab 150,00 € bis 1 000,00 €)

08 Andere Anlagen, Betriebs- und Geschäftsausstattung

0800 Andere Anlagen
0810 Werkstätteneinrichtung
0820 Werkzeuge, Werksgeräte und Modelle, Prüf- und Messmittel
0830 Lager- und Transporteinrichtungen
0840 Fuhrpark
0860 Büromaschinen, Organisationsmittel und Kommunikationsanlage
0870 Büromöbel und sonstige Geschäftsausstattung
0890 Sammelposten der Betriebsund Geschäftsausstattung (Wirtschaftsgüter ab 250,00 € bis 1 000,00 €)

09 Geleistete Anzahlungen u. Anlag. im Bau

0900 Geleistete Anzahlungen auf Sachanlagen
0950 Anlagen im Bau

Kontenklasse Anlagevermögen Finanzanlagen	1

Finanzanlagen

10 Finanzanlagen

11 Anteile an verbundenen Unternehmen

12 Ausleihungen an verbundene Unternehmen

13 Beteiligungen

1300 Beteiligungen

15 Wertpapiere des Anlagevermögens

1500 Stammaktien
1590 Sonstige Wertpapiere

16 Sonstige Finanzanlagen

Kontenklasse Umlaufvermögen und aktive Rechnungsabgrenzung	2

Vorräte

20 Roh-, Hilfs- und Betriebsstoffe

2000 Rohstoffe/Fertigungsmaterial
2010 Vorprodukte/Fremdbauteile
2020 Hilfsstoffe
2030 Betriebsstoffe
2040 Verpackungsmaterial
2070 Sonstiges Material

21 Unfert. Erzeugnisse, unfert. Leistungen

2100 Unfertige Erzeugnisse
2190 Unfertige Leistungen

22 Fertige Erzeugnisse und Waren

2200 Fertige Erzeugnisse
2280 Waren (Handelswaren)

23 Geleistete Anzahlungen auf Vorräte

2300 Geleistete Anzahlungen Forderungen und Sonstige Vermögensgegenstände

24 Forderungen aus LL.

2401 Hans Hase OHG, Hamburg
2402 Leuchter GmbH, Nürnberg
2403 Küchenland GmbH, Nürnberg
2404 Lux KG, München
2405 Meier & Partner KG, Frankfurt
2406 Lumen GmbH, Würzburg
2407 Elektrogroßhandel Sommer, Bielefeld
2408 Küchenmeister GmbH, Köln
2470 Zweifelhafte Forderungen
2499 Sonstige Kunden

26 Sonstige Vermögensgegenstände

2600 Vorsteuer (voller Steuersatz)
2610 Vorsteuer (ermäßigter Steuersatz)
2630 Sonstige Forderungen an Finanzbehörden
2640 SV-Beitragsvorauszahlung
2650 Forderungen an Mitarbeiter
2690 Sonstige Forderungen (Jahresabgrenzung)

27 Wertpapiere des Umlaufvermögens

2700 Wertpapiere des Umlaufvermögens

28 Flüssige Mittel

2800 Guthaben bei Kreditinstituten (Bank)

2850 Postbankguthaben
2860 Schecks
2880 Kasse
2890 Nebenkassen

29 Aktive Rechnungsabgrenzung (ARA)
2900 Aktive Jahresabgrenzung

Kontenklasse Eigenkapital und Rückstellungen	3

Eigenkapital

30 Eigenkapital bei Personengesellschaften
3000 Kapital
3001 Privatkonto
3070 Kommanditkapital
3080 Kommanditkapital

31 Kapitalrücklage

32 Gewinnrücklagen
3210 Gesetzliche Rücklagen
3230 Satzungsmäßige Rücklagen
3240 Andere Gewinnrücklagen

33 Ergebnisverwendung

34 Jahresüberschuss/ Jahresfehlbetrag

36 Wertberichtigungen

Rückstellungen

37 Rückstellungen für Pensionen und ähnliche Verp ichtungen
3700 Rückstellungen für Pensionen und ähnliche Verp ichtungen

38 Steuerrückstellungen
3800 Steuerrückstellungen

39 Sonstige Rückstellungen
3910 – für Gewährleistungen
3920 – für Rechts- und Beratungskosten
3930 – für andere ungewisse Verbindlichkeiten
3990 – für andere Aufwendungen

Kontenklasse Verbindlichkeiten und passive Rechnungsabgrenzung	4

Verbindlichkeiten

41 Anleihen

42 Verbindlichkeiten gegenüber Kreditinstituten
4200 Kurzfristige Bankverbindlichkeiten
4250 Langfristige Bankverbindlichkeiten

43 Erhaltene Anzahlungen auf Bestellungen
4300 Erhaltene Anzahlungen auf Bestel lungen

44 Verbindlichkeiten aus LL.
4401 Spedition Oli Phant, Hannover
4402 CompTech GmbH, Hannover
4403 Lichttechnik GmbH, Nürnberg
4404 Nanno Druck Bert Wenzel e. K., Seelze
4405 Bürobedarf Ulrich GmbH, Hannover
4406 Wiedemann e. K., Bayreuth
4407 Karl Krux KG, Kulmbach
4408 Fränkische Holzhandelsgesellschaft, Nürnberg
4409 Vera Stürmer KG, Aschaffenburg
4499 Sonstige Lieferanten und Dienstleister

45 Wechselverbindlichkeiten
4550 Schuldwechsel

48 Sonstige Verbindlichkeiten
4800 Umsatzsteuer (voller Steuersatz)
4810 Umsatzsteuer (ermäßigter Steuersatz)
4830 Verbindlichkeiten gegenüber Finanzbehörden
4840 Verbindlichkeiten gegenüber Sozialversicherungsträgern
4850 Verbindlichkeiten gegenüber Mitarbeitern
4860 Verbindlichkeiten aus vermögenswirksamen Leistungen
4870 Verbindlichkeiten gegenüber Gesellschaftern
4880 Sonstige Steuerverbindlichkeiten
4890 Sonstige Verbindlichkeiten (Jahresabgrenzung)

49 Passive Rechnungsabgrenzung (PRA)
4900 Passive Rechnungsabgrenzung

Kontenklasse Umsatzerlöse und sonstige Erträge	5

50 Umsatzerlöse für eigene Erzeugnisse und andere Leistungen
5000 Umsatzerlöse für eigene Erzeugnisse
5001 Erlösberichtigungen

51 Umsatzerlöse für Handelswaren
5100 Umsatzerlöse für Handelswaren
5101 Erlösberichtigungen

52 Erhöhung oder Verminderung des Bestandes an Unfertigen/ Fertigen Erzeugnissen und Handelswaren
5200 Bestandsveränderungen
5201 Bestandsveränderungen an Unfertigen Erzeugnissen
5202 Bestandsveränderung an Fertigen Erzeugnissen
5203 Bestandsveränderungen an Handelswaren

53 Andere aktivierte Eigenleistungen

54 Sonstige betriebliche Erträge
5400 Nebenerlöse
5401 – aus Vermietung und Verpachtung
5403 – aus Werksküche und Kantine
5409 Sonstige Nebenerlöse
5410 Sonstige Erlöse
5411 Provisionserlöse
5412 Lizenzerlöse
5420 Entnahme (Eigenverbrauch)
5421 Entnahme von Gegenständen
5422 Entnahme von sonstigen Leistungen
5460 Erträge aus dem Abgang von Vermögensgegenständen (Nettoerlös: Erlös – Buchwert)
5480 Erträge aus der Au ösung von Rückstellungen
5490 Periodenfremde Erträge

55 Erträge aus Beteiligungen

56 Erträge aus anderen Finanzanlagen

57 Sonstige Zinsen und ähnliche Erträge
- 5710 Zinserträge
- 5730 Diskonterträge
- 5780 Erträge aus Wertpapieren des Umlaufvermögens
- 5790 Sonstige zinsähnliche Erträge

58 Außerordentliche Erträge

Kontenklasse Ergebnisrechnungen	8

80 Eröffnung/Abschluss
- 8000 Eröffnungsbilanzkonto (EBK)
- 8010 Schlussbilanzkonto (SBK)
- 8020 Gewinn- und Verlustkonto (GuV)

Kontenklasse Betriebliche Aufwendungen	6

Materialaufwand

60 Aufwendungen für Roh-, Hilfs- und Betriebsstoffe und für bezogene Waren
- 6000 Aufwendungen für Rohstoffe/ Fertigungsmaterial
  - 6001 Bezugskosten
  - 6002 Nachlässe
- 6010 Aufwendungen für Vorprodukte/ Fremdbauteile
  - 6011 Bezugskosten
  - 6012 Nachlässe
- 6020 Aufwendungen für Hilfsstoffe
  - 6021 Bezugskosten
  - 6022 Nachlässe
- 6030 Aufwendungen für Betriebsstoffe
  - 6031 Bezugskosten
  - 6032 Nachlässe
- 6040 Aufwendungen für Verpackungsmaterial
  - 6041 Bezugskosten
  - 6042 Nachlässe
- 6050 Aufwendungen für Energie
- 6060 Aufwendungen für Reparaturmaterial
- 6070 Aufwendungen für sonstiges Material
- 6080 Aufwendungen für (Handels-) Waren
  - 6081 Bezugskosten
  - 6082 Nachlässe

61 Aufwendungen für bezogene Leistungen
- 6100 Fremdleistungen für Erzeugnisse und andere Umsatzleistungen
- 6140 Ausgangsfrachten und Nebenkosten (Fremdlager)
- 6150 Vertriebsprovision
- 6160 Fremdinstandhaltung
- 6170 Sonstige Aufwendungen für bezogene Leistungen

Personalaufwand

62 Löhne
- 6200 Löhne
- 6220 Sonstige tari iche oder vertragliche Aufwendungen
- 6230 Freiwillige Zuwendungen
- 6250 Sachbezüge

63 Gehälter
- 6300 Gehälter
- 6320 Sonstige tari iche oder vertragliche Aufwendungen
- 6330 Freiwillige Zuwendungen
- 6350 Sachbezüge

64 Soziale Abgaben und Aufwendungen für Altersversorgung und für Unterstützung
- 6400 Arbeitgeberanteil zur Sozialversicherung (Lohnbereich)
- 6410 Arbeitgeberanteil zur Sozialversicherung (Gehaltsbereich)
- 6420 Beiträge zur Berufsgenossenschaft
- 6440 Aufwendungen für Altersversorgung
- 6490 Aufwendungen für Unterstützung

Abschreibungen auf Anlagevermögen

65 Abschreibungen
- 6510 Abschreibung auf immaterielle Vermögensgegenstände des Anlagevermögens
- 6520 Abschreibungen auf Sachanlagen
- 6540 Abschreibungen auf Sammelposten (Wirtschaftsgüter ab 150,00 € bis 1 000,00 €)
- 6550 Außerplanmäßige Abschreibungen auf Sachanlagen

Sonstige betriebliche Aufwendungen

66 Sonstige Personalaufwendungen
- 6600 Aufwendungen für Personaleinstellung
- 6610 Aufwendungen für Fahrtkosten
- 6640 Aufwendungen für Fort- und Weiterbildung
- 6650 Aufwendungen für Dienstjubiläen
- 6660 Aufwendungen für Belegschaftsveranstaltungen
- 6670 Aufwendungen für Werksküche und Sozialeinrichtungen
- 6690 Sonstige Personalaufwendungen

Kontenklasse Betriebliche Aufwendungen	6

67 Aufwendungen für die Inanspruchnahme von Rechten und Diensten
- 6700 Mieten, Pachten
- 6710 Leasing
- 6720 Lizenzen und Konzessionen
- 6730 Gebühren
- 6750 Kosten des Geldverkehrs
- 6760 Provisionsaufwendungen (außer Vertriebsprovision)
- 6770 Rechts- und Beratungskosten

68 Aufwendungen für Kommunikation (Dokumentation, Information u. Reisen)
- 6800 Büromaterial
- 6810 Zeitungen und Fachliteratur
- 6820 Post, Telefon
- 6821 Postgebühren
- 6822 Telefon
- 6850 Reisekosten
- 6860 Bewirtung und Präsentation
- 6870 Werbung
- 6880 Spenden
- 6890 Sonstige Aufwendungen für Kommunikation

69 Aufwendungen für Beiträge und Sonstiges sowie Wertkorrekturen und periodenfremde Aufwendungen
- 6900 Versicherungsbeiträge
- 6920 Beiträge zu Wirtschaftsverbänden und Berufsvertretungen
- 6930 Verluste aus Schadensfällen
- 6950 Abschreibungen auf Forderungen

6951 Abschreibungen auf Forderungen

6960 Verluste aus dem Abgang von Vermögensgegenständen

6990 Periodenfremde Aufwendungen

Kontenklasse	7
Weitere Aufwendungen	

70 Betriebliche Steuern

7020 Grundsteuer

7030 Kraftfahrzeugsteuer

7070 Ausfuhrzölle

7080 Verbrauchsteuer

7090 Sonstige betriebliche Steuern

74 Abschreibungen auf Finanzanlagen und auf Wertpapiere des Umlaufvermögens

7400 Abschreibungen auf Finanzanlagen

7410 Abschreibungen auf Wertpapiere des Umlaufvermögens

7450 Verluste aus dem Abgang von Finanzanlagen

7460 Verluste aus dem Abgang von Wertpapieren des Umlaufvermögens

75 Zinsen und ähnliche Aufwendungen

7510 Zinsaufwendungen

7530 Diskontaufwendungen

7590 Sonstige zinsähnliche Aufwendungen

76 Außerordentliche Aufwendungen

7600 Außerordentliche Aufwendungen

77 Steuern vom Einkommen und Ertrag

7700 Gewerbesteuer

7710 Körperschaftsteuer (bei Kapitalgesellschaften)

7720 Kapitalertragsteuer (bei Kapitalgesellschaften)

Bildquellenverzeichnis

BC GmbH Verlags- und Medien-, Forschungs- und Beratungsgesellschaft, Ingelheim: 90.2, 95.1, 96.1, 97.1.
fotolia.com, New York: pico 90.3.
stock.adobe.com, Dublin: Gorodenkoff Titel, Titel; July, Alice 90.1; Lia Aramburu 90.5; made_by_nana 90.4.
wgr-logo, Braunschweig: Titel.

Sachwortverzeichnis

A

ABC-Analyse 113, 222
Abfallbeseitigung 94
Abfalltrennung 94
Abfallvermeidung 94
Abgrenzungsrechnung 203, 204, 208, 213
Ablauforganisation 99
Absatz 122, 126
Absatzstatistik 125, 217
Abschlussarbeiten 160
Abschlussprüfung 61, 62
Abschreibung 179
Abschreibungsmethode 178
Abteilungsbildung 98
Affiliate-Marketing 129
AGB 58
Akkordlohn 142
Akkreditiv 127
Allgemeine Geschäftsbedingunge (AGB) 42, 51
ALPEN-Methode 222
Anfrage 105
Angebot 37, 40, 41, 57, 105
Angebote 110, 197, 199
Angebot-Nachfrage-Diagramm 19
Angebotsmonopol 29
Angebotsüberhang 19
Angebotsvergleich 201
Anlagenintensität 221
Anzahlung 39
Anzeige 77
Arbeitgeberbeiträge 132
Arbeitsablaufdiagramme 99
Arbeitsentgeltformen 142
Arbeitslosenversicherung 75, 76
Arbeitslosenversicherungsbeitrag 135
Arbeitslosigkeit 24
Arbeitsplan 117
Arbeitsproduktivität 118, 220
Arbeitsschutzbestimmungen 63
Arbeitssicherheit 88, 96, 141
Arbeitssicherheitsgesetz (ASiG) 95
Arbeitsstättenverordnung (ArbStättV) 95
Arbeitsteilung 27
Arbeits- und Betriebsunfälle 143
Arbeitsunfähigkeit 142, 143, 144
Arbeitsunfall 94, 142, 144
Arbeitsvertrag 66, 68
Arbeitsvorbereitung 116
Arbeitszeit 88, 146
Arbeitszeiterfassung 143, 144
Arbeitszeitgesetz 146
Arbeitszeitordnung 145
Arbeitszeugnis 147
Artikeldatei 107
Artvollmacht 74
ärztliche Bescheinigung 80
Assessment-Center 129, 132
Aufbauorganisation 98, 103
Aufbewahrungspflicht 175, 197
Auftragsbestätigung 37, 40
Auftragszeit 115, 117
Aufwertung des Euro 25
Ausbildung 61, 62
Ausbildungsbetrieb 67
Ausbildungsdauer 85
Ausbildungsvergütung 84
Ausbildungsverhältnis 79
Ausbildungsvertrag 61, 85
Ausbildungszeit 79
Ausbildungszeugnis 79
Ausbruch eines Brandes 88

Ausführungszeit 115
Ausgangsrechnung 192
Ausgleichsabgabe 145
Ausschuss 118
Außenfinanzierung 148
außenwirtschaftliches Gleichgewicht 23, 24
Aussperrung 72
Auswahlverfahren 129

B

B2B 128
B2C 128
Balkendiagramm (Gantt-Diagramm) 226
Bedarf 16
Bedarfsmeldung 106
Bedürfnisbefriedigung 26
Bedürfnisse 16
Belegbearbeitung 195
Belegschaftsaktien 142
Berufsausbildung 78
Berufsausbildungsvertrag 64, 86
Berufsbildungsgesetz 67, 84, 86
berufsfördernde Leistungen 94
Berufsgenossenschaft 63, 91, 92, 94, 142, 144
Berufsschule 61
Beschaffung 104, 105, 107, 109, 111, 113
Beschaffungscontrolling 119
Beschaffungsmanagement 113
Beschaffungsplanung 104
Beschaffungsprozess 106
Beschwerdemanagement 224
Besitz 30
Bestellannahme 37
Bestellhäufigkeit 107
Bestellkosten 107
Bestellmenge 105, 109
Bestellpunktverfahren 108
Bestellrhythmusverfahren 108
Bestellung 59, 107
Bestellzeitpunkt 111
Beteiligungsfinanzierung 150
Betriebsabrechnungsbogen (BAB) 203, 205, 210, 215
Betriebsanweisungen zur Unfallverhütung 90
Betriebsergebnis 202, 209, 215
betriebsfremde Aufwendungen 216
betriebsinternen Unterweisung 89
Betriebsrat 72, 131, 133, 140
Betriebsratswahl 69, 70
Betriebsvereinbarung 80
Betriebsverfassungsgesetz (BetrVG) 69, 70, 72, 73
Betriebsversammlung 73, 74, 80
Beurteilungskriterien 133
Beurteilungssystem 133
Bewerbung 77, 131
Bewerbungsunterlagen 132, 141
Bezahlsysteme 129
Bezugskalkulation 105, 108, 110
Bezugskosten 199
Bezugspreis 105, 110, 112, 184, 188, 197, 199, 201
Bilanz 156, 160, 220
Bilanzsumme 220
Blauer Engel 90
Brandschutz 90
Bruttoeinkommen 132
brutto für netto 41
Bruttoinlandsprodukt (BIP) 30
Bruttolohn 137
Bruttoverkaufspreis 199
Buchführung 156
Buchungsbelege 195
Bundesagentur für Arbeit 94
Bundesregierung 21, 26, 27

bürgerlicher Kauf 34
Button-Lösung 128

C
Callcenter 225
Cash Cow 124
Change Management 227
China 118
Controlling 218

D
Darlehen 149, 150, 160
Darlehensarten 148
Datengeheimnis 222
Datenschutz 132, 222
Datenschutzbeauftragte 134
Datensicherung 111, 132
Datensicht 100
Dauerbeobachtung 228
Debitoren 57
Deckungsbeitrag 212
Deckungsgrad I 219, 228
Degenerationsphase 124
degressive Kosten 203, 210
demografische Entwicklung 137
Diagrammarten 216
Diagramme 216
Dienstvertrag 50
Dilemma der Ablauforganisation 99
Dilemma der Ablaufplanung 102
Distributionskanal 129
Distributionspolitik 124
Divisionskalkulation 215
durchschnittliche Lagerdauer 111, 119, 121
durchschnittlicher Lagerbestand 119
durchschnittlicher Verkaufspreis 126
Durchschnittspreis 152

E
E-Commerce 128
Eigenfertigung 113
Eigenfinanzierung 148
Eigenkapitalquote 156, 221
Eigenkapitalrentabilität 218
Eigenlagerung 121
Eigentum 30
Eigentumsvorbehalt 38, 40, 42, 59
Eingangsrechnung 164, 165, 166, 172, 175, 178, 181, 182, 183, 186, 187, 197
eingerichteter Geschäftsbetrieb 47
Einkaufsplanung 119
Einkaufsrabatt 202
Einliniensystem 98, 103
einseitiges Rechtsgeschäft 33
Einstellungsverfahren 77
Einzelfertigung 113
Einzelkosten 203, 210
Einzelunternehmung 47
„Eisenhower"-Prinzip 222
Energieeinsparung 94
Entgeltabrechnung 132, 138
Entgeltform 138
Entscheidungskriterien 106, 110
ereignisgesteuerte Prozesskette (EPK) 100, 101
Erfolgsbeteiligung 142
Ergebnistabelle 204
ERP-Software 100, 108
ERP-System 111
Ersatzbedarf 141
Erträge aus anderen Finanzanlagen 210
erwerbswirtschaftliches Prinzip 16
Erzeugnisstruktur 115
Erziehungsurlaub 79
Europäische Datenschutz-Grundverordnung (DSGVO) 145

externe Stellenbesetzung 131

F

Fachkraft für Arbeitssicherheit und Gesundheitsschutz 140
Factoring 149
Feedback 223
Fernabsatzverträge 128
Fertigungsgemeinkosten 214
Fertigungsorganisation 116
Fertigungsplanung 117
Feuerlöscher 92
Finanzamt 138
Finanzierung 148
Finanzierungsarten 149
Finanzierungserfolg 155
Finanzierungsvarianten 148
Firma 47, 49
Firmenausschließlichkeit 49
fixe Kosten 113, 203, 210, 212
Fixum 142
Fließbandfertigung 116, 125
Fließfertigung 114
Fluchtweg 97
Forderungsquote 221
Form-Kaufmann 47
Formmängel 40
Frachtkosten 41
Fragearten 122
frei Haus 58
Freizeichnungsklausel 57
Fremdfertigung 113
Fremdfinanzierung 148, 149
Fremdkapitalquote 160
Fremdlagerung 121
Führungsstile 223
Funktionsprinzip 98

G

Gebrauchsgut 24
Geburtstermin 80
Gefahrstoffverordnung (GefStoffV) 95
Gehalt 69
Gehaltsabrechnung 76, 132, 137
Gehaltskonto 166
Geldstrom 18
Gemeinkosten 210, 213
gerechte Einkommensverteilung 23
Gerichtsstand 37, 58
Gesamtergebnis 202
Gesamtkapitalrentabilität 218
Geschäftsfähigkeit 31, 32, 33
Geschäftsunfähigkeit 32
Gesprächsführung 224
Gesundheitsgefahren 92
Gesundheitsschutz 141
Gewährleistungsansprüche 112
Gewerbeaufsichtsamt 142
Gewerbeaufsichtsbehörde 72
Gewerkschaft 71
Gewichtsspesen 153
Gewinn 201
Gewinnschwelle (Break-even-Point) 212
Gewinn- und Verlustrechnung 159, 161
Gewinnverteilung 53, 54
Gewinnzuschlag 111
gewogener Durchschnitt 126
Gleichgewichtsmenge 19
Gleichgewichtspreis 19
GmbH 46
GmbH & Co. KG 50
Grundschuld 149
Güter 16
Gutschrift 193

H

Handelskauf 34
Handelsregister 45, 46, 49, 52, 75
Handelsregisterauszug 52
Handelsspanne 110, 119, 208
Handelsvertreter/-innen 127
Handlungskosten 201
Handlungskostenzuschlag 200, 201, 202
Handlungsreisende 127

Hauptbuch 157, 162
Herstellkosten 211, 213
Höchstbestand 106
Höchstpreis 19
Hypothek 149

I

Impressumspflicht 128
Incoterms® 127
Individualversicherung 48
Industrie- und Handelskammer 62
Informationsebenen 100
Innenfinanzierung 148
Insolvenz 66
Insolvenzverfahren 48, 54
internen Stellenausschreibung 131
Internetpräsenz 128
Interview 228
Inventar 160
Inventur 120, 156, 158, 191
Inventurverfahren 191
Investition 148
Investitionsgut 17
Ist-Aufnahme 228
Ist-Kaufmann 47

J

Ja-aber-Methode 225
Jahresabschluss 219
JArbSchG 63
Jugendarbeitsschutzgesetz 67, 83, 84, 86, 87, 88
Jugend- und Auszubildendenvertretung 71
juristische Person 30

K

Kabelbrand 91
Kalkulationsfaktor 208
Kalkulationsschema 108, 208
Kalkulationszuschlag 110, 199, 201, 208
kalkulatorischen Kosten 202
Kanban-Board 226
Kann-Kaufmann 47
Kapitalgesellschaften 54
Kapitalkosten 121
Kaufmann 75
Kaufmann im Sinne des HGB 46, 47
kaufmännisches Rechnen 151
Kaufmannseigenschaft 46
Kaufvertrag 35, 37, 38, 39, 41, 43, 59, 108
Kennzahlen 129
Kirchensteuer 138
Kommanditgesellschaft 48
Kommanditisten 50
Kommission 33
Kommunikation 223
Kommunikationsmodell 225
Komplementäre 50
Konflikte 223
Konfliktgespräche 223
Konjunktur 23
Konjunkturindikatoren 29
Konjunkturphase 28
Konjunkturphasen 21
konjunkturpolitischen Zielsetzungen 24
Konjunkturzyklus 22
Konsumgut 16, 26
Kontoauszug 168, 175, 184
Kontokorrentkredit 148, 155
Konventionalstrafe 59
Kooperation 223
Kosten 215
Kostenart 202
kostenrechnerischen Korrekturen 209
Kostenrechnung 197
Kostenstellenrechnung 205
Kostenverlauf 206, 207
Krankengeld 75, 143
Krankenquote 134
Krankenstand 133
Krankenversicherung 75, 76
Kreditkauf 148
Kreditoren 57
Kreditsicherung 148
Kreislaufwirtschaftsgesetz 93

Kundenanrufe 223
Kundenbeschwerde 224
Kundeneinwand 225
Kündigung 64, 65, 129
Kündigungsfrist 68, 131
Kündigungsschutz 66
kurzfristige Preisuntergrenze 207
KVP 227

L

Lagerbestand 120
Lagerfläche 121
Lagerhaltung 119
Lagerhaltungskosten 107, 115
Lagerkennzahlen 119
Lagerkosten 120
Lagerkostensatz 117
Lagerrisiken 119
Lagerumschlagshäufigkeit 111, 119, 121
Lagerung 121
Lagerwirtschaft 119
Lagerzinsen 119, 121
Lagerzinssatz 119
langfristige Preisuntergrenze 208
Leasing 148, 149, 150
lebenswerte Umwelt 24
Leistungserstellung 113, 115, 117, 119
Lieferantenauswahl 110
Lieferantendatei 107
Lieferbedingung 58
Lieferfrist 120
Lieferschein 56
Lieferungsverzug 43, 55, 59
Lieferzeit 121
Linienfertigung 114
Liquidität 156
Liquidität ersten Grades 219
Lohnabrechnung 137
Lohnbuchhaltung 137
Lohnnebenkosten 132
Lohnsteuer 76
Lohnsteuerabzug 135
Lohnsteuerkarte 138
Lohnsteuerklasse 76
Lohn- und Gehaltsabrechnung 138
Löschschlauch 96
Losgröße 114, 115, 117
Losraffung 117
Lossplitting 117

M

Mahnbescheid 45, 60
Mahnverfahren 44, 45
make or buy 113
Mangelarten 56
mangelhaften Lieferung 56
Markenschutz 44
Marketing 124
Marketinginstrumente 122
Marketingmix 124
Marktanalyse 122, 123, 124
Marktbeobachtung 122, 123
Markterkundung 122
Marktformen 29
Marktforschung 122, 123, 124
Marktstellung 19
Massenfertigung 113
Materialgemeinkostenzuschlag 215
Matrixorganisation 103
Maximalprinzip 22
Mehrliniensystem 98, 103
Meldebestand 106, 109, 119, 120
menschliche Arbeit im Betrieb 61
Mindestbestand 106, 119, 120
Mindestpreis 19
Minimalprinzip 17
Mischung 154
Mitarbeiterfluktuation 132, 136
Mitarbeitermotivation 132
Mitbestimmungsrecht 72
Modernisierung 118
Monopol 29
Müllstrategien 93
Multi-Moment-Aufnahme 228
Mutterschaftsgeld 82
Mutterschutzfrist 79, 82
Mutterschutzgesetz 78, 81

N
Nachfrage 23, 29
Nachfrageüberhang 19
Nachfrageverhalten 124
Nachfrist 59
Nebentätigkeit 138
Netto-Personalbedarf 133, 136
Netzplantechnik 226
Neubedarf 141
Neuorganisation 98
neutrale Aufwendungen 213
neutrales Ergebnis 202
neutrale Erträge 213
neutrale Kosten 203
Niedrigpreissegment 122
Nominallohn 24
Notausgänge 89

O
Objektprinzip 98
offene Mängel 112
ökonomisches Prinzip 22
Oligopol 29
Onlinehandel 129
Onlinemarketing 129
Onlineplattform 131
Onlineshop 129
optimale Bestellmenge 107
optimale Losgröße 114, 115
Organigramm 103, 104
Organisation 98, 102
Organisationsformen 103
Organisationsprinzip 98
Organisationssicht 100

P
Pachtvertrag 34, 50
Panel 228
Pareto-Prinzip 222
Pausen 146
„Penner" 109
permanente Inventur 191
Personalakte 143
Personalbedarfsplanung 132, 136, 141
Personalbeschaffung 129, 132
Personaleinsatzplanung 133
Personalentwicklung 147
Personalfragebogen 77
Personalplanung 137
Personalwesen 129
Personalwirtschaft 129
Pflegeversicherung 76
Piktogramme 89
Poor Dog 124
Portfolio-Matrix 124
Prämienlohn 138, 142
Präsentation 223
Preisniveaustabilität 23, 24
Primärforschung 122
Privateinlagen 192
Privatentnahmen 192
Privatkonto 190
Probezeit 61, 64, 85
Produktdiversifikation 125
Produkthaftungsgesetz 93
Produktionsfaktor 20, 25
Produktionsgut 17, 24, 26
Produktlebenszyklus 123
Produktpolitik 124
Produktsicherheitsgesetz (ProdSG) 95
progressive Kosten 210
Projekt 226
Projektmanagement 226
Projektmanagement-Techniken 226
Projektstrukturplan 226
Projektziele 226
Prokura 74, 84
proportionale Kosten 203
Provision 142
Prozessorganisation 99
Prüfpflicht 112
Prüfungsmodalitäten 7

Q
Qualitätskontrolle 118
Qualitätsmanagement 227
Quittung 158

R

Rationalisierungsmaßnahme 118
Rationalisierungspotenziale 99
Reallohn 24
Rechnung 168, 170, 180, 188
Rechnungsbetrag 181
Rechnungsprüfung 177
Rechnungswesen 151
rechtliche Rahmenbedingungen 30
Rechtsfähigkeit 32
Rechtsform 48, 49
Rechtsformen 53
Rechtsgeschäfte 34, 35
Recycling 93, 94
Reihenfertigung 114, 116
Reingewinn 109
Reklamationen 228
„Renner“ 109
Rentabilität 219
Rentenversicherung 63, 75
Rentenversicherungsbeitrag 135
repräsentativen Daten 122
Reservelager 111
Restbuchwert 178
Rettungszeichen 95
Rezession 21, 25
Risikoanalyse 226
Rohgewinn 109
Rückstellungen 205
Rügepflicht 112
Ruhepausen 146, 88, 83
Rüstkosten 115
Rüstzeit 115

S

Sammelstelle 95
Sättigungsgrad 126
Schadenersatz 43
Schenkung 34
Schlichtung 72
Schlussbestand 192
schriftliche Befragung 122
Schwangerschaft 82
schwerbehinderte Mitarbeiter 145
Sekundärforschung 122
Selbstfinanzierung 148, 149, 150
Selbstkosten 213
Serienfertigung 113
Serviceleistungen 39
Sicherungsübereignung 149
Skonto 153, 197
Sozialversicherung 132
Sozialversicherungsabzüge 139
Sozialversicherungsbeiträge 63
Sozialversicherungsträger 135
Spartenorganisation 103
Spedition 172
Stabliniensystem 103
Stabsstelle 99
Statistik 216
Stelle 140
Stellenanzeige 131, 140
Stellenausschreibung 135, 137, 141
Stellenbeschreibung 136
Stellenplattform 141
Steuer 48
Steuererklärung 76
Steueridentifikationsnummer 76
Steuerkarte 138
Steuerklasse 132, 134
Steuerpolitik 27
Steuervergünstigungen 26
Stichprobeninventur 191
Stichprobenkontrollen 118
Stichtagsinventur 191
Stimmführung 225
Streik 72
Stücklisten 115
Substitution eines Produktionsfaktors 26

T

Tabellen 216
Tara 154
Tarifverhandlungen 72
Tarifvertrag 65

Teamarbeit 224, 225
Teamentwicklung 223
Teilzahlungsverträge 42
Terminplanung 222
Total Quality Management (TQM) 227
totes Kapital 120
Transportkosten 41
Treueprämie 154

U

Umsatz 126
Umsatzprämie 153
Umsatzrentabilität 218, 219
Umsatzstatistik 217
Umsatzsteuer 162, 166
Umsatzsteuer-Durchführungsverordnung 158, 159
Umsatzsteuer-Zahllast 160
Umschlagshäufigkeit 119
Umschulungsmaßnahme 66
Umweltschutz 88
Unfallmeldungen 142
Unfallschutz 96
Unfall- und Gesundheitsgefahren 83
Unfallverhütungsvorschriften (UVV) 89, 90, 91, 93, 95, 97, 144
Unfallversicherung 137, 139, 179
Unfallversicherungsbeitrag 135
Unternehmensbeschreibung 15
Unternehmensplanung 23
Unternehmenszielsetzung 16
unverbindliches Angebot 35
Urlaubsanspruch 139

V

variable Kosten 212
variable Stückkosten 212
Verbindlichkeiten 160
Verjährung 60
Verkaufspreis 198, 208
Verkaufsraum 91
Verkaufsstatistik 122
Verkaufsverpackung 91
verkürzte Inventur 191
Verpackungen 89
Verpackungskosten 41
Verpackungsmenge 92
Versicherungen 48
Versicherungsausweis 75
versteckte Mängel 112
Verträge 50
Verzug 43
Volkswirtschaft 23
volkswirtschaftliche Grundlagen 16
volkswirtschaftliche Ziele 23
Vollbeschäftigung 23, 24
Vorkalkulation 215
Vorprodukte 118
Vorsteuer 161, 162
Vorsteuerüberhang 185

W

Warenannahme 56
Wareneingang 107
Wareneinsatz 120, 157, 161, 199
Warenrohgewinn 157
Warenumsatz 157
Warenwert 190
Warnung vor Hindernissen am Boden 97
Webshop 129
Werbeaktivitäten 125
Werbeerfolg 123
Werbekonzept 123
Werbeplanung 123
Werbungskosten 76
Werklieferungsvertrag 34
Werkstättenfertigung 114
Werkvertrag 34, 35, 50
Wertspesen 155
Willenserklärung 31

X

XOR 102

Z

Zahllast 161, 162, 185
Zahlungsarten 129
Zahlungsausgleich 178
Zahlungsbedingungen 37, 58

Zahlungseingang 175
Zahlungsschuldner 60
Zahlungsverzug 60
Zahlungsziel 58
Zeitakkordlohn 138
Zeitarbeitskräfte 147
zeitlich verlegte Inventur 191
Zeitlohn 138, 142
Zielkonflikt 107
Zielvereinbarungsgespräche 133
Zinsbelastung 155
Zusatzbedarf 141
zweiseitiger Handelskauf 30, 34